電通デジタルのトップマーケッターが教える

デジタルマーケティング成功に導く10の定石

簡単に分かる売れ続ける仕組みをつくるツボ

電通デジタル 著

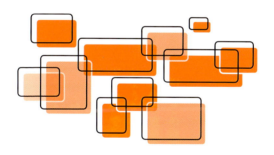

徳間書店

ときにお役に立てるように、まとめました。

デジタルマーケティングは、ある一つの施策が次の一手へつながり、その施策が波紋のように広がって次の施策を生み出し、そして、あらゆる施策が連動することで大きな成果につながっていきます。

ですから、まずは始めてみることです。それが、急速に広がるデジタルテクノロジーやデジタルデータを活用するための一つ目の投石となり、その波紋を広げていくことになるのです。

たとえば、『自社のサービスは、世間からどのように思われているのか、良い面も悪い面も生の声を集めて、分析することはできないだろうか』（定石5）、

あるいは、『自社の製品を一度買ってくれたお客様と、そのお客様にとって快適な距離を保ちつつ、永いお付き合いを続けていくことはできないだろうか』（定石9）

などが、最初の投石の例です。

この本に掲載した10の〝デジタルマーケティングの始め方〟は、今まさにクライアント各社にサービスを提供している当該領域のプロフェッショナルが、それぞれ自身の知見・経験に基づいて執筆しました。なお、ご紹介した事例は電通デジタルだけで担当したものではなく、電通をはじめとした電通グループが連携しお手伝いさせていただいたものです。

第3章では、ウルシステムズ株式会社代表取締役社長・漆原茂様にもご登場いただき、電通

デジタル社員と未来のマーケティングを語り合いました。

この本が、さまざまな課題に向き合う企業のマーケティングや宣伝の担当者の皆様への、何らかのヒントになれば幸いです。さらには、就職活動を始める学生の方々に目を通していただき、デジタルマーケティングに関わってみたい、活躍したい、と思っていただければ、なおうれしく思います。

目次

装幀　田村京太
図版作成　キャップス
取材編集協力　加藤直美
（消費生活コンサルタント）

第1章

デジタルを味方につけたマーケティング

1　デジタルマーケティングとは何か

デジタルマーケティングとは何かについての理解は、人によって同じではありません。それどころか、相当に異なっています。そのために、自分が話しているデジタルマーケティングと相手のそれとがずれてしまって、デジタルマーケティングが難しく感じられたり、議論が混乱したりしています。そこでまず、デジタルマーケティングとは何かをはっきりとしておきましょう。

デジタルを手段としてマーケティング目的を果たす

デジタルマーケティングとは、デジタルを活用してマーケティング目的を果たす活動です。ここでいうデジタルとは、デジタルデバイス（装置）やデジタルテクノロジー（技術）、デジタルメディア、デジタルデータを総称しています。

デジタルデバイスとは、ＰＣやスマートフォン、タブレット、センサーなどです。たとえば、宅配ピザ店が注文用アプリを顧客のスマートフォンにダウンロードしてもらい、ピザ注文の頻度を高めたとしましょう。この施策は、スマートフォンというデジタルデバイスを活用しているのでデジタルマーケティングのひとつです。

デジタルテクノロジーはどうでしょうか。たとえば、リターゲティングと呼ばれる技術があります。自社Ｗｅｂサイトを訪問した人に対して広告を掲出する技術です。アドネットワークは、Ｗｅｂサイトやソーシャルメディアなどの複数の広告メディアに対して広告をまとめて配信する技術です。[*1] このようなデジタル技術を活用したマーケティングがデジタルマーケティングです。

メディアとは、新聞やテレビなどのメディアだけでなく、消費者と企業とが接触する方法全般を指しています。ＳＮＳのブランド公式アカウントや自社Ｗｅｂサイト、あるいは、オンラインストアなどはすべてデジタルメディアです。ただし、テレビもデジタル化したメディアですが（地上波テレビは２０１１年にデジタル放送に完全移行しました）、昔からあったメディアのためかデジタルメディアに含めないのが普通です。

最後がデータです。デジタルテクノロジーやデジタルメディア、デジタルデバイスが企業や消費者に利用されるとさまざまなデータが残されます。そして、それらデータを活用すれば、マーケティング効果を高める工夫が可能です。スマートフォンを使っていれば、その所有者がいつどこにいたかという時刻つきの位置情報が取得されます。価格比較サイトやレビューサイトに書き込まれた評点や感想、写真なども、サイトの運営者によってデータベースに格納されています。これらのデータを活用して、消費者をより深く理解したり、顧客の好みや関心事を把握して対応したりする活動もデジタルマーケティングの重要な部分です。

デジタルマーケティングを始める際には、常にデジタルマーケティングの広がりを念頭に置くことが大切です。専門家のアドバイスを受けるときも、他部門との連携を検討するときも、いま広い領域の中のどこの話をしているかをはっきりと認識しておかなくてはなりません。デジタルマーケティングを語る時、ある人はデバイスの話をし、別の人はデータ活用を強く主張します。皆、自分の関心があること、詳しいことをデジタルマーケティングだと考えていますから話が通じにくく、理解しづらいのです。

デジタル化した社会のマーケティング

前項の定義を読んで、「いまどきデジタルマーケティングではないマーケティングがあるのか？」と疑問を持たれた方がいると思います。デジタルデバイスひとつとっても、多くの人がスマートフォンやPCを使っているわけですから、デジタルデバイスを全く使わないマーケティング計画を立てよと言われたらお手上げです。つまり、現在のマーケティング活動は多かれ少なかれデジタルマーケティングだといえます。

社会のデジタル化はますます進んでいきます。この先後退するとは思えません。こう考えると、デジタルマーケティングとは、デジタルデバイスやデジタル技術、デジタルメディアやデジタルデータが行き渡った世の中、言い換えるとデジタル社会で、マーケティング目的を達成するための活動と定義できます。

しかしこの先も、テレビ広告や記者会見などの広報活動、ライブイベントなどが一切なくなるとは思えません。デジタルマーケティングとは、これからのデジタル化が進んだ社会で必要とされる（デジタルの有無を問わない）マーケティングの標準ということになるでしょう。

2　デジタルマーケティングの特徴

マーケティング概念は約1世紀前に生まれ、マスマーケティングとして今日まで発展してきました。米国を中心に、自動車製造などに代表される大量生産技術、鉄道や船舶に代表される大量輸送手段、スーパーマーケットなどの大量販売手法、そして、テレビメディアに代表されるマスメディア、これらが組み合わさって大衆社会とともに成立した仕組みです。[*2]

これに対してデジタルマーケティングは、デジタル化した社会で行う活動です。約1世紀のあいだに社会自体が大きく変わったわけですから、マスマーケティングとデジタルマーケティングでは、取り扱う製品や消費者の性質、マーケティング組織のあり方や業務の進め方などさまざまな側面が異なっています。

以下で、両者の違いを対比して整理しておきます。デジタルマーケティングを実践しマーケティングを革新して、新しい社会に適合しなければならないことがはっきりと理解できるでしょう。

①新製品発売から既存品継続販売へ

マスマーケティングの典型的な仕事は、新製品の市場導入でした。１９５０年代後半には、電気冷蔵庫、電気洗濯機、白黒テレビが「三種の神器」と呼ばれ、60年代には自動車（カー）、クーラー、カラーテレビが「３Ｃ」と言われました。これらは、当時の日本の消費者が初めて知って、初めて買うものでした。農産物でも同様でした。いまでは当たり前の果物、グレープフルーツやキーウィフルーツも１９７０年代に新しい商品として市場に導入されました。

一方、今後マーケティングを展開する製品やサービスは、既存製品や既存サービスの割合が高くなります。現代の消費者は、電気冷蔵庫も自動車もグレープフルーツも使ったり食べたりしたことがあるからです。

マーケティング対象の違いは、たとえば、コミュニケーション効果測定の仕方の違いに反映します。新製品の市場導入の場合は、製品認知率や試用経験率を指標とすることは妥当です。しかし、すでに皆が知っていて使ったことがある製品やサービスについては、製品認知率も試用経験率も相当高いですから、このような効果指標が適切とは考えられません。[*3]

②新規顧客獲得から既存顧客の維持拡大へ

もうひとつの違いは、マーケティング対象の消費者が新規顧客か既存顧客かということです。たとえば、これから自動車を買う人の多くは、自宅に自家用車がある人で自動車について詳しい人と考えられます。つまり、自動車販売店や自動車会社に、いつどの車を買ったのか、どの

第2章
定石1
定石2
定石3
定石4
定石5
定石6
定石7
定石8
定石9
定石10
第3章

図1　デジタルマーケティングとマスマーケティングの違い

	マスマーケティング	デジタルマーケティング
対象製品	新製品／新サービス	既存製品／既存サービス
対象消費者	新規顧客／製品知識の少ない人	既存顧客／製品知識の豊富な人
活動の単位	キャンペーン中心	継続施策中心
コンタクトポイント	ペイドメディア	オウンドメディア＋アーンドメディア
活用されるデータ	サンプリングデータ	全数データ
意思決定の方法	予測して管理	測定して対応
責任者	CMO	CMO＋CIO
施策間や業務間の関係	疎結合	データを中心とした連携（コンバージェンス）

ようなオプション品を選んだのかなどの顧客情報が蓄積されている人たちです。

このような環境で有効なマーケティング活動は、自動車を持ったことのない人に初めて自動車を買ってもらおうとする需要創造のためのマスマーケティング活動とは相当異なるはずです。自動車会社が既存顧客のデータを分析活用すれば、個々の顧客ごとに、適切な時期に適切なアプローチを適切な方法で行うことができるでしょう。

③キャンペーンから継続的施策へ

マスマーケティングはキャンペーン単位の施策が主であったのに対して、デジタルマーケティングは継続施策が重要になります。キャンペーンとは、定められた期限までに定められた成果をあげるための組織的活動を指します。「新製品を導入後3か月以内に市場シェアの20%を獲得する」などの目標を立てて、そのために広告や広報、店頭施策、値引き、セールスコンテストなどの活動を組み合わせて実行することがその例です。

これに対してデジタルマーケティングは、平常の継続的活動を中心に実行します。新製品を新規顧客に売る場合には、新製品発売時にマーケティング活動を集中するキャンペーンは理にかなっています。しかし、既存品を既存顧客に売る場合には、製品の故障などをきっかけに顧客が製品の買い替えを思い立って初めて需要が発生します。その需要はいつ発生するか分かりませんから、継続的施策の重要性が高くなります。

④ペイドメディア（広告）中心から、オウンドメディア＋アーンドメディア中心に

まず、3種類のメディア分類について整理しておきましょう。ペイドメディア（paid media）とは、企業や団体がお金を払って場所や時間を確保して利用する広告メディアです。新聞広告やデジタルメディア広告などがその例です。オウンドメディア（owned media）とは、自社が所有しているメディアです。自社のWebサイトや自社店舗、自社製品のパッケージがこれに当たります。3つ目がアーンドメディア（earned media）です。企業が消費者の評判を獲得するメディアを指し、消費者によるブログやSNS、クチコミなどがここに分類されます。これら3種類のメディアの頭文字をとって、POEメディアと呼ばれることもあります。

メディアをこのように3つに分類したうえで、顧客と企業との接点、コンタクトポイントの重要度がどのように変化するかを考えると、今後は相対的にペイドメディアの利用比率が減少して、オウンドメディアとアーンドメディアの活用度が増すと予測されます。それは、新製品告知のために多くの人に一斉に同じ情報を伝達するかつてのマス広告の有用性が下がっていき、

消費者の必要に応じていつでも利用できるオウンドメディアやアーンドメディアの利用が増えるからです。

⑤サンプリングデータから全数データへ

データの面から違いを見てみましょう。デジタルマーケティングでは、企業と消費者との接触によってさまざまなデータが残ります。家電会社は製品保証のために顧客情報の登録を求めていますし、ＥＣ（電子商取引）を展開する企業も顧客の購買データやアクセスデータを持っています。また、ポイントカードを発行している流通企業や通信インフラ会社は数千万人の顧客データを持っています。今後、消費者からデータ利用許可を取得して、自社データと他社データを組み合わせられるようになれば、自社にとって必要な消費者の全数に近いデータを活用できると考えられます。

これに対して、マスマーケティング時代には、活用するデータは消費者のサンプリングデータが主でした。サンプリングデータとは、市場全体からその縮図になるようなサンプルを統計理論に沿って抽出して作成したデータです。ビデオリサーチ社が実施しているテレビ視聴率データが代表例です。

マスマーケティング時代には、見込み客全員のデータを取得することも現実的ではありませんでしたし、一人ひとりに最適の個別施策を実施する必要もありませんでした。「三種の神器」や「３Ｃ」の時代には、消費者が皆、同じ時期に同じモノを欲しいと思っていたからです。しかしこれからは、全数データを活用して、個々の消費者を分析し、消費者個々の事情にあわせたアプローチや対応が有効となってきます。

⑥予測して管理から、測定して対応へ

デジタル化によって、情報収集や施策準備の時間が大幅に短縮されました。市場調査であれば、ネット調査にかかる時間は、かつての訪問面接調査の約100分の1ですし、SNSへの投稿内容分析から得られる情報で意思決定するならば、調査は必要ありません。施策準備についていえば、デジタル動画の制作時間はテレビ広告のおおよそ100分の1です。技術革新によって、製品製造にかかる時間もかつてよりも大幅に短縮されました。

こうなると、マーケティング活動を行う際に将来を予測して対応策を準備するよりも、目の前の情報を確認してこまめに対応していくことが理に適っています。セーターを売りたければ、次の冬に何が売れそうかを予測して数カ月前から準備するよりも、冬になってから流行色を確認して、売れる色のセーターを作り始めたほうがよいに決まっています。

デジタルマーケティングでは、短期間で高速に回すPDCA（計画―実行―評価―処置）と、中期的なPDCAサイクルとをうまく使い分けることが望まれます。前者をスモールサイクル、後者をビッグサイクルと呼ぶこともあります。*4

⑦CMOから、CMO＋CIOへ

マーケティング責任者は、チーフマーケティングオフィサー（CMO）やマーケティング部長です。これは、これまでもこれからも変わらないでしょう。しかし、その職務範囲や求められる能力はこれまでとは異なります。

デジタルマーケティング活動を行おうとすると、システム投資が必要になります。マーケティングオートメーション（MA）やセールスフォースオートメーション（SFA）などのシステムです。これらは既存の業務システムや勘定系システムと連携します。MAシステムであれば、顧客発見や問い合わせ対応に活躍するコンタクトセンターシステムと連携する必要がありますし、SFAとも密接な関連づけが必要です。システム導入にあたっては、チーフインフォメーションオフィサー（CIO）や情報システム部長の力を必要とします。

デジタルマーケティングを実行するには、マーケティングとシステムの両方の専門性が必要になります。CMOとCIOとが緊密に連携する場合もあれば、ときには、ひとりの責任者がCMOとCIOの役割を兼ねる場合もあるでしょう。

⑧疎結合からコンバージェンスへ

コンバージェンスとは「収斂《しゅうれん》」という意味です。社会がデジタル化していくと、過去には個別に機能したマーケティング活動の各プロセスや個々の施策が、互いに有機的に連携しなければ十分な成果が上がらなくなることを指しています（図2参照）[*5]。

図２　マーケティングコンバージェンスの進展（概念図）

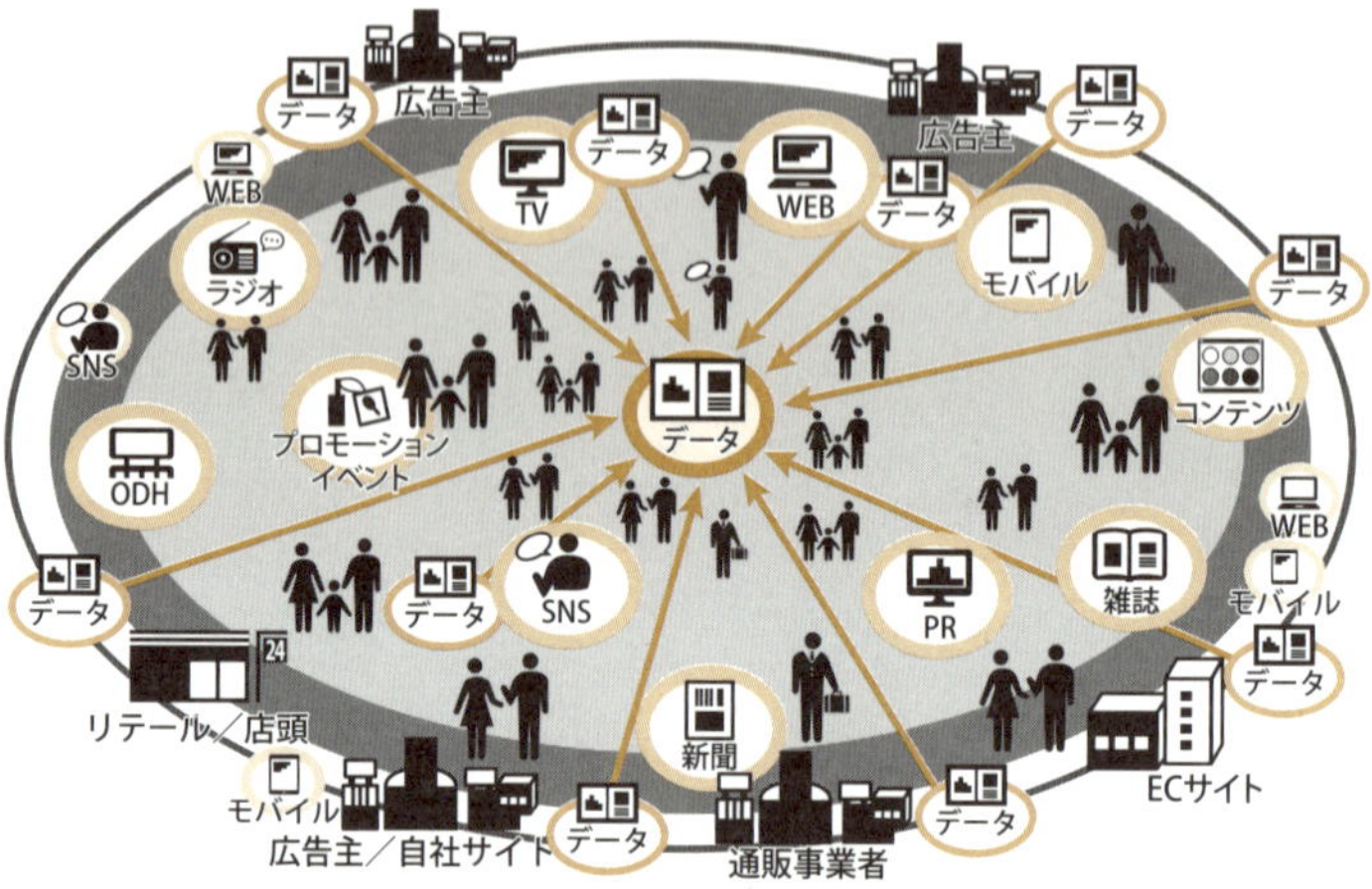

マスマーケティングの時代も、たとえば、テレビ広告と雑誌広告、広告活動と店頭施策などは、互いに連携して行われていました。ただしそれらは、顧客単位で連携していたわけではありませんでした。デジタルマーケティングでは、データを用いて顧客単位に施策を連携することができますし、それが高い効果を生みます。たとえば、リアルな店舗とＥＣサイトとの両方を展開している企業で、顧客がリアル店舗を訪れたときに最適な商品をお薦めしたいとしましょう。そのときは、顧客がリアル店舗を訪問したときに本人確認したうえで、過去のリアル店舗とＥＣサイト両方の購買履歴やサイト閲覧履歴、リアル店舗での接客履歴をリアルタイムに分析してシステムが推奨商品を提示し、店舗での応対者が推奨商品をお薦めする連携が必要ですし、それは技術的に可能です。

デジタルマーケティングを成功させるために、企業では、データを中心に施策や業務プロセス、関連組織が緊密に連携するようになります。

3　デジタルマーケティングの全体像

本節では、デジタルマーケティングの全体像を見ていきます（図3参照）。マーケティングの装備や手法は、マーケティング課題や戦略によって異なります。したがって、これから示す全体像はデジタルマーケティングの理念型と捉えていただくのがよいでしょう。

①消費者行動層

マーケティング活動とは消費者を理解し、消費者に働きかけて、売れ続ける仕組みを作ることです。したがってまず、消費者行動が最上位、最初の層となります。これ以下の層は、消費者から情報を取得したり、効果的な働きかけをしたりするために機能します。

消費者行動の変化を捉えるモデルはさまざまありますが、ここではデジタル時代の代表的なコミュニケーション効果モデル、「ＡＩＳＡＳ《アイサス》」を採用しています。[*6]

ＡＩＳＡＳはコミュニケーション効果の段階モデルのひとつで、インターネットの登場によって顕著になった2つの段階、購買前の「検索」と購買後の「情報共有」を取りあげている点に特徴があります。それぞれの段階は、Ａ：アテンション（注意）、Ｉ：インタレスト（関心）、

Ｓ：サーチ（検索）、Ａ：アクション（購買）、Ｓ：シェア（情報共有）を表しています。

②コンタクトポイント層

消費者行動に働きかけるチャネル、企業やブランドと消費者との接点がコンタクトポイント層です。清涼飲料を例に考えると、テレビや雑誌の広告、ブランドのＷｅｂサイトやブランドのＳＮＳ公式アカウント、アプリ、消費者のブログやＳＮＳへの書き込み、製品のパッケージ、自動販売機、コンビニエンスストアの店頭、空き缶や空き瓶などなど多くの接点があります。コンタクトポイント層での活動は、いくつかのマーケティングシステムによって管理されています。

前述した、費用を払って時間や場所を活用するペイドメディア（Ｐ）、自社所有のオウンドメディア（Ｏ）、評判形成に役立つアーンドメディア（Ｅ）に分類して簡略化して図示しています。

③システム層

デジタルマーケティングは、多くのデータを扱う24時間３６５日実施の継続型活動ですから、手作業は現実的ではありません。そのために、システムやソフトウェアを活用します。

ここでは代表的なシステムを5種類記載しています。

・ＤＳＰ（デマンドサイドプラットフォーム）はデジタル広告配信を管理するための基盤です。

図3　デジタルマーケティングの全体像

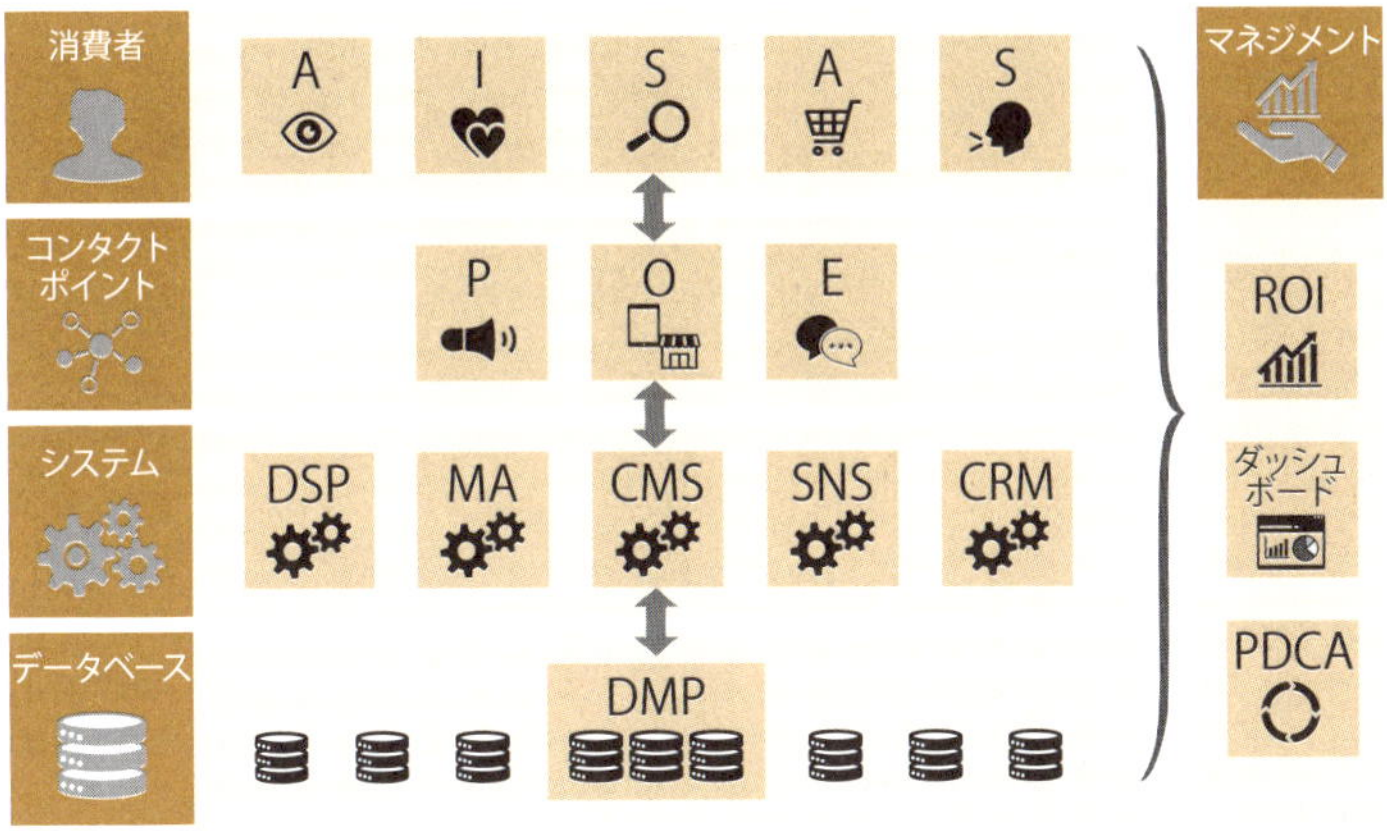

・MA（マーケティングオートメーション）ツールは、顧客や見込み客に対して最適なコンテンツを、最適なタイミングと方法で届けるための仕組みです。メール配信やWebへのアクセス履歴記録、セールスリードの管理、スコアリングなどの機能があります。

・CMS（コンテンツマネジメントシステム）は、オウンドメディアに掲載するコンテンツを構成するテキストや画像、レイアウト情報などを一元的に管理するソフトウェアです。

・SNS（ソーシャルネットワーキングサービス）用システムは、SNSに書き込まれた投稿を収集分析したり、投稿管理をしたりすることに用いられます。

・CRM（カスタマーリレーションシップマネジメント：顧客関係維持）用システムは、顧客データベースを活用して顧客の属性や購買履歴を管理し、個々の顧客に応じた対応によって顧客満足度を向上させ、企業の収益化を図るシステムです。

④データ層

デジタルマーケティングの特徴はデータを活用して、マーケティング意思決定を行うことです。活用されるデータにはさまざまなものがあり、自社業務から収集されるデータもあれば他社と連携するデータもあります。

ＤＭＰは、データマネジメントプラットフォームの頭文字です。顧客データを蓄積、分析、活用する仕組みを指します。ＤＭＰを用いて、見込み客や顧客を軸にさまざまな情報を整理すると、顧客分析やＣＲＭに活用することができます。たとえば、見込み客や顧客個人にＩＤを振って、顧客登録データを用いて性別やメールアドレスを関連づけ、過去の購買記録をポイントカードデータから紐づけ、広告配信データをＤＳＰと連携させます。すると、優良顧客の性質を確認したり、顧客が関心を持つ情報を特定して配信したりできるようになります。

マーケティングには、日次や週次の時間単位で整理されたデータも活用されます。清涼飲料について、日次で自社と競合社の広告出稿量、ＳＮＳへの書き込み量、販売単価、気温などの情報と販売数量が整理されていれば、販売にどの要因がどの程度貢献しているかを明らかにすることができ、マーケティング投資の意思決定に活かすことができます。

データは、システム層にある各種マーケティングシステムによって活用されたり、ダッシュボートに送られて意思決定に利用されたりします。

⑤マネジメント層

マーケティング活動をマネジメントする層です。マネジメントの視点や手法を示してあります。

ひとつは、意思決定の基準である投資対効果（ＲＯＩ）です。マーケティング投資に対してどの程度の見返りがあるのか、どのような施策がどの程度の効果を生むのかを把握してマーケティング意思決定の精度をあげていく考え方です。

ダッシュボードは意思決定支援システムです。「測定して対応」を実行するには、常に変化する環境とマーケティング成果の変化を確認しながら、即断即決していく必要があります。自動車の運転でいえば、窓から外を見て道路状態や信号、標識を確認するとともに、ダッシュボードの計器類を確認しながら、アクセルやブレーキを扱い、給油時期を判断するようなものです。

「ＰＤＣＡ」は、「Plan（計画）→Do（実行）→Check（評価）→Act（処置）」の略で、マーケティング活動の継続的改善手法です。

4　デジタルマーケティングを構築するための定石

デジタルマーケティングの全体像は、いきなり全部を構築するわけにはいきません。
デジタルマーケティングには、自社が置かれている局面にあっての最善手、定石があります。

自社マーケティングにとっての重要度と緊急度に基づいて、どの手を打つかが特定されます。以下では、私たちが整理した10の定石について概観していきます。

定石１：顧客接点を起点にマーケティングを変えるために　カスタマージャーニー把握から始める

企業が、製品製造業視点からサービス提供業視点に転換するための定石です。多様な顧客接点を持つ企業や顧客接点の質に差がでやすいサービス企業では、デジタルマーケティングの有効な出発点です。

まず、消費者がニーズを感じ、その結果、ある製品やサービスに関心を持ち、購買に至り、継続購買したり、感想を投稿したりする過程をカスタマージャーニーとして把握し、その中における自社ブランドと消費者との接点を特定します。そして、消費者が各接点に満足しているかどうかや接点が自社の想定どおりに機能しているかを把握し、重要な接点から改善していきます。[*7]

顧客接点には、デジタル接点とそうでないものが混在しています。自社Ｗｅｂサイトを訪問し価格シミュレーションをしたうえで、リアルの店で実製品を試す見込み客がいたとすれば、店頭で試用のために準備されている製品は、シミュレーションした製品であるべきです。このような接点と接点との関係をデジタル技術によって最適化することは、デジタルマーケティングの王道のアプローチです。

定石2：常に消費者とやりとりするためにオウンドメディア強化から始める

マーケティングコミュニケーションをキャンペーン中心から継続施策中心に転換するための定石です。

消費者と企業との数々の接点の中で、消費者が自分の都合に合わせていつでも接触できるのは、企業のWebサイト（ホームページ）です。コンタクトセンターには受付時間がありますし、リアルの店舗が常に近所にあるとは限りません。デジタル時代になって、企業ははじめていつでも消費者に対応できる窓口を手に入れました。この窓口の強化からデジタルマーケティングを始めるのは効果的な出発点です。

自社Webサイトを開設し、顧客が製品の使い方が分からないときや不具合を疑ったときに、企業が必要な情報を提供すると、時と場所を超えて顧客と関係を維持できるようになります。同時に、人的対応が必要なコンタクトセンターの負荷を低減できます。デジタル広告やSEM（検索エンジン最適化）を実施した際に、これらを通じて訪れた人の到着場所をオウンドメディア上の関連コンテンツに定めます。こうすると、消費者の知りたいことに的確に応えることができます。

さらに積極的に、企業が自社業務と関連する情報を集配するメディア（Webサイト）をネット上に持てば、消費者から効率的に情報を収集したり、提供したりするチャネルとして活用できます。調味料メーカーが消費者からのレシピの投稿を募って掲載するレシピサイトを持てば、そのサイトは、人気レシピの動向を知る消費者調査の役割を果たし、投稿レシピは新製品開発のヒントになり、掲載されているレシピは閲覧者に対する販促にも活用できます。

定石３：これまで出会わなかった消費者を顧客にするためにＥＣサイト開設から始める

これまでの販売チャネルでは出会わなかった消費者と出会い、自社市場を拡大するための定石です。たとえば、リアル店舗中心に事業を展開してきた企業が、ＥＣサイトによって既存店舗から地理的に離れた消費者と出会うことができます。Ｂ to Ｂ企業がＥＣサイトを活用して、Ｂ to Ｃ事業に進出することができます。国内事業を行っていた企業が、ＥＣサイトをきっかけにグローバル市場を相手にできます。

市場が拡大することはまた、自社の強みに特化して、その分野で圧倒的な差別化を図るきっかけとなります。箸や手ぬぐい、和食器の企業がＥＣを活用して世界に販路を広げているのも、稀少な材料を使ったオーダーメイドのアクセサリー専門会社が事業として成立しているのも、ＥＣサイトによって物理的な場所に制約されずに消費者に届くチャネルを獲得したからです。

定石４：マーケティング活動を構造化するためにＫＧＩ、ＫＰＩ設定から始める

マーケティング活動を、個々のマーケティング施策の並列から、マーケティング目的を果たすための各施策の構造的連携に転換するための定石です。

図4　デジタルマーケティングの定石

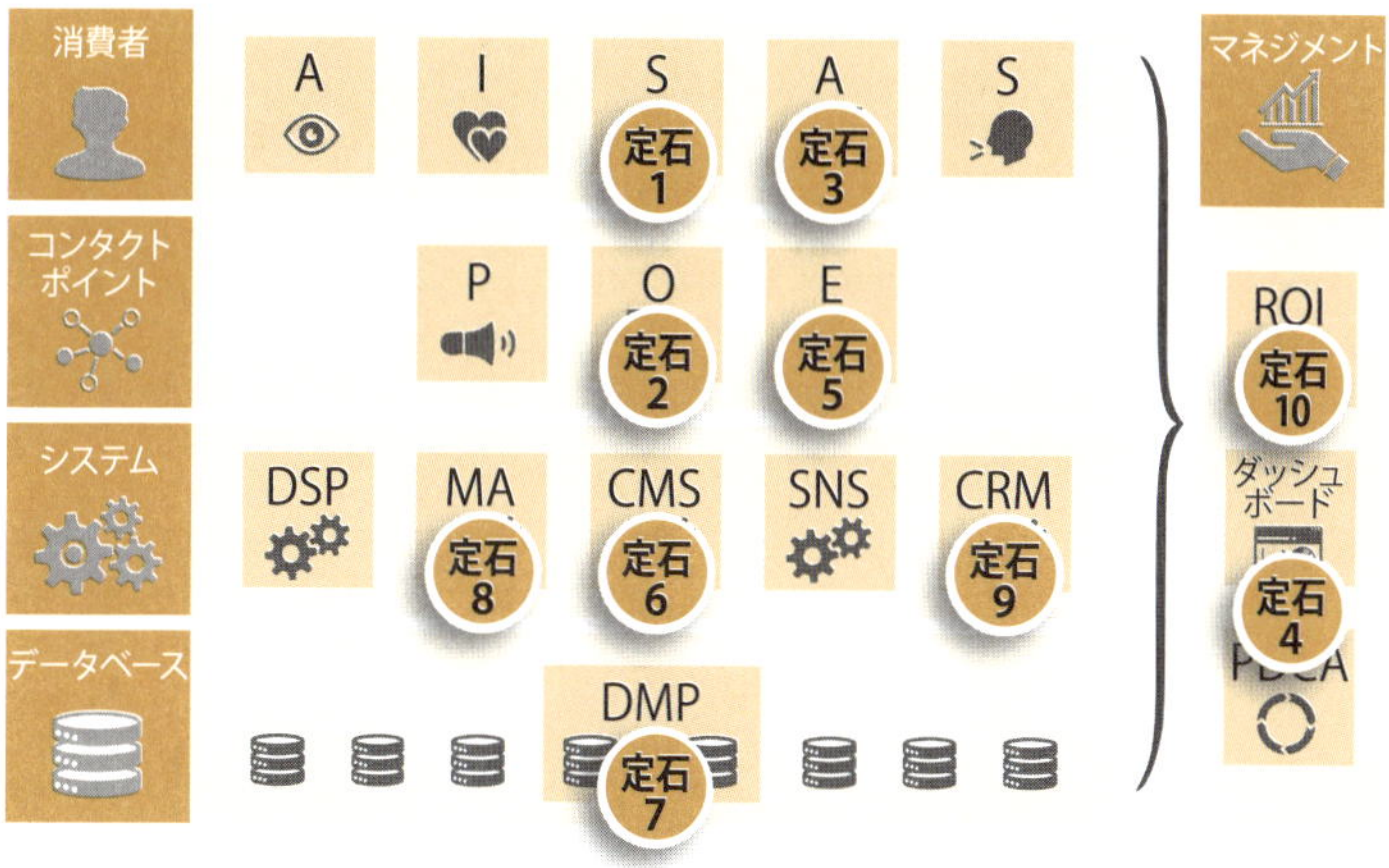

	局面	定石
定石1	企業が、製品製造業視点からサービス提供業視点に転換する	顧客接点を起点にマーケティングを変えるために、カスタマージャーニー把握から始める
定石2	マーケティングコミュニケーションをキャンペーン中心から継続施策中心に転換する	常に消費者とやりとりするためにオウンドメディア強化から始める
定石3	これまでに出会わなかった消費者と出会い、自社市場を拡大する	これまで出会わなかった消費者を顧客にするためにECサイト開設から始める
定石4	マーケティング活動を、個々のマーケティング施策の並列から施策の構造的連携に転換する	マーケティング活動を構造化するためにKGI、KPI設定から始める
定石5	顧客理解の方法をアスキング（質問）からリスニング（傾聴）に変え、ファン層拡大の駆動力を企業の力からファンの力に転換する	顧客理解とファン基盤拡大のためにSNS活用から始める
定石6	企業都合に基づいて消費者に働きかけることから、消費者都合で消費者が必要なときに自社を見つけてもらうことに転換する	インバウンド強化のためにコンテンツマーケティングから始める
定石7	データを活用して自社顧客の特徴を理解したり、施策の有効性を分析したりして、その知見を次の施策に活かす	データの分析と活用を効率的に行うためにDMP導入から始める
定石8	営業活動を科学的で効率的なものに転換する	営業効率向上のためにマーケティングオートメーション導入から始める
定石9	新製品の新規顧客への販売から、既存製品の既存顧客への継続的購買に転換する	顧客との良好な関係を構築するために顧客ID統合から始める
定石10	過去からの慣性にしたがってマーケティング活動を続けるのではなく、データに基づく施策有効性の判断に転換する	マーケティング投資効率を高めるためにMROI分析から始める

マーケティング活動はさまざまな活動が組み合わされて全体を構成しています。KGIはキーゴールインディケーター（重要目標達成指標）の、KPIはキーパフォーマンスインディケーター（重要業績指標）の略です。KGIとKPIを、目的と手段の関係で緊密に関連づけることで、デジタルマーケティングを成功に導きます[*8]。

新規顧客獲得数がKGIに設定されたとしましょう。新規見込み客リストを獲得するためにリスティング広告とバナー広告を行い自社のコンテンツに誘導します。そして、資料ダウンロード時に電話番号や連絡先を取得して、アウトバウンドコール（企業やコールセンターから電話をかけること）を行います。この場合には、リスティング広告とバナー広告のKPIはコストパークリック（CPC）ではなくコンバージョン数に、コンテンツマーケティング活動のKPIは直帰率ではなく資料ダウンロード数に、アウトバウンドコールのKPIはコンタクト率ではなくコンバージョン数に設定されるべきです。もしも、アウトバウンドコールのKPIがコンタクト率に設定されたとすると、消費者との接触は促進されますが、全体目的である新規顧客の獲得増にはつながりにくいからです。

定石5：顧客理解とファン基盤拡大のためにSNS活用から始める

顧客理解の方法をアスキング（質問）からリスニング（傾聴）に変え、ファン層拡大の駆動力を企業の力からファンの力に転換するための定石です。

消費者の自然な意見や評価が聞けるのは、消費者が自分から発言したときで、質問に答えたときではありません。ＳＮＳには、消費者の自然の発言が表出されていますから、これらの声に耳を傾けることは情報収集手段として効果的です。また、自社ブランドのよさを最もよく知っているのは、ファンです。ファンは、日々の生活の中でブランドのよいところや優れたところを発見しています。時には、問題点や改善が必要なところを指摘することもあります。企業が気づかない使い方の工夫を見つけるのも彼らです。ファンの声が他の人に伝わると、そのブランドのことを思い出させたり、購買を促したり、新しい見方を与えたりします。ファンの声はファン以外の消費者を振り向かせたり、考えや行動を変えさせたりするための宝の山です。

かつては、これらファンの声を他の人々に伝えるには、ファンに対するアスキング調査などを行い、いくつかのファンの声を選んで広告などで伝えるしかありませんでした。伝えられる声にも限りがありましたし、費用も時間もかかりました。しかし、現代ではＳＮＳ他を活用できます。企業がＳＮＳアカウントをうまく運営すれば、ビール会社でいえば、「桜の季節に花見に飲んだビールがおいしかった」というＳＮＳ投稿が、その日のうちに多くの人たちに伝わり、花見シーズン中のビール消費につながります。

定石６：インバウンド強化のためにコンテンツマーケティングから始める

企業都合に基づく消費者への働きかけから、消費者が必要なときに自社を見つけてもらえるよう転換するための定石です。

マーケティング活動は、アウトバウンドマーケティングとインバウンドマーケティングに分けることができます。アウトバウンドマーケティングとは見込み客に対する電話や各種広告など、企業から消費者に向かって働きかける活動を中心としたマーケティングです[*9]。これに対して、店舗やオウンドメディアに見込み客を誘引する活動を中心としたマーケティング戦略をインバウンドマーケティングと呼びます。デジタル社会では、検索エンジンやソーシャルメディアの登場によって、消費者から自社を見つけてもらうことが容易になりました。消費者は、知りたいことや困ったことがあれば、すぐに検索エンジンを使って調べます。

自動車関連品の販売会社であれば、タイヤやエアロパーツを必要としている人が情報を集めているときに自社Ｗｅｂサイトやソーシャルメディア上の公式アカウントを訪れてほしいと考えるでしょう。仮にそのときに購買に至らなくても継続して訪問してもらえば、将来、自社顧客になる可能性が高いからです。そのためには、適切なコンテンツが継続的に、系統的に準備されていなくてはいけません。

定石７：データの分析と活用を効率的に行うためにＤＭＰ導入から始める

データを活用して自社顧客の特徴を理解したり、施策の有効性を分析したりして、その知見を次の施策に活かすための定石です。

プライベートＤＭＰに自社顧客のデータを蓄積して分析すると、どのような性別や年代の人が顧客に多いのか、生涯顧客価値（ＬＴＶ）が高い顧客はどのような製品やサービスを利用しているのか、何をきっかけに製品やサービスの継続使用が始まるのか、などが明らかになります。仮に、通常容量の製品に加えて大容量製品を購入した顧客がその後、長期間にわたり自社製品を継続購入することが分かった場合には、自社既存顧客に対して、大容量製品の販売促進を強化することが有力な施策案になるでしょう。

さらに、プライベートDMPを通じて明らかになった事実を活用して、優良顧客になりやすい消費者に働きかけることができます。外部のDMP（パブリックDMP）を活用して、自社優良顧客と似た性質を持つ消費者を見つけてメッセージを送ることによって、それが実現します。[*10]

定石8：営業効率向上のためにマーケティングオートメーション導入から始める

営業活動を科学的で効率的なものに転換するための定石です。

マーケティングの重要な要素に人的販売があります。この領域はこれまで、属人的な技能に依存して行われてきました。法人営業を行っている企業（B to B企業）やマーケティング活動の中で人的販売の比重が高い企業では、この領域にシステムを導入しデータ活用を進めることで、マーケティング効果と効率の向上が見込めます。

マーケティングオートメーション（MA）システムは、見込み客の発見から購買意欲の向上を支援し、購買時期が近いと判断すれば営業部門に引き渡す機能を提供します。見込み客の関心事が何かを閲読したコンテンツから推定したり、購買時期の近さをデータに基づいて予測したりすることは、システムが得意とするところです。[*11]

定石9：顧客との良好な関係を構築するために顧客ＩＤ統合から始める

新製品の新規顧客への販売から、既存製品の既存顧客への継続的購買に転換するための定石です。

既存顧客とのビジネスを拡大していくためには、企業が過去に接点を持った消費者を大切にすること、特にその中の優良顧客基盤を維持拡大することが有効な戦略です。

そのためには、まず顧客ＩＤが統合されていなければなりません。ひとりの顧客が、製品やサービスの分野ごとに登録されていると的確な施策を実行できません。たとえば、趣味関連の雑誌事業とセミナー事業を行っている企業が、雑誌購読者にセミナーの案内をし、セミナー受講者に雑誌購読の案内をすることは効果的に思えます。ところが、多くの顧客が雑誌とセミナーを両方利用していたとすると、この施策は全くの無駄であるどころか、顧客の怒りも買いかねない施策です。両事業の顧客データを別々に管理せず、顧客ＩＤがひとつに統合されていればこのようなことは起こりません。

定石10：マーケティング投資効率を高めるためにＭＲＯＩ分析から始める

ＲＯＩとは、Return On Investment（投資対効果）の意味です。ＭＲＯＩはマーケティングＲＯＩです。さまざまのマーケティング活動を実施している企業が、過去からの慣性にしたがって活動するのではなく、データに基づく施策有効性の判断を行うように転換するための定石です。

デジタルマーケティングに取り組み始めると、デジタル広告、SEM、コンテンツマーケティング、動画制作など、多くの施策に予算が分散して投じられるようになることがあります。また、複数ブランドや複数地域にマーケティング投資が分散します。施策が継続的に行われると、時間的にも投資が分散します。それでは、どの施策、どのブランド、どの地域、どの時期に投資すべきなのか。いったん投資対効果の視点からマーケティング活動を評価して、投資効率を改善することから始めることも、豊富なデータが準備できるデジタルマーケティングの得意な着手点です。

次章では、デジタルマーケティングを始めるときの10の定石を具体的な事例とともに紹介していきます。この10の定石は、この順番ですべてを行わなければならないものではありません。逆に、どこから始めても、デジタルマーケティングの全体像へとシフトしていくことができます。自社のマーケティング課題を見極め、まずどの手を打つべきか、次の一手の道しるべとしてください。

（参考文献）
1、菅原健一、有園雄一、岡田吉弘、杉原剛『ザ・アドテクノロジー：データマーケティングの基礎からアトリビューションの概念まで』（翔泳社、2014）
2、常松洋『大衆消費社会の登場』（山川出版社、1997）

3、Dutka, S. “DAGMAR” NTC Publishing Group.（1995).（Ｓ・ダトカ、八巻俊雄訳『新版・目標による広告管理：ＤＡＧＭＡＲ（ダグマー）の新展開』ダイヤモンド社、１９９８）
4、秋山隆平「デジタルマーケティング原論」、宣伝会議編『デジタルマーケティング年鑑２０１４』（宣伝会議、２０１４）Ｐ５～23
5、http://www.dentsu.co.jp/ir/data/setsumeikai/2013EA2/12.html（２０１７年2月10日）
6、秋山隆平、杉山恒太郎『ホリスティック・コミュニケーション：アクティブ・コンシューマーの出現で進化する広告と販促の境界』（宣伝会議、２００４）
7、加藤希尊『The Customer Journey：「選ばれるブランド」になるマーケティングの新技法を大解説』（宣伝会議、２０１６）
朝岡崇史『エクスペリエンス・ドリブン・マーケティング：ブランド体験価値からサービスデザインへ』（ファーストプレス、２０１４）
8、上島千鶴『マーケティングのＫＰＩ：「売れる仕組み」の新評価軸』（日経ＢＰ社、２０１６）
9、Pulizzi, J. “Epic content marketing : How to tell a different story, break through the clutter, and win more customers by marketing less” McGraw-Hill,2013.（ジョー・ピュリッジ、郡司晶子、大川淳子、長尾千登勢、坂井政文、醍醐辰彦、四宮拓真、中里慶昭、石井裕太訳『エピック・コンテンツマーケティング：顧客を呼び込む最強コンテンツの教科書』日本経済新聞出版社、２０１４）
10、横山隆治、菅原健一、草野隆史『ＤＭＰ入門：顧客を知るためのデータマネジメントプラットフォーム』（インプレスＲ&Ｄ、２０１３）
11、電通イーマーケティングワン『マーケティングオートメーション入門：１人のマーケターで10万人の見込客を育成する』（日経ＢＰ社、２０１５）

第2章

デジタルマーケティングを始めるときの10の定石

定石 1

顧客接点を起点にマーケティングを変えるためにカスタマージャーニー把握から始める

社会のデジタル化の急激な進展は、企業にビジネスのあり方を根本から見直すよう迫っています。そこで注目されるのが、エクスペリエンスデザインという考え方です。そのためのツール「カスタマージャーニー・マップ」を活用して、自社の描く理想と現実のギャップを把握するところから始めましょう。

顧客の体験をデザインする

自社の商品やサービスの販売に際しては、ターゲティング（購買を働き掛ける見込客層の設定）やポジショニング（市場での競合他社との差別化）を図ります。しかし、それらを工夫するだけでは、多くの人を満足させることが難しくなってきたと感じている企業やマーケティング担当者は少なくありません。

以前なら、ニッチとなるニーズを探して競合に先駆けて商品やサービスを投入したり、コミユニケーションによってイメージ形成したりすることで、新たな市場を創造できる場合も多かったのですが、現在の競争は、もっと複雑となり、もっと細やかな対応が求められるようになっています。

たとえば、マイクロソフト社が２０１０年に自社の検索サイトのリンクカラーを同じブルー系でも少し彩度を落としただけで、クリック数が増大してユーザー関与が高まり、年間の売上高にして８０００万ドルもの増加につながったと発表したことがありました。

いまでこそ、自社のＷｅｂサイト内の配色パターンを細かく検討するのは当たり前のことですが、当時はこんなちょっとしたことでユーザビリティ（使い勝手）が改善され、ユーザー関与が高まるのかと驚かされました。

しかも、こんなちょっとしたことは他にもたくさんあるはずですから、いかにユーザー視点に立って、ユーザーの体験を通して、マーケティングのプロセス全体を見直してみることが重要なのか分かります。つまり、企業の側から市場性を吟味するのではなく、消費者の側に立って、自社の有用性（商品やサービスの買いやすさ、使いやすさなど）を吟味してみることです。

消費者の購買行動は、基本的には「ＡＩＳＡＳ《アイサス》」（注意→関心→検索→購買→情報共有）として理解することができますが、購買行動のプロセスごとに、もっと注意深く、消費者の気持ちに寄り添って、商品やサービスを提供するタイミングとかコンタクトポイントなどが適切かどうか検証する必要があります。こうした検証を重ねて、自社の顧客にとって最適な購買プロセスを設計します。

第1章 第2章 定石1 定石2 定石3 定石4 定石5 定石6 定石7 定石8 定石9 定石10 第3章

これを「エクスペリエンスデザイン」と言います。商品やサービス自体よりも、商品やサービスを買ったり、使ったりする行為（体験）のほうに比重を置いているところがポイントです。

私たちが提案するエクスペリアデザインでは、３つの視点を重視しています。①お客様を主語として、②お客様の気持ちに寄り添ってマーケティングプロセス全般を点検し、③お客様のブランド体験が全体として豊かになるよう刷新し続けることです。

特に重要なのが、③のお客様のブランド体験を刷新し続けることで、そのために、改善のためのプログラムを導入し、ＰＤＣＡサイクルで運用する体制づくりを行います。

イノベーションというと、一般にはＩＴなどの技術革新によってもたらされるものと考えがちですが、エクスペリエンスデザインでは、まず人間を中心に置いて、その理解のために技術を使ってイノベーションを起こしていくという考え方になります。

もっとも、エクスペリエンスデザインという考え方そのものは以前からありました。最近になって、これまでになく注目を集めるようになってきた背景には、ＩｏＴ（モノのインターネット）の進化が関係しています。

生活のなかのあらゆるモノやコトがインターネットにつながり、そこで得られたビッグデータを使って新たな価値や体験が生み出されようとしています。こうしたデジタル化が企業のビジネスに及ぼすインパクトは非常に大きいものです。生活の隅々までデジタルが入り込むことで、顧客の体験はどう変わるのか、多くの企業にとって無関心ではいられません。しかも、そういう時代がもう始まっているのです。

エクスペリエンス×IoT

世界中のビジネスマンが注目する家電見本市ＣＥＳ（コンシューマー・エレクトロニクス・ショー）で、２０１５年、パネルディスカッションに登場したシスコシステムズ社のジョン・チェンバースＣＥＯ（当時）による発言が人々の耳目を集めました。

「ＩｏＴによって、すべての国、都市、企業、家、人……何もかもがコネクトされます。どのような業種であろうと『ハイテク企業』にならなければなりません。なぜなら、テクノロジーによって、すべてのビジネスの変化のスピードが加速するからです。

今後10年間で、フォーチュン５００の企業のうち約６割は淘汰されるでしょう。加速するビジネス変化に対応できないためです。どんなに巨大な企業であっても、自ら『イノベーター』にならなければ、生き残ることはできません」

ＩｏＴを契機として、すべての企業に「ハイテク企業」への転換を迫っているというのです。生き残りたければ「イノベーション」を実践しなければなりません。

このスピーチのなかでいう「イノベーション」を実践する「ハイテク企業」とはどんな企業なのでしょう。

少し過去にさかのぼって、インターネットがいかに人々の生活スタイルを変え、それまでのアナログだった体験を次々とデジタルに取り込み、全く新しい体験として提供してきたかを考えてみましょう。たとえば、手紙はデジタルと結びついてEメールになりました。CDショップはデジタルと結びついて音楽配信サービスに、アパレル等のショップもECサイトになりました。ちょっとした雑談もデジタルと結びついてSNSとなり、その領域を拡大しました。

もちろん、これまでのアナログ体験も残されていますが、アナログ体験自体も、デジタルによって変化しています。たとえば、リアル店舗への来店のきっかけがスマートフォンに届いた電子クーポンだったり、位置情報だったり。お客様にとって、かつてないエクスペリエンスとなっているのです。

IoTの時代を迎えて、お客様の生活スタイルはさらに変化していきます。そこで提供されるエクスペリエンスを予測し、より良いものへと改善し提案していくことが、これからの企業に求められます。これを遂行することがイノベーションであり、ハイテク企業の役割です。そのイメージは、図1-1のように描くことができます。

まず、インターネットを経由して顧客のデータ（生体データとか行動データなど）を常時収集します。次に、収集した顧客データは外部データと統合して、AI（人工知能）によって顧客ごとに（お客様を主語として）解析され、顧客ごとに「近未来のエクスペリエンス」を予測し、改善のための提案を付して、企業から顧客に提供されます。この一連のプロセスを繰り返すことで、お客様のエクスペリエンスが豊かになるようサービスを提供していきます。

具体的には、渋滞を回避して時間通りに顧客を運んでくれる自動運転サービス、顧客の生体データ（心拍数や血圧など）を解析して疾病リスクを警告してくれるライフケアサービスなど

図１－１　ハイテク企業のイメージ～「エクスペリエンス× IoT」のメカニズム

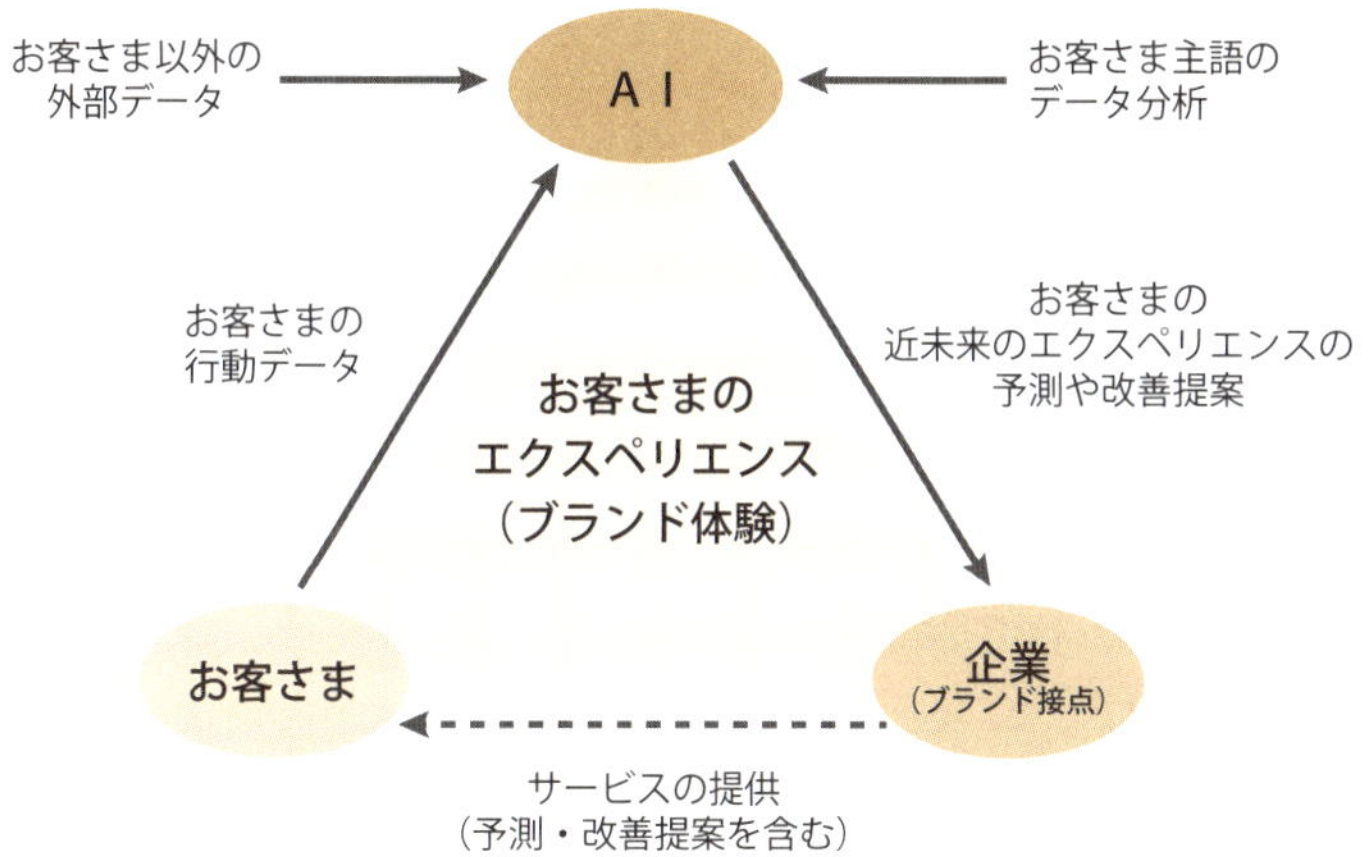

を思い浮かべると、理解しやすいと思います。

ただし、こうしたサービスでは、企業が顧客に対して一定の成果をコミットする（自動運転なら安全・快適で時間通りの移動、ライフケアサービスなら疾病の不安のない健康的な生活）だけでなく、顧客の気持ちの変化に寄り添い、時には思いがけないディライト（感動）体験を提供するなど、顧客が企業に愛着を感じるような仕掛けも必要でしょう。

最も重要なことは、モノやサービスの機能よりも、提供するエクスペリエンスで企業はお客様から選ばれる時代になるということです。つまり、企業間の競争ルールが変わります。これからは「ヒト」「モノ」「カネ」といった企業の内部リソースや目先の市場シェアではなく、いかに顧客の気持ちに寄り添いながらエクスペリエンスをデザインしているかという企業の組織運営の根幹が問われます。

理想と現実のギャップを可視化するカスタマージャーニー・マップ

エクスペリエンスデザインという言葉は使っていなくても、UX（ユーザエクスペリエンス）やUI（ユーザーインターフェース）を担当する部門を設けて、ビッグデータを活用し、顧客を「個客」として把握し施策を打っている企業はあります。

しかし、エクスペリエンスデザインでは、顧客視点に立って、自社ブランドとの接点から始まり、商品やサービスによい印象をもってもらい、購入し、使用し、その後の行動までよい方向（リピートしたり、人に勧めたり）へと導いていくことを考えます。

つまり、お客様の行動（意識を含めて）を時系列変化として捉え、一本の時間軸でつないで見て行くのです。

そのための中核的なツールとして「カスタマージャーニー・マップ」が使われます。顧客のエクスペリエンスをマップ（地図）のうえにプロットしていくことで可視化し、問題点の把握を容易にすると同時に、企業内で合意形成を図ったり、その合意を共有したりするのに役立ちます。

たとえば、図1－2（P50～51）に家を買う場合を想定したカスタマージャーニー・マップを例として挙げました。カスタマージャーニー・マップでは、顧客の行動と気持ちを一連の流れとして俯瞰的に捉えます。

現実には、顧客がどんな道のりを辿って、どこで逡巡しながら、最終的に自社の商品やサービスを購入するに至ったか、もしくはどの段階で離脱してしまったか、正確に捉えることは非常に困難です。いろいろな部署で、その時々に応じて断片的な調査・分析を行っている程度では、調査できない部分は想像するしかありません。

しかし、カスタマージャーニー・マップをつくって検証してみると、顧客の行動や気持ちを一連の流れとして理解していくことができます。さらに、顧客の行動と合わせて、市場の動向、売場（オフライン）の状況、各種の情報を統括するバックオフィスに至るまで、同じ土俵で検討することができます。このツールの画期的なところです。顧客に、どこで何をして、何を感じてもらいたいかを記述しながら、自社にとっての課題、取るべき施策などを書き加えていくと、さながら「戦略的指針書」の様相を呈してくることでしょう。

もっとも、〝よくできたマップ〟ほど、さぞかし有意義な顧客体験（エクスペリエンス）を創出できるだろうと、期待も過大になりがちです。確かに、カスタマージャーニー・マップは複雑な顧客の購買プロセスを整理して可視化できるので、さまざまなアイディア出しにも活用します。だからといって、ここから誰も体験したことのないような全く新しいサービスが生み出せるわけではありません。たいていは、既存の施策を刷新したり、顧客の行動にタイミングを合わせたり、施策の優先順位を確認したりする程度です。先述のようなイノベーションに絡めて語られるので、過剰な期待を抱きやすいのでしょう。

1週間	6ヶ月〜1年		1ヶ月	入居後1〜2年	
❺ 申し込み	❻ 契約	❼ 購入体験を振り返る 具体的に入居後の生活をイメージする	❽ 引っ越し作業に追われる	❾ 入居	❾ 修繕需要の発生

❺ 申し込み

業担当者
式価格決定の通知書

種セミナーに出る
入住戸の選別
入希望住戸決定
金計画の決定
具レイアウトの相談
望書の提出
要事項説明の事前受領
録書の提出
し込み日のアポイント
込書の提出
約日の設定
付金の入金日決定
要事項の説明を受ける
要事項説明に署名捺印

❻ 契約

- 営業担当者
- 銀行

- 迷って最終決断する
- 銀行へ行って入金
- 入金連絡を受ける
- 勝負ペン持参
- 署名捺印

❼ 購入体験を振り返る 具体的に入居後の生活をイメージする

- 契約者サイト
- オプション会
- 入居者説明会
- 内覧会
- 施工レポート

- 契約者サイト閲覧
- インテリア検討
- 知人・友人にマンション購入のことを話す
- 周辺散歩
- 説明会（入居/引越/管理）の案内が沢山来る
- 何度も足を運び、説明事項を聞きに行く

❽ 引っ越し作業に追われる

- 電気ガス、住民票などの引っ越し手続き
- 金銭の受け取り

❾ 入居

- 設備マニュアル（取扱い説明書）
- 管理人

- 鍵を差し込み、部屋に初めて入る
- 取付組立て設定
- 外部業者のとびこみ営業が来る（新聞・ネット）
- 荷ほどき、荷受
- 近隣住民挨拶するか迷う
- 食事の場所に困る

❾ 修繕需要の発生

- コールセンター
- 管理人

- 内覧会で気付かなかったキズ/不具合発見
- 問い合わせ先がわからず管理人室へ行く
- 管理人に聞いても問題が解決しない
- やっとマニュアルの中から電話問い合わせ先を発見
- アフターサービスの範囲を電話で問い合わせる
- アフターサービス申請

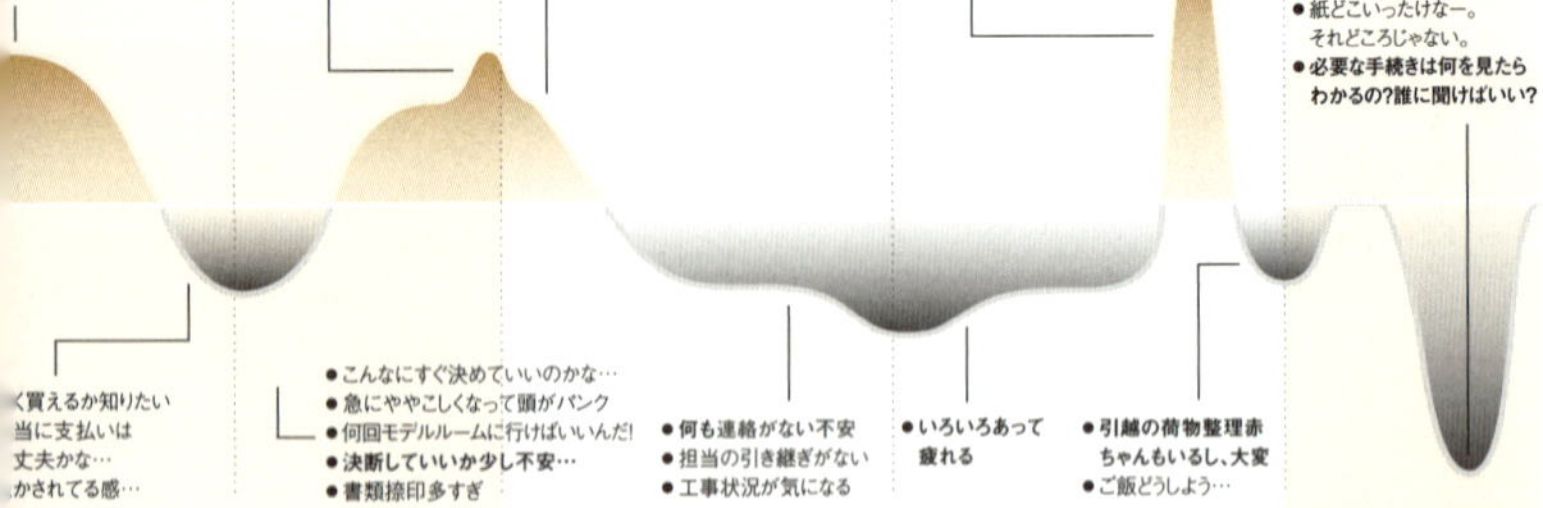

条件を満たすマンションがあった!
この部屋を買いたい!

く買えるか知りたい
当に支払いは
丈夫かな…
かされてる感…

- 契約できてうれしい!

- こんなにすぐ決めていいのかな…
- 急にややこしくなって頭がパンク
- 何回モデルルームに行けばいいんだ!
- 決断していいか少し不安…
- 書類捺印多すぎ

- マンションのできが気になる
- インテリア選びが楽しい

- 何も連絡がない不安
- 担当の引き継ぎがない
- 工事状況が気になる

- ついに自分の城!自慢したい
- わー新築だ!

- いろいろあって疲れる

- 引越の荷物整理赤ちゃんもいるし、大変
- ご飯どうしよう…

- キズ/問題を見つけてしまった…
- あー入居説明会で言っていたような…忘れたよ…
- 紙どこいったけなー。それどころじゃない。
- **必要な手続きは何を見たらわかるの?誰に聞けばいい?**

課題③　購入後から手続き会の間に、サービスを入れ込めないか（具体的には、❶入居後のマンションライフのイメージ醸成 ❷手続き・説明会の負担軽減）

課題④　製販管の連携を強化し、情報引き継ぎ不足によるクレームを解決できないか

課題⑤　契約引き渡し時/入居時に、特別感のある演出や、ステータスを感じさせることができないか

課題⑥アフターサービスの対象範囲・期間をうやむやにせずしっかり周知し、「管理は業界内でトップの地位」と認識されるレベルのサービスを提供できないか

課題⑦課題マンションで暮らしていくことに対する知識（手続き、管理、修繕）をタイミングよく提供できないか

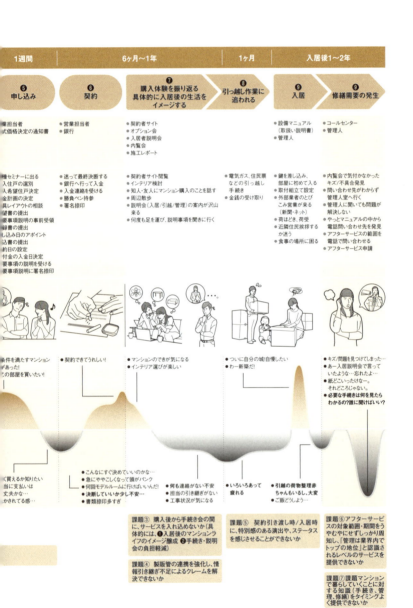

図1－2　カスタマージャーニー・マップ

期間	最長3ヶ月	最長2ヶ月		
ステップ	❶ 物件を探す	❷ 初めてモデルルームへ行く	❸ 持ち帰って検討	❹ 再度モデルルームに足を運 （3回程度）
接点	● 各種ポータルサイト ● 中吊り広告 ● チラシ ● モデルルーム看板 ● 物件HP ● 社内イントラ（提携企業）	● モデルルーム ● 営業担当者 ● パンフレット	● パンフレット ● 図面集	● モデルルーム ● 営業担当者 ● FP（フィナンシャルパートナー） ● パンフレット
お客様の行動	● マンション購入経験のある知人に話を聞く ● SUUMOを見る（ネット/雑誌） ● ネットで検索 ● 何を指標にマンションを検討するかを考える ● 具体的な物件を探す ● ローン等購入にあたっての勉強をする ● 資料請求を行う	● 来場予約／予約なし来訪 ● ブースへ通される ● 担当者に会う ● 飲み物の提供 ● ヒアリング ● パネルや模型での説明 ● モデルルーム見学 ● 写真を撮る ● ローンシミュレーション ● 資金計画イメージ作成 ● 販売、イベントスケジュール確認 ● 見学時アンケート ● 再訪アポイント	● ネットの口コミを確認 ● 提携企業確認 ● 売主やゼネコンの評判確認 ● 質問をまとめる ● 検討条件の整理 ● リセールの想定 ● 保育園や幼稚園、学区の確認 ● 公園や行政サービスなど周辺環境確認 ● ローン返済の検討 ● 家族会議	● 希望条件との整合性確認 ● 自分の希望を販売員に説明 ● 管理説明会を受ける ● 税務セミナーを受ける ● ローン相談をFPにする ● 懸念点の確認

お客様の気持ち

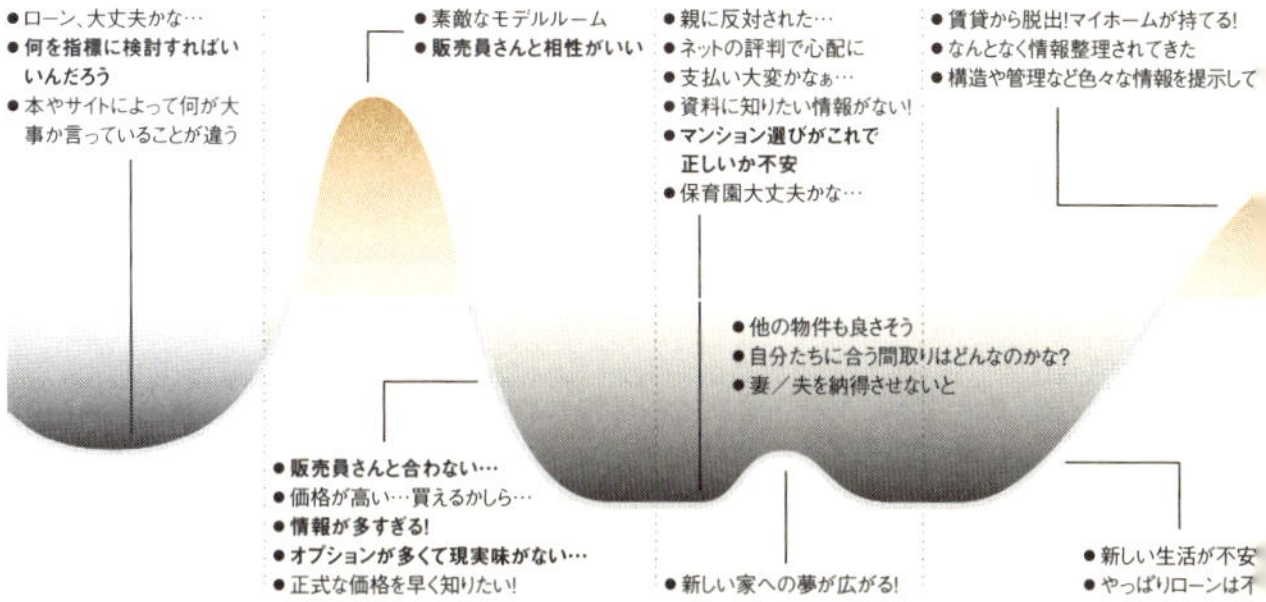

● ローン、大丈夫かな…
● 何を指標に検討すればいいんだろう
● 本やサイトによって何が大事か言っていることが違う
● 素敵なモデルルーム
● 販売員さんと相性がいい
● 販売員さんと合わない…
● 価格が高い…買えるかしら…
● 情報が多すぎる!
● オプションが多くて現実味がない…
● 正式な価格を早く知りたい!
● 親に反対された…
● ネットの評判で心配に
● 支払い大変かなぁ…
● 資料に知りたい情報がない!
● マンション選びがこれで正しいか不安
● 保育園大丈夫かな…
● 他の物件も良さそう
● 自分たちに合う間取りはどんなのかな?
● 妻／夫を納得させないと
● 新しい家への夢が広がる!
● 賃貸から脱出!マイホームが持てる!
● なんとなく情報整理されてきた
● 構造や管理など色々な情報を提示して
● 新しい生活が不安
● やっぱりローンは不

課題

課題①　お客様が抱える、膨大な情報を整理してあげられないか（マンション購入全体について/物件の情報について）

課題②　営業マンの資質やお客様との相性に左右されない、売りをサポートできる方法はないかカスタマージャーニー・マップの本質は、自社の顧客を理解することにあります。自社の顧客を理解できれば、次に、どこでどんな対策を採ればいいかを議論することができます。また、これまでの対策でよかったかどうか、よくなかったとすればどこに問題があったかなどを知る手がかりともなります。つまり、カスタマージャーニー・マップをつくることで、自社が描いている理想と現実のギャップを視覚的に確認できるのです。

このように考えれば、カスタマージャーニー・マップによって実現すべきは、「顧客動線の最適化」と「顧客価値の最大化」ということになります。

顧客動線の最適化とは、お客様の目的に合わせて購買プロセスを整備することであり、顧客価値の最大化とは、お客様の目的達成をサポートし、問題を解決して、お客様に満足してもらうことです。

すると、すでに私たちが「マーケティングファネル」を用いて分析していることと同じだと気づかれるでしょう。そうです。カスタマージャーニー・マップは、ファネル分析の進化形だと言えます。

ファネル分析とカスタマージャーニー・マップ

ファネル分析の「ファネル」とは漏斗《じょうご》のことです。一番大きな入口から径がだんだん細くなっていく形状を「潜在客」へのアプローチから「見込み客」を経て「顧客」へと導いていくマ

図1－3　マーケティングファネル例

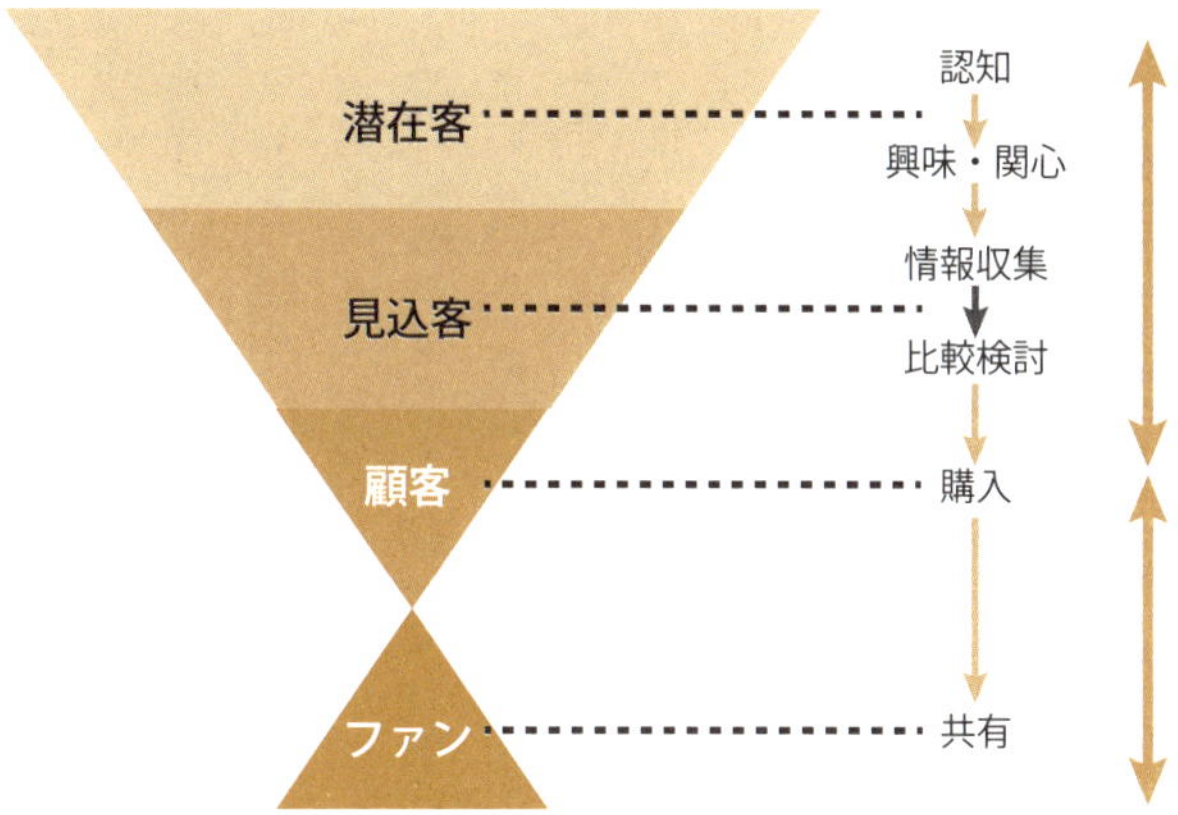

ーケティング活動に応用しました。一般に、図1－3のような漏斗型の図形で、顧客の行動や意識レベルを表します。

このように顧客の行動や意識レベルを分けるのは、各フェーズ（ステップ）によってとるべきマーケティング施策が異なるからです。したがって、マーケティングの目的や状況によって、ファネルの径（フェーズ）の刻み方も変わります。

カスタマージャーニー・マップは、ファネルをさらに細かく分けて、具体的なお客様の行動や気持ちまで書き込んだものです。逆に言えば、デジタル社会となって、以前よりもお客様の行動や気持ちを容易に知ることができるようになり、ファネルより詳しいカスタマージャーニー・マップを描くことができるようになったとも言えます。

ここで重要なのは、カスタマージャーニー・マップをつくる際にも、ファネル分析から始めるべきだということです。

ただし、ファネルのフェーズに対応するカスタマージャーニー・マップの横軸は、できるだけ細かく分けて、後でまとめていくやり方をお勧めします。要素となる可能性のある情報を先に洗い出しておくためです。その分け方（刻み方）についても、基本モデルはありますが、あくまで参考に留め、自社のビジネスモデルに即してつくってください。そのほうが、課題も見つけやすいし、途中で離脱するお客様と次のフェーズへと進むお客様の違い（それぞれの理由など）を考えやすくなるはずです。

次いで、縦軸にはターゲットとの接点、行動や気持ち、次のフェーズに進む理由となるポイント（よい体験）、離脱する理由となるポイント（よくない体験）、課題や機会などを書き込んでいきます。

マップは、ターゲットのセグメント（分類）ごとに描き出し、違いを比較できるようにします。性別や年代などの属性で分けたり、エリアで分けたり、目的や課題に応じて変わりますが、「キー・バイイング・ファクター（ＫＢＦ）」、すなわち、購買決定要因で分けるのが一般的です。お客様が商品やサービスを購入する際の基準のことですが、これは逆から考えたほうが分かりやすいと思います。このマップを通して、お客様が抱えている課題をどう解決していくかを考え、お客様の課題ごとにセグメントするのです。前述した「顧客価値の最大化」に通じることです。

こうした作業は、できればプロジェクトをつくって取り組むことをお勧めします。マップづくりに必要な要素（一次情報）を集めるために現場（売場や消費行動など）を観察したり、集

図1－4　課題発見やアイディア発想のフレームワーク

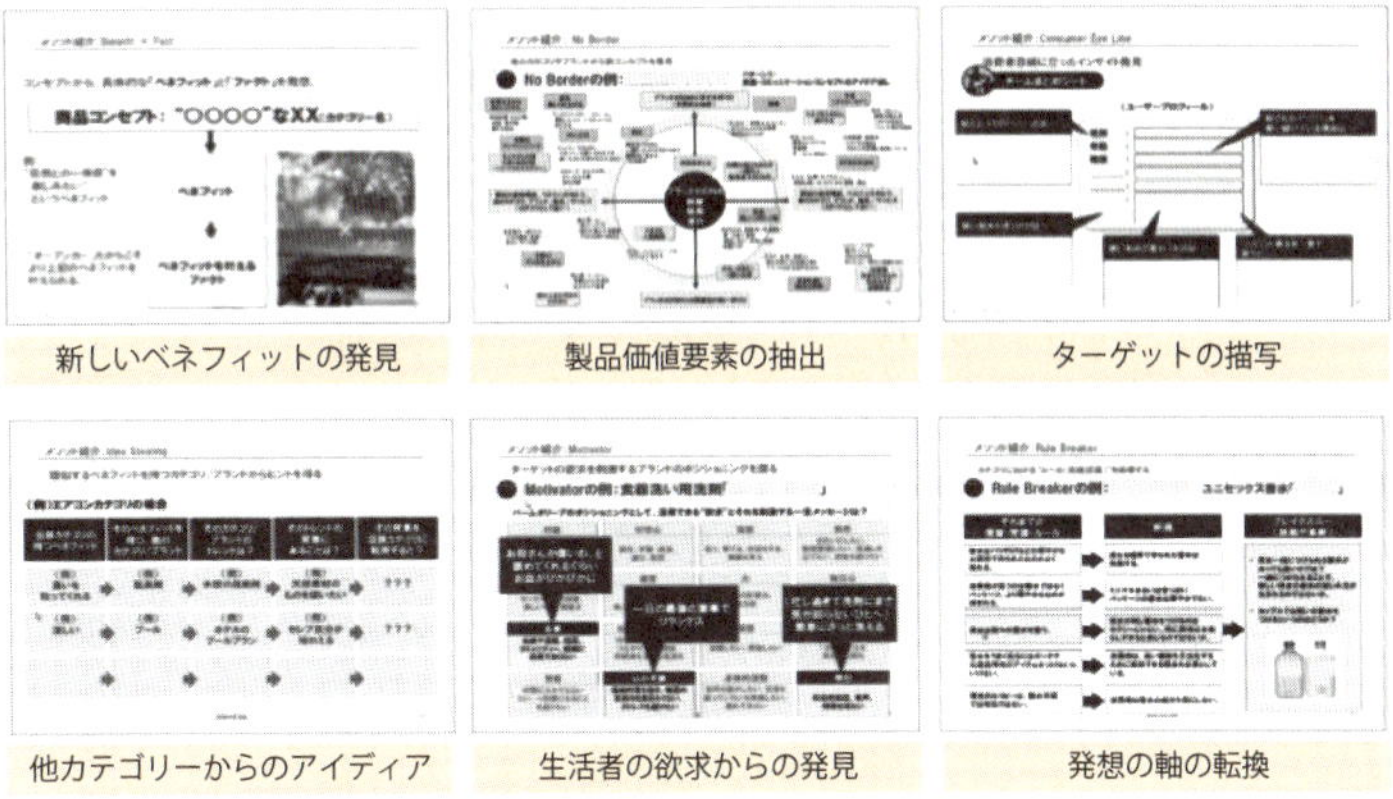
新しいベネフィットの発見
製品価値要素の抽出
ターゲットの描写
他カテゴリーからのアイディア
生活者の欲求からの発見
発想の軸の転換

めた情報をマッピングしたりするのに、さまざまな視点があったほうが、発見や気づきが生まれやすいからです。その際のプロジェクトチームには、いろいろな部署の人に加わってもらいましょう。たとえば、同じくお客様に接する部門でも、営業担当者とコールセンターのスタッフとでは感じ方も問題意識も異なるからです。

電通デジタルでは、カスタマージャーニー・マップをつくるに当たって、課題の発見、解決のためのアイディア出しの促進、購買要因によるセグメント分けなど、さまざまな局面に対応したフレームワーク（思考ツール）を用意しています（図1－4）。

また、複数人で協力し合って、さまざまな視点からカスタマージャーニー・マップをつくり上げるワークショップのためのファシリテーションプログラムも提供しています。

エクスペリエンスデザイン戦略での
ふたつのアプローチ

カスタマージャーニー・マップは、顧客視点に立って顧客体験を具体的に示すことができるために、多くの企業やマーケッターに受け入れられ、エクスペリエンスデザイン戦略の中核的なツールとして活用されるようになりました。

もっとも、エクスペリエンスデザインの系譜には大きく分けて2つの流れがあり、カスタマージャーニー・マップはＵＸ（ユーザーエクスペリエンス）やＵＩ（ユーザーインターフェイス）などとともに「エクスペリエンス・ドリブン・マーケティング」に属する手法とみなされています。

もうひとつの流れは「データ・ドリブン・マーケティング」で、代表的な手法として、お客様との関係維持を図るためのＣＲＭ（カスタマー・リレーションシップ・マネジメント）を挙げることができます。昨今はＤＭＰ（データ・マネジメント・プラットフォーム）を基盤技術とするビッグデータ解析が進んできたことから、顧客データを「個客」レベルで把握して、ＣＲＭ施策を打てるようになっています（ＤＭＰについては〈定石7〉、ＣＲＭについては〈定石9〉を参照）。

エクスペリエンスデザインから派生しながら、前者は数値化しにくい顧客のブランド体験に

図１－５　顧客データの分析は、フォーサイト型へ

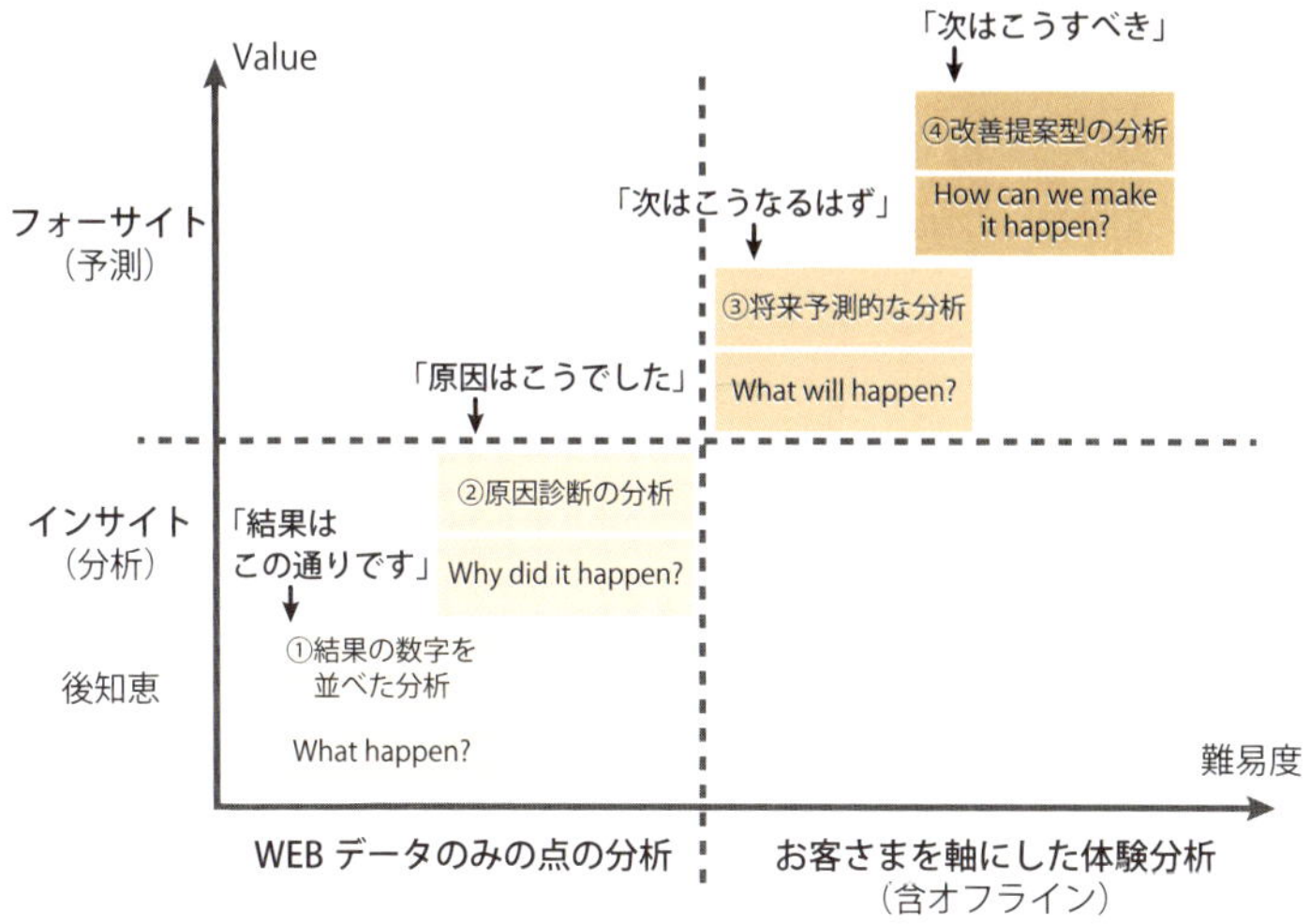

フォーカスし、後者は数値化したデータを活用する点で対極的なアプローチのように見えますが、どちらも顧客を中心に据え、顧客の行動や気持ちに寄り添うマーケティングを志向している点で共通しています。両者は補完し合いながら、相乗的にマーケティング効果を上げていくことが期待されます。

たとえば、顧客についてのデータ分析プロセスに、カスタマージャーニー分析、特に顧客の行動や気持ちの変化をＫＰＩ（重要業績評価指標）として採り入れることです。

顧客の行動や気持ちの変化について分析できれば、インサイト型（過去の結果分析、原因診断分析）からフォーサイト型（将来の予測分析、改善提案分析）へと進化させることができます（図１－５）。

もちろん、こうした分析では、顧客のオンライン上の体験だけでなく、データの形で収集しにくいオフライン上の体験も含めて行われなければなりません。なぜなら、お客様にしてみれば、オンラインでの体験もオフラインでの体験（イベントへの参加、店舗やショールームでの体験）も、自社のブランド体験という点では明確な区別はないからです。

ＩｏＴというイノベーションの時代を迎えるに当たり、エクスペリエンスデザイン戦略における２つのアプローチを組み合わせることで、企業に求められる体験型サービスの拡充に効果的なマーケティング施策を提供できるでしょう。

エクスペリエンスデザインのために企業の組織運営や文化を刷新

ＩｏＴの時代では、ますますエクスペリエンスデザインが重視されるようになるとしても、図１－１に示したように、お客様と常時インターネットでつながり、ＡＩを導入して、お客様ごとに近未来のエクスペリエンスを予測したり、改善の提案をしたり、すべてを一度にできるようにはなりません。

どこから手を付ければいいかと言えば、お客様とつながるところからです。その事例として、ゼネラル・エレクトリック（ＧＥ）社の取り組みが、大変参考になると思います。

ＧＥ社は、ジェフリー・イメルトＣＥＯが改革のリーダーシップをとることで、ＩｏＴのテクノロジーを実装しました。かつての「産業機器（航空機エンジン、大型発動機など）の製造販売業」から「インダストリアル・インターネット（産業のインターネット化）業」へと業態転換を果たしたのです。

具体的には、産業機器を販売した後も、販売した機器から稼働データなどを収集して分析し、近未来の稼働予測や機器オペレーションの改善提案を行います。

たとえば、GE社の試算によると、航空機エンジンの燃料消費をわずか1％改善するだけで年間およそ200億ドルの利益を生み出します。したがって、GE社の航空機エンジンを導入した顧客企業は、その後も大きな恩恵を受けることができるのです。

このように、製造業はデジタルリーダーになる必要があり、デジタル化は次の企業競争の軸になるとGE社は考えています。

最も重要なのは社内の意識改革です。エクスペリエンスデザインの考え方が、世界中で働く30万人を超える従業員のすべてに浸透するように、「ファストワークス」と名付けた新しい仕事の進め方を導入しました。

ファストワークスとは、文字通り〝素早く働く〟ことで、商品化のスピードを加速するのが狙いです。まず顧客が必要とする必要最小限の製品をつくり、顧客に試してもらって評価（データ収集）をしながら、それを製品づくりにフィードバックさせ、機能や信頼性を高めていくという手法をとります。

これまでのGE社は、高い性能を備える完成された製品づくりを目指して、開発までに数年を掛けていました。しかし、それはつくり手の満足であって、顧客のニーズではありません。優先されるべきは、顧客のニーズであること。これがエクスペリエンスデザインの考え方の本質です。ＧＥ社はこの手法を製品開発だけでなく、すべての部門に導入しています。

実は、この新しい仕事の進め方をＧＥ社はベンチャー企業のスタートアップ（立ち上げ）に学んだと言います。米国でも特にシリコンバレーの企業間に浸透している「リーン・スタートアップ」です。コストを掛けずに、短いサイクルで仮説と検証を繰り返しながら顧客ニーズを探り当てていくやり方で、もともとは日本のトヨタの無駄を省いた生産方式に倣《なら》ったものです。

日本の大企業においても、この手法を製品開発に取り入れつつありますが、エクスペリエンスデザインを全社的な活動としていくために、組織運営や企業文化に踏み込んで革新していくことが重要でしょう。

（参考文献）
「『Ｂｉｎｇ』の検索リンクが青い理由——マイクロソフトが配色決定の裏側を説明」CNET Japan, 2010.（http://japan.cnet.com/article/20410630/）

定石 2

常に消費者とやりとりするためにオウンドメディアの強化から始める

Webサイトは、企業のデジタル窓口として手軽に開設されていますが、マーケティングの視点から考えられているケースはあまり多くありません。しかし、自社でコントロールしやすく、戦略的に構築すれば、これほど強力な武器になるツールはありません。ここでは、自社Webサイトを強化することで、ブランディングやお客様対応に活かしていく方法を紹介します。

オウンドメディアが大切な理由

自社で所有し運営するWebサイト（＝オウンドメディア）は、お客様との多様なコンタクトポイントのなかでも、すべてのコミュニケーションの〝ハブ（中心軸）〟となる重要なメディアです。

たとえば、広告を目にした人が興味をもって訪れてくれたり、逆に、自社のWebサイトで発信した情報を見た人がSNSで拡散してくれるなど、他のメディアと相互に関連しつつ、最終的にお客様とのつながりを継続していくのが、オウンドメディアだからです。言い換えれば、オウンドメディアは、お客様との継続的な信頼関係を築いていくためのツールなのです。

この点からも分かるように、オウンドメディアの最大の目的は「お客様満足の向上」にあります。

自社の事業などを紹介するコーポレートサイト、自社の商品やサービスを販売するECサイト、キャンペーンやプロモーションのための専用サイトなど、目的に応じてオウンドメディアを設けるのも、お客様の関心に沿って、最もスムーズにお客様の用件に応えるためです。

ちょっと逆から考えてみましょう。もし、お客様がWebサイトにアクセスしにくいと感じたり、サイト訪問の目的を達成できなかったとしたら、そのサイトを所有している企業に対しても不満に思うでしょう。実際、企業イメージにダイレクトに影響しているのです。Webサイトの立ち上げ自体はさほど難しくないので、気軽に開設しているケースは多いかもしれませんが、あまり軽く考えるべきではありません。

とはいえ、オウンドメディアを強化することは、伝えたい情報が伝えたい相手にきちんと伝わっているかどうか、極めてシンプルな問題として捉えることができます。お客様がWebサイトのなかで迷うことなく、できれば最短で、知りたい情報に到達できるように設計されていればいいわけです。ただし、星の数ほどあるWebサイトの中から見つけてもらい、読んでもらい、満足してもらうのは、シンプルですが相当に難易度の高いことでもあります。

しかも、最も重要なのは、常に最適な状態を保ち続けることです。図2-1に「よいWeb

図２－１　「よいWebサイト」の条件と効果指標

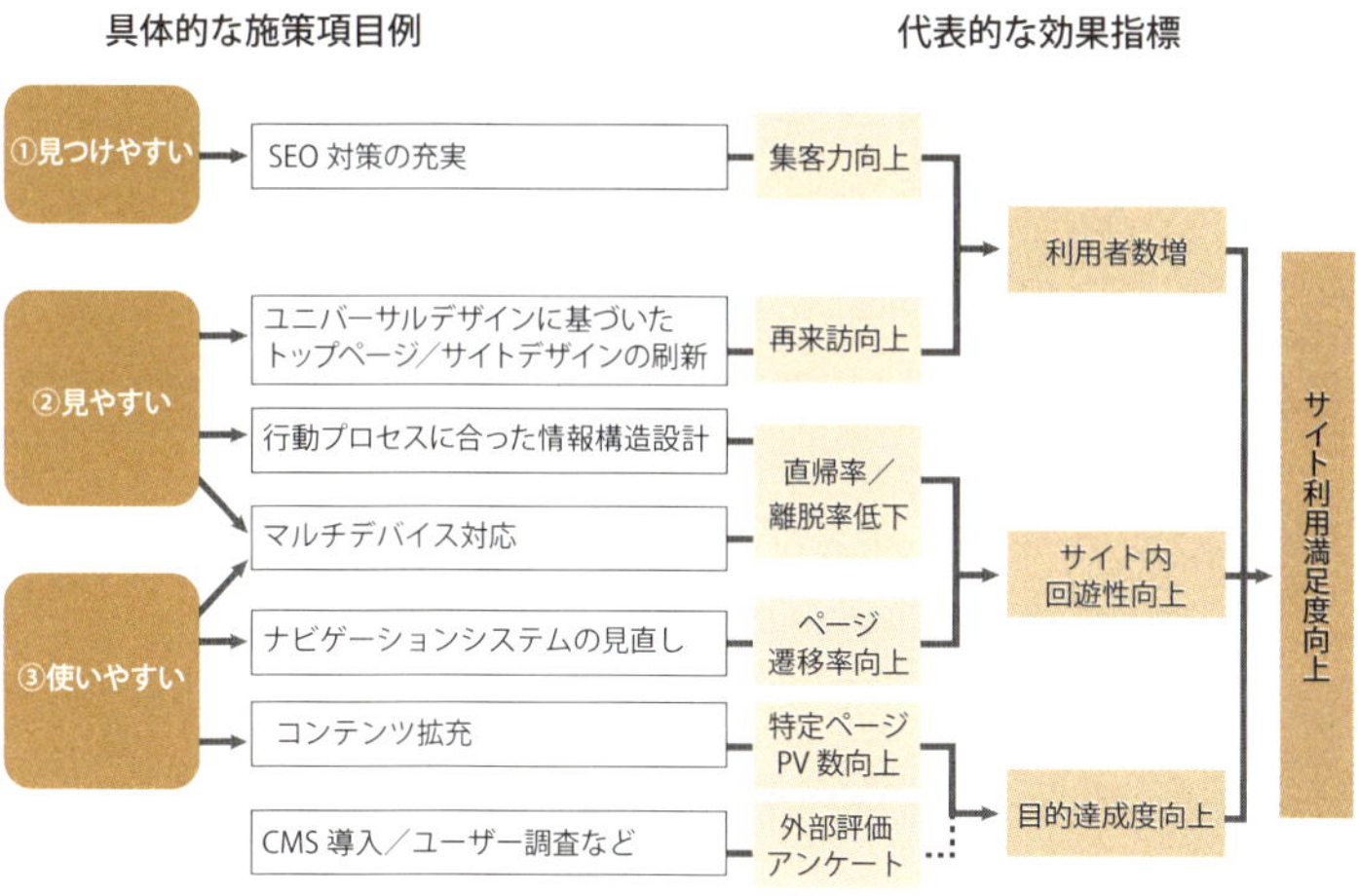

サイト」の条件と、そのために必要な施策、よい状態を保ち続けるために重要な効果指標をまとめました。

Webサイトは、見つけやすく、見やすく、使いやすいことが大切ですが、その状態を保ち続けるためには、必ずメンテナンスが必要です。効果指標にしたがってメンテナンスを行うのにPDCAサイクルを活用します。

「計画（Plan）→実行（Do）→評価（Check）→改善（Act）」のPDCAサイクルは、商品の生産や品質管理から環境マネジメントなどまで、さまざまな分野で活用されていますが、デジタルマーケティングにおいても、いろいろな場面で活用します。

よいWebサイトの条件

Webサイトで、まず大切なのが「見つけ

やすい」ことです。どんなによくできたＷｅｂサイトであっても、知らなければ誰も訪問できません。コミュニケーションツールとしての意味を成すには、お客様に〝お越しいただく〟必要があります。

そのために取るべき施策が、ＳＥＯ（検索エンジン最適化）対策を充実させることです。お客様が知りたい情報をネットで検索したとき、検索エンジンが自社のＷｅｂサイトの情報に反応して検索結果の上位に表示してくれるように、Ｗｅｂサイトを構築することです。

ネット検索時にＷｅｂサイトの情報が上位に表示されるようにするには、一般的に、ＳＥＯ対策と同時にリスティング（ネット検索連動型）広告を行います。

ＳＥＯ対策の施策を行っても、検索エンジンが評価を高めるまでに時間がかかりますが、リスティング広告なら即時に対応できます。また、検索結果画面での掲載位置や内容についても、ＳＥＯ対策では検索エンジン任せになってしまいますが、リスティング広告なら調整することが可能です。もちろん、リスティング広告は、広告なので費用が掛かります。広告予算にもよりますが、リスティング広告を長期間行うのが難しければ、継続的なＳＥＯ対策は欠かせません。

ＳＥＯ対策が上手くいっているかどうかは、Ｗｅｂサイトへのアクセス（利用）数によって判断することができます。よく使われるのがＰＶ（ページビュー）やＵＵ（ユニークユーザー）などの指標です。前者はページが閲覧された回数、後者は延べ訪問人数から重複者を除いた正味の訪問人数を表します（それぞれ集計期間内）。

Webサイトとして、次に大切なのが「見やすい」ことです。たとえば、文字の大きさ、行間の取り方、カラーリングなどによって、見やすさ（読みやすさ）は大きく左右されます。さまざまな人の利用を想定して、ユニバーサルデザインを採用するのは当然ですが、どこにどんな情報が配置（レイアウト）されているか、お客様を〝ご案内する〟ことが必要です

特に、お客様によって求める情報（コンテンツ）が異なる場合は、お客様ニーズをセグメント（分類分け）して、トップページに、セグメントごとの案内表示（ナビゲーション）を示したほうが親切でしょう。目的の情報へ到達するための次のアクションの示唆となり、途中で諦めて離脱してしまうのを防ぎます。

このとき、Webサイトの「使いやすさ」とも関連しますが、パソコンだけでなくスマートフォンやタブレット端末など、どんなデバイスからアクセスしても同じ見え方、使い勝手を提供（マルチデバイス対応）するよう配慮したいものです。

また、サイト全体の情報構造も使いやすさに影響します。情報（コンテンツ）はカテゴリーごとにくくり、大分類から小分類へと階層（レイヤー）分けすると、お客様を迷わせることなく誘導できます。いまサイト内のどの位置（ページ）にいるか、すぐに分かるようにしておけば、サイト内の自在な回遊を妨げません。

さらに、目的の情報に到達した後には、提供する情報が内容を含めて理解しやすいものであることが重要です。詳細なページに到達しても、その情報が使えなければ、お客様にとって目的が達成したとは言えません。お客様が納得できるように〝ご説明する〟ことが求められます。

情報の理解を深めるためには、文字ばかりでなく画像や映像で補ったり、情報の順序を入れ替えたり、レイアウトを考えたり、いろいろ工夫が必要です。何より、コンテンツ自体に不足がないようにします。

Webサイトの現状を把握する

よいWebサイトとは、一方的に情報を配信するのではなく、前述のように「お越しいただく→ご案内する→ご説明する」の3つのプロセスを通して、お客様の想いや疑問に寄り添い、真摯に対応するサイトであると、考えます。

この3つのプロセスをスムーズに達成できれば、お客様から〝安心と信頼をいただく〟ことができるでしょう。つまり、「お越しいただく＋ご案内する＋ご説明する＝安心と信頼をいただく」ということです。

安心と信頼は、お客様のWebサイトに対する満足度として、基本的にアクセスログなどのデータを用いて検証することができます。先の3つのプロセスごとに、達成するために必要な条件を設定し、必要条件に合わせて評価指標を決め、データ収集をするのです。

検証するための指標は、数多く開発されています。前述のPVやUUの他にも、図2－1には、再来訪（リピート）率、直帰率（訪問した最初のページだけ見て、他のページに移らず帰ってしまった割合）、離脱率（あるページに訪れた人のうち、そこからサイトを離れた割合）

などを挙げています。

たとえば、「お越しいただく」というプロセスでは、「利用者数を増やす」ことが必要条件となるため、ＰＶ数やリピート率の推移に注目します。また、「ご案内する」というプロセスでは、「サイト内の回遊性が向上する」ことが必要条件となるので、直帰率や離脱率などの推移に注目します。

もし、ＰＶ数やリピート率が上昇し、直帰率や離脱率が低下するようなら、利用しやすいＷｅｂサイトとして認知されるようになってきたと考えられます。

もっとも、指標とするデータは測り続けることが必要です。時系列でトレンドを確認しながら、データが増減したときには、その都度、要因を探って把握しておきます。キャンペーンやプロモーションなどを仕掛けるときは、先に関連する指標の予測値を立てて検証します。そうしたなかで、減少（指標によっては増加）傾向が長く続くようであれば、抜本的な改革が必要だと捉えられます。こうして、リニューアルのタイミングを見出すこともできるのです。

Ｗｅｂサイトの現状を把握する方法としては、この他にも、第三者によるサイト評価、ユーザーアンケートなどがあります。アクセスログデータとは異なり、外部の目を通すことで、リニューアルの方向性を考える際にも有用です。

ユーザビリティ評価プログラム

Ｗｅｂサイトを外部の目を通して評価する手法にもいくつか種類がありますが、ユーザー視点から使い勝手（ユーザビリティ）を診断するのが「ユーザビリティ診断」です。電通デジタルはトライベック・ストラテジー社と協業して、ユーザビリティ診断プログラムを実施しています。

私たちが実施するユーザビリティ診断の特徴は、①５つの評価軸に沿って全96項目から多角的に診断し、②スコア化することで競合他社やベンチマークすべき優れた企業と比較しながら、③サイトの見栄えなどの表面的な問題だけでなく、情報構造やトップページのあり方、主要なプロセスの最適化など、本質的な問題まで捉えて改善策を提案できることです。

５つの評価軸とは「アクセス性」「サイト全体の明快性」「ナビゲーションの使いやすさ」「コンテンツの適切性」「ヘルプ・安全性」で、図２‐２のように、各軸を１００点満点として診断対象サイトのスコアをチャート図に落とし込みます。チャート図のカタチによって、競合やベンチマークとの違い、改善ポイントが一目瞭然となり、これによって改善策の選択肢を絞り込みやすくなるので、すぐにでも有効な施策を実施できます。

さらに、問題点を改善したり、サイトをリニューアルしたりする際に、リニューアル前と後でユーザビリティ診断を行えば、施策の効果を検証することもでき、ＰＤＣＡサイクルの運用

図2－2　ユーザビリティ評価プログラムの概要

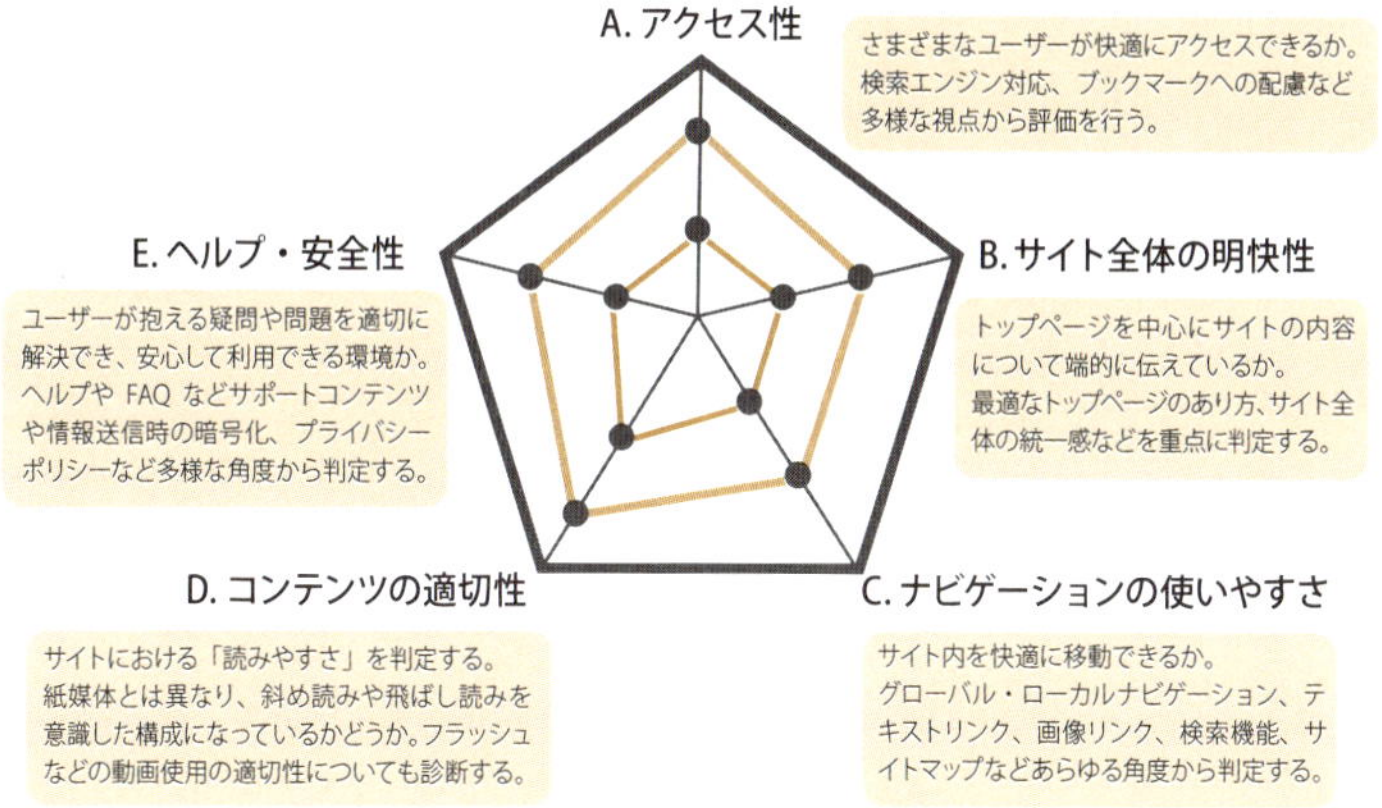
A. アクセス性
さまざまなユーザーが快適にアクセスできるか。検索エンジン対応、ブックマークへの配慮など多様な視点から評価を行う。
B. サイト全体の明快性
トップページを中心にサイトの内容について端的に伝えているか。最適なトップページのあり方、サイト全体の統一感などを重点に判定する。
C. ナビゲーションの使いやすさ
サイト内を快適に移動できるか。グローバル・ローカルナビゲーション、テキストリンク、画像リンク、検索機能、サイトマップなどあらゆる角度から判定する。
D. コンテンツの適切性
サイトにおける「読みやすさ」を判定する。紙媒体とは異なり、斜め読みや飛ばし読みを意識した構成になっているかどうか。フラッシュなどの動画使用の適切性についても診断する。
E. ヘルプ・安全性
ユーザーが抱える疑問や問題を適切に解決でき、安心して利用できる環境か。ヘルプや FAQ などサポートコンテンツや情報送信時の暗号化、プライバシーポリシーなど多様な角度から判定する。

出典：トライベック・ストラテジー社

を着実に進めていく後押しとなります。

　こうしてサイト評価を客観視することで、オウンドメディアとしての本来の目的や役割を改めて見直すきっかけにつながることも往々にしてあります。単なるWebサイトの改善やリニューアルが、大規模なデジタル戦略の再構築に発展するケースが多いのです。オウンドメディアは、デジタル戦略の中軸というだけでなく、お客様とのコミュニケーションのハブ機能も持つため、自社のブランド戦略において重要な位置を占めることに気づくからです。

　それだけ、オウンドメディアの目的と役割は大きくなっているといえます。オウンドメディアのリニューアルを通じて、事業戦略との整合性を図り、自社ブランドの再構築を行う事例も増えています。

　以下に、そうした事例を紹介しながら、具体的な施策についても紹介します。

ターゲットセグメントとユーザーインサイトが重要

順天堂医院は、東京都文京区にある大学附属病院です。長い歴史と広いネットワークを有し、治療実績や研究功績においても、多くの人に知られる病院です。昨今の病院を取り巻く環境の変化から、自院のＷｅｂサイトのリニューアルを決断しました。

病院を取り巻く環境変化とは、ひとつには、病院に求められる役割の拡大です。２０１４年に成立した「医療介護総合確保推進法」に基づく地域医療構想、団塊世代が75歳以上となる２０２５年をめどに構築が進む「地域包括ケアシステム」などで、大学病院は地域医療の中核のひとつに位置付けられています。もうひとつには、患者やその家族、他の医療機関や医療従事者などから、もっと具体的な情報の提供や親密なコミュニケーションを望まれるようになったことです。

特に、ネット上には、病院や医師に関する信憑《しんぴょう》性の疑わしい評判やランキング、治療体験記や健康療法などの情報が溢れるほか、診断まとめサイト、患者間のＳＮＳ、病院検索ポータル、動画による症例紹介など、デジタルならではのサービスが広がっています。

一方、Ｗｅｂリテラシーの向上を背景に、病院を選ぶときの参考情報として、病院のＷｅｂサイトを閲覧し、医療設備や機器の充実度を基準に病院を選ぶ人が増えています。

病院としても、地域の生活者や病院の情報を必要としている人々に向け、自院の施設や治療方針、治療内容などについて、正しく信頼できる情報を提供していく必要があります。

こうして始まった同院のサイトリニューアルでは、まず、「あるべき姿」に対する現状認識のために前述のユーザビリティ診断を行いました。次いで、ユーザーインタビュー調査も行いました。

結果として、ユーザビリティ診断からは、図2-2で説明した5つの評価軸のうち「サイト全体の明快性」「ナビゲーションの使いやすさ」「コンテンツの適切性」について、ベンチマークとした他の競合病院よりも劣っており、改善する必要があることが明確に認められました。また、ユーザーインタビューからは、患者やその家族だけでなく、病院に従事しているスタッフを含めて調査したため、立場の違いによって病院に求める要望が異なり、かなり多岐にわたることが分かりました。つまり、サイト利用者の立場によって目的とする情報が異なるにもかかわらず、それらをきちんと整理して示すことができていなかったために、「サイト全体の明快性」がなく、「ナビゲーションの使いやすさ」を欠き、「コンテンツの適切性」に影響を与えていたのです。

ユーザーインタビュー調査は、客観的なユーザビリティ診断（定量調査）では見えてこなかったユーザーのインサイト（潜在的なニーズ）を探るのに役立ちました。

たとえば、患者やその家族は、診療科目、受診から検査までの流れ、治療の方法などに関心があり、医療従事者は、採用や研究のための情報を求めています。近隣の医療施設は患者の紹介方法、製薬会社などは医師や薬剤師へのアプローチ方法を知りたがっています。

さらに、同院に勤務する医師、看護師、事務職員からは、病院全体の広報機能として、順天堂医院らしいブランドの訴求を望まれました。昨今では、病院も一般企業と同様に競合との差別化が迫られる時代なので、ブランディングは重要な課題です。

折しも「順天堂創立175周年」に当たり、「順天堂らしさ」とは何かを考える機運もあって、サイトのリニューアルを機に、病院全体としてブランドの再構築へと向かったのです。

オウンドメディア戦略での
ブランド訴求とユーザビリティ

さまざまなユーザーのニーズを把握したところで、院内を横断的かつ大規模に変革していくためのオウンドメディア戦略に着手しました。順天堂医院のブランド資産を整理して再定義を図るとともに、Ｗｅｂサイトで発信しながら、それを支えるオペレーションを再整備していくという取り組みです。

順天堂医院は高度医療を提供する地域の大規模基幹病院として、患者からは受診したいと思われ、医療従事者には勤務や入局したいという人も多く、近隣の医療機関にも患者へのケアを期待されています。

それに相応しいブランディングとして、順天堂医院に求められるニーズと順天堂医院が提供するサービスの価値とが一致していることが重要です。私たちが最も注意を払ったのも、ユーザーの知りたいことと順天堂医院が伝えたいことのバランスが取れているかどうかです。

そこでブランド訴求とユーザビリティの問題として整理し、双方でデザインや情報設計を変えることにしました。

トップページには、順天堂らしさを意識した斬新な印象のイメージビジュアルを採用し、競合との差別化を図ります。一方、その他のレイヤー（下層ページ）は、トップページとは趣を変えて、読みやすさを重視したフォーマットで統一しました。つまり、トップページでブランドを訴求し、下層ページではユーザビリティを提供することにしたのです。

双方ともに、操作性は統一しました。上から下へスクロールしながら読みくだしていくフローI型（アルファベットのI型とも言う）を採用しています。

また、下層ページでも順天堂らしさを表現するために、治療のグローバル対応、地域医療連携など、率先して取り組んでいる事業に関するコンテンツを拡充しました。「高度で先進的」な同院のブランド訴求につながるものです。SEO対策によって、検索からのスムーズな流入もサポートしています。

ブランドを意識したとはいえ、あくまでもソリューションニュートラルに、ユーザー本位で企画の設計から開発までを検討した結果です。（図２-３）

図2－3　順天堂医院のWebサイト
（https://www.juntendo.ac.jp/hospital）

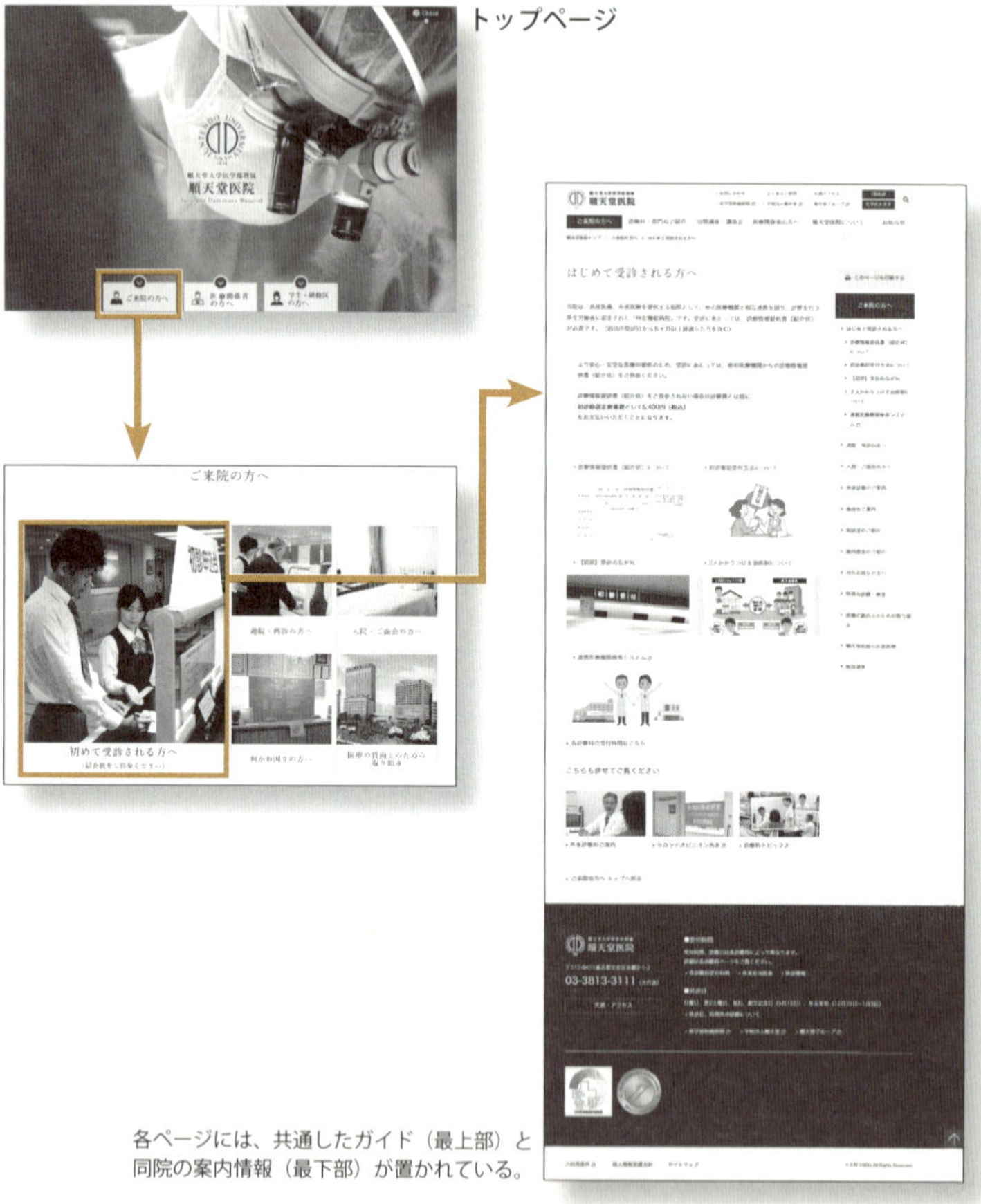

トップページ

各ページには、共通したガイド（最上部）と
同院の案内情報（最下部）が置かれている。

図2－4　SEOについての考え方（患者の場合）

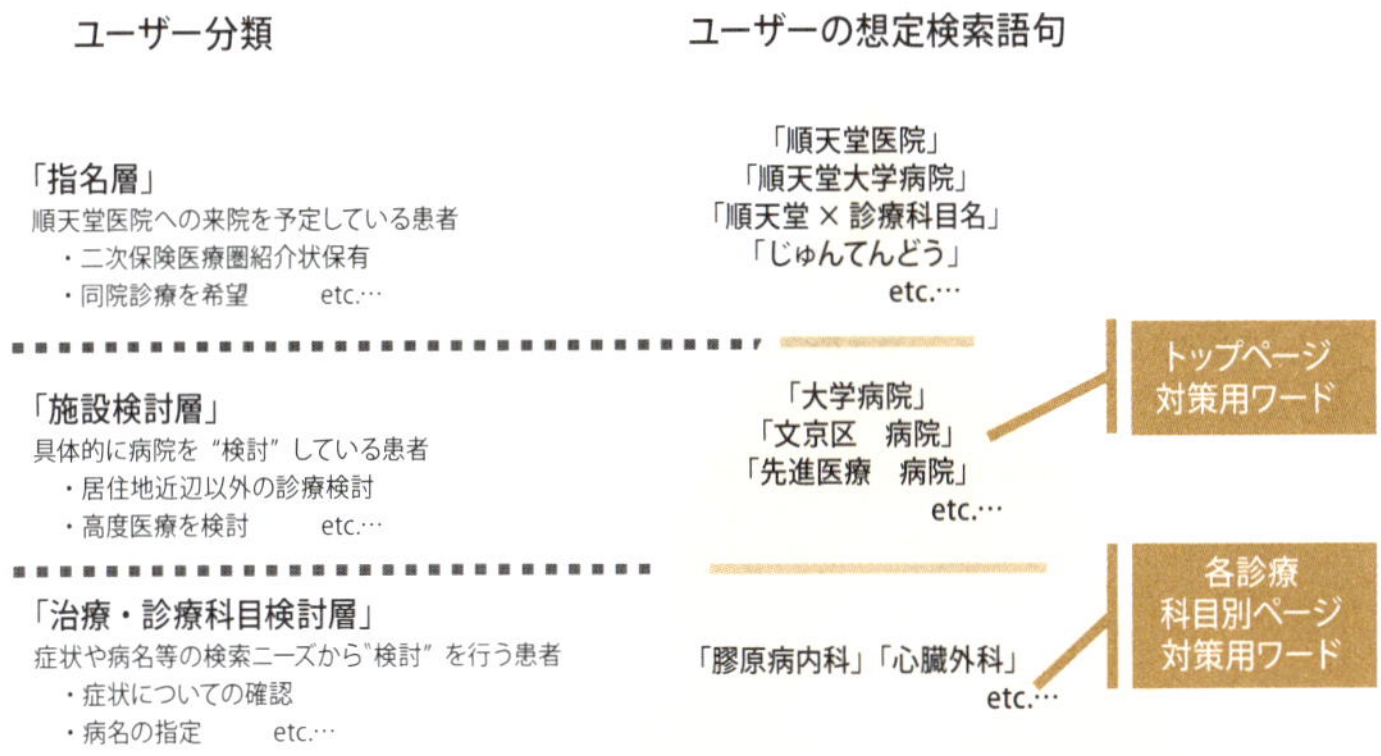
ユーザー分類
ユーザーの想定検索語句
「指名層」
順天堂医院への来院を予定している患者
・二次保険医療圏紹介状保有
・同院診療を希望　etc.…
「順天堂医院」
「順天堂大学病院」
「順天堂 × 診療科目名」
「じゅんてんどう」
etc.…
トップページ対策用ワード
「施設検討層」
具体的に病院を“検討”している患者
・居住地近辺以外の診療検討
・高度医療を検討　etc.…
「大学病院」
「文京区　病院」
「先進医療　病院」
etc.…
「治療・診療科目検討層」
症状や病名等の検索ニーズから“検討”を行う患者
・症状についての確認
・病名の指定　etc.…
「膠原病内科」「心臓外科」
etc.…
各診療科目別ページ対策用ワード

Webサイトのホスピタリティ機能

ユーザビリティの点でも、病院ならではのホスピタリティ（おもてなし）機能を随所に設けました。もちろん、病院サイトに限らず、自社のサイト利用者を想定して、Webサイトごとにホスピタリティ機能を考えるべきです。

たとえば、サイトに〝お越しいただく〟ためのSEO対策でも、ユーザーのニーズによって検索エンジン上に入力する言葉（検索語句）が異なるので、各ユーザーに合わせて対策用ワードを検討する必要があります。

図2－4のように、同じ患者であってもニーズが違えば、検索語句も異なります。ここでは、患者（ユーザー）を「指名層」「施設検討層」「治療・診療科目検討層」に分け、対応するサイトページを簡単に検索できるよう対策を立てました。

図2－5　患者（家族などを含む）のペーシェントジャーニー例

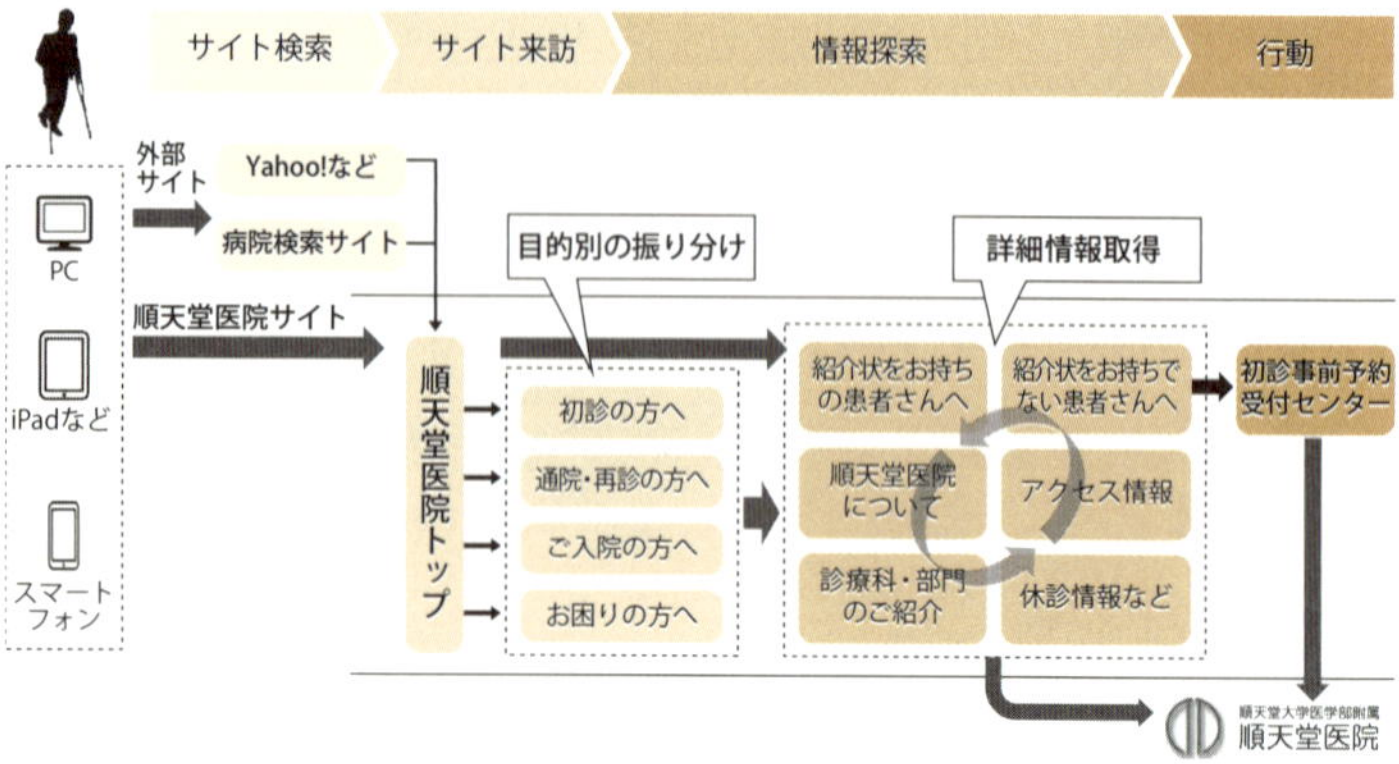

また、同院のWebサイトへ訪問した後にも、それぞれの訪問目的によって求める情報が異なります。訪問者に合わせて適切に〝ご案内する〟ために「カスタマージャーニー・マップ」をつくって検討を重ねます。

図2－5は、患者（その家族や関係者を含む）を想定した「ペーシェントジャーニー」の例ですが、前述の「サイト検索」の場面とは異なるユーザー分類が「情報検索」の場面でも必要になることが分かるでしょう。たとえ同じ受診であっても、初診か再診か、初診の場合でも紹介状を持っているか持っていないかで、病院の手続きが変わるからです。

同院のWebサイトでは、先に訪問の目的別に振り分け、その後の下層ページで詳細な情報を〝ご説明する〟仕組みにしています。できるだけシンプルな導線設計を心がけました。

患者の中には、発症などにより急いで情報収集する人もいるでしょうし、処方箋の受け取りや入院案内などの情報をピンポイントで求める人もいます。その場合は、目的別の振り分けをスルーして、トップページからダイレクトに求める情報へアクセスすることもできます。一般にはサイト内を回遊してもらうことを重視しますが、ここでは患者のニーズや行動パターンを想定して、ページ遷移を極力絞りました。

この他にも、高齢者や障がい者、外国人などの利用を想定して、マルチデバイス対応と合わせ、フォントの選択機能、配色、押しやすいボタンデザインなどに配慮したり、分かりやすいコピーを心がけたり、視認しやすく、印象に残りやすいイラストや写真での表現を増やしたり、英語やハングル、中国語（簡体字）のページも用意しました。

ユーザーとの距離感を縮め、親近感や納得感をもってもらえるように、実際に同院で働いている医師や看護師が登場してのリアルな現場紹介も行っています。

病院のWebサイトにとって最も重要なユーザー評価は〝安心と信頼〟です。ホスピタリティ機能の充実によって、安心と信頼をWebサイト上でも体験してもらおうということです。

理想のWebサイトを求めて

これまで紹介したWebサイトの事例は、医療提供ビジネスモデルです。病院、医療従事者、患者の3者が存在し、病院と医療従事者のBtoB、医療従事者と患者のBtoCです。病院にとっては、医療従事者と患者から、ある意味で相反するニーズを求められます。Webサイトにアクセスする目的、タイミングが全く異なるということです。

ここでは、患者の例を中心に紹介しましたが、実際には患者の場合と同じように、医療従事者のユーザビリティも検討しています。こうして時に相反するニーズをひとつのサイトで受けとめるのは容易なことではありませんでしたが、私たちは同院のＷｅｂサイトを「デジタル総合案内窓口」と位置付け、患者にも医療従事者にもホスピタリティの高い体験を提供できるようにしました。

ただし、Ｗｅｂサイトにとって重要なことは、冒頭に述べたようにＰＤＣＡサイクルに基づいて、常に最適な状態を保ち続けることです。そのための管理と運用、更新がしやすいＣＭＳ（コンテンツマネジメントシステム）を導入しました。

ＣＭＳは、Ｗｅｂサイトに掲載する情報を一元的に管理し、配信を行っていくためのツールです。Ｗｅｂサイトの運用や更新自体はＣＭＳがなくてもできますが、ＣＭＳを導入することで、手軽に管理でき、タイムリーに情報を配信していくことが可能になります。現在は、汎用性の高いものから専門的なサイト用に特化したものまでさまざまなタイプがありますので、自社のＷｅｂサイトの目的や規模、予算などに応じてＣＭＳを選ぶことができます。

同院のＷｅｂサイトでは「ブランドや情報の管理」と「インターナル（内部）コミュニケーション」を重視しています。順天堂らしさを表現するにあたって、コンテンツの管理は不可欠ですし、不適当な情報発信はブランドの毀損や大事故につながる恐れもあります。情報管理はブランドマネジメントやリスクマネジメントの基本です。それを担うのもＣＭＳの重要な役割

図2－6　理想的な大学病院サイトへ

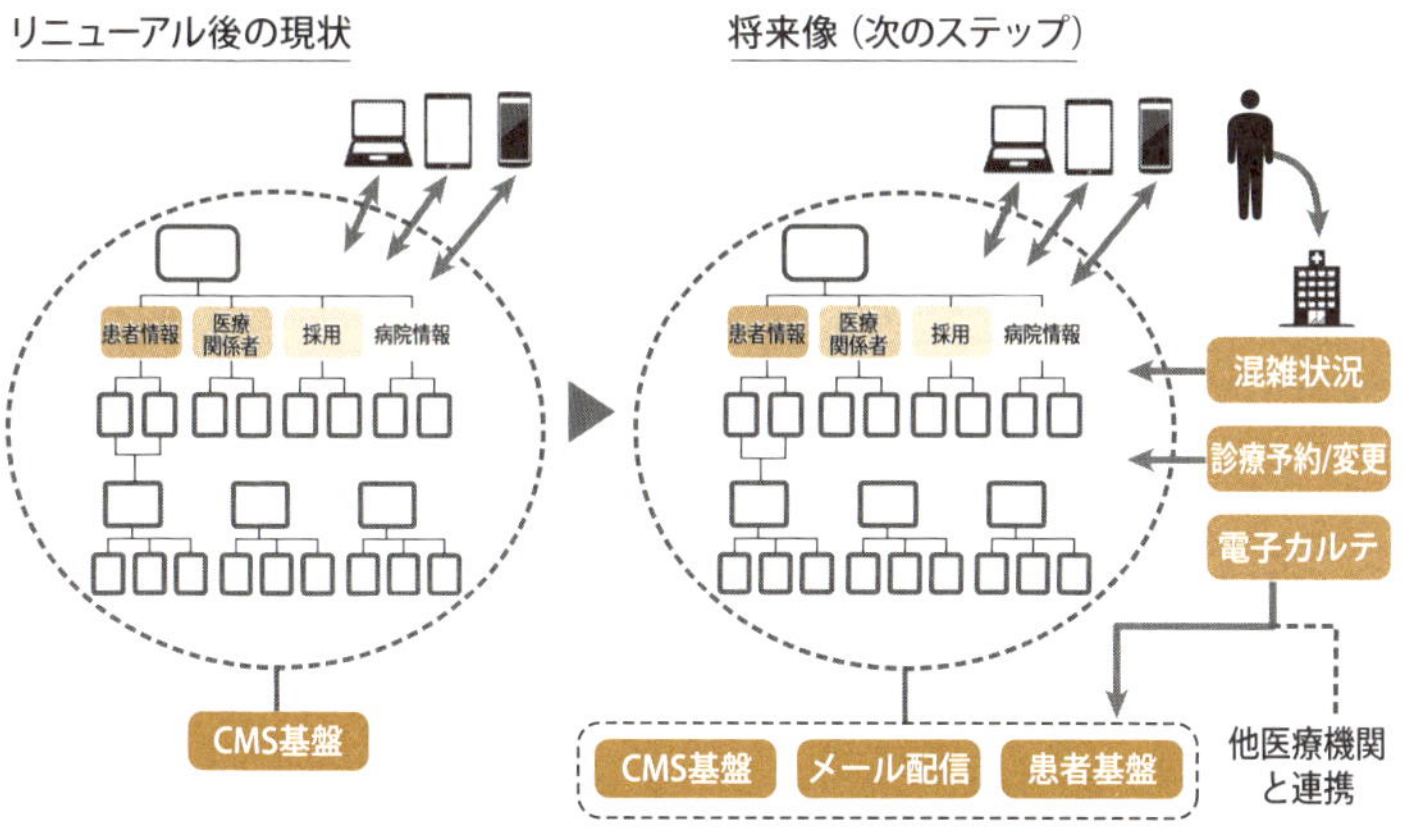

です。

また、オウンドメディアとして自社の事業戦略の一端を担う以上、ROI（投資に対する効果）の最適化にも努めたことは言うまでもありません。この効果には、作業効率の向上などによるコスト削減だけでなく、順天堂ブランドを資産として大切に維持していく長期的な視点に立っての利益も含まれています。

その一方で、将来も見据えなければなりません。トレンドは時代とともに変化するものだからです。

今回のリニューアルは、前掲の図2－1（よいWebサイトの条件）に沿って、①見つけやすい→検索（SEO）対応、②見やすい→コンテンツ・デザイン、③使いやすい→ユーザビリティ、に基づいて行いましたが、さらに、ユーザーごとに求められる情報を再整理し、サイト内だけでなく、実際の病院業務や電子カルテ、他の関連医療機関などとも双方向に連携していくことが求められます（図2‐6）。
このように、私たちは常に理想的なＷｅｂサイトを追い続けています。

（参考文献）
・後藤洋、福山一樹『オウンドメディアコミュニケーション：成功の法則21』（ソフトバンククリエイティブ、２０１２）
・香西睦『だから、そのデザインはダメなんだ。』（エムディエヌコーポレーション、２０１６）

定石 3

これまで出会わなかった消費者を顧客にするためにECサイト開設から始める

ECサイト（オンラインショップ）を開設すること自体は難しいことではありません。それだけにECサイトの数は多く、他のサイトと差別化して売り上げを上げていくのは難しくなっています。

ここでは、従来とは異なる客層を新規に獲得するために、新たなECサイトを立ち上げるノウハウを紹介します。すでにECサイトを運営している方も、必読です。

リアル店舗とECサイト

ECサイトは、買い物をするチャネルのひとつとして、リアル店舗と同じように消費者に使い分けられています。商品やサービスを購入するとき、ネットで調べてからリアル店舗で実物を確かめたり、リアル店舗で商品を見ながらネットで購入したりする消費者が増えていることからも分かる通りです。

図３－１　リアル店舗とＥＣサイト

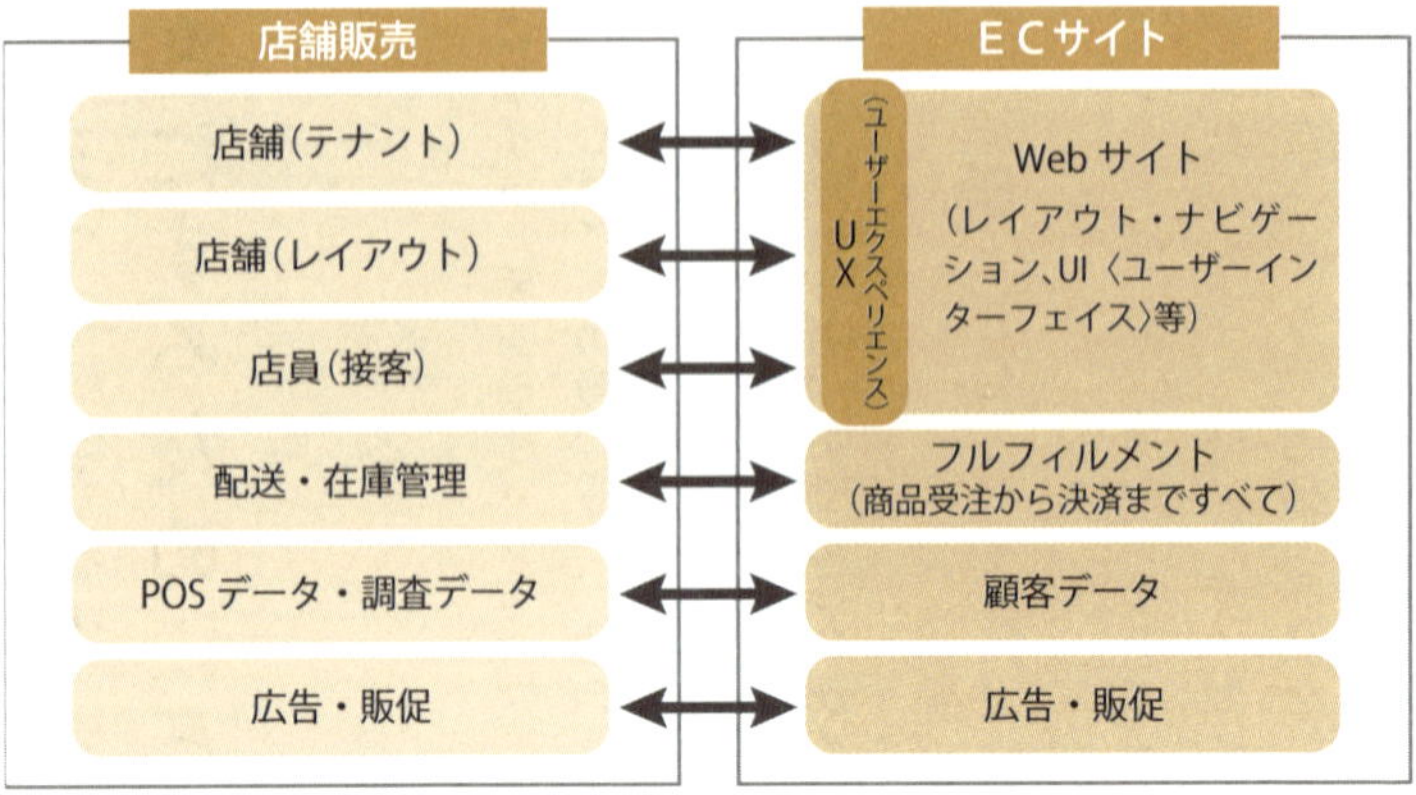

こうしたお客様の購買行動に対応して、多くの企業が、ＥＣサイトもリアル店舗も含めて、複数のチャネルを展開しています。企業として、最終的な売上げや利益の最大化を図るためには、それぞれのチャネルの効果を最大限に引き出すとともに、チャネル間での連携（「相互送客」など）を深めていくことが重要な課題となっています。

お客様との接点としてはＥＣサイトもリアル店舗と変わらないので、サイト構築において、リアル店舗と比較して考えてみることができます（図３－１）。

たとえば、リアル店舗では来店したお客様が店内を移動しながら、商品などを見たり、手に取ったり、買ったりしやすいレイアウトに設計し、店員を適切に配置して接客に努めます。ＥＣサイトの場合は、店内レイアウトや店員による接客の代わりに、お客様にとって使い勝手のいいＵＩ（ユーザーインターフェース）を用意し、お客様が気持ちよく買い物できるＵＸ（ユーザーエクスペリエンス）を整えます。

また、リアル店舗ではお客様が商品の購入意思を告げると、その場で決済と商品の受け渡しを行いますが、ＥＣサイトの場合は購入の意思表示と決済、商品の受け渡しが一致しないことのほうが一般的です。そのため、商品は気に入ったが、求める決済や商品の受け渡し方法がなくて、購入に至らないというケースも少なくありません。

ＥＣサイトでは、商品の配送や在庫管理などの物流面はもとより、代金請求や決済処理、お客様からの問い合わせに対応するコンタクトセンターなどまで含めたフルフィルメント機能の充実が必要になってきます。

一方、リアル店舗では顔見知りやポイント・会員制プログラムなどへの登録者でない限り、お客様の情報は分かりませんが、ＥＣサイトなら会員登録者でなくとも購入に至るまでのプロセス（ネット上の足跡）を検証することができます。それで得られた情報に基づいて、より使い勝手のいいＵＩや気持ちよく買い物できるＵＸへと改善することもできます。

このように、ＥＣサイトはネットを活用しているので、①リアル店舗のような商圏（お客様が来店に要する地理的・時間的範囲）に縛られることなく、②お客様の消費スタイルの変化に素早く対応しながら、③お客様との継続的な信頼関係を構築（ＣＲＭ）しやすいという特性があります。

モール型ECか、自社直販型ECか

すでにＥＣサイトを運営している企業も多いでしょうが、リアル店舗と同じように考えれば、時流に合わせてリニューアルすることも必要です。また、新しい客層に向けて訴求したり、新しい消費シーンを提案したりする場合には、新業態を開発するように、新たなＥＣサイトの立ち上げも必要です。

これまで成功してきた企業は既存のブランドへのこだわりがあるので、新しい客層を獲得するために立ち上げたＥＣサイトに、既存の成功体験を持ち込んでしまいがちです。もちろん、既存の成功体験をＥＣサイトに持ち込むのが、必ずしも悪いわけではありません。どんな層に向けて、どのような商品やサービスをアプローチしていくかという問題だからです。

しかし、全く新しい層にアプローチしたいのであれば、見え方からガラリと変えてしまうくらいの強いインパクトが必要でしょう。

また、同じＥＣチャネルでも、自社で販売業務のすべてを完結する「直販型ＥＣ」、既存のネットショッピングモールに出店する「モール出店型ＥＣ」などの出店形態があります（図３－２）。

新しい客層へのアプローチを考えてＥＣサイトを立ち上げる場合、直販型ＥＣでは、広告宣伝費からフルフィルメントなどのインフラ整備までのすべてを自社で賄わなければなりません。

第1章
第2章
定石1
定石2
定石3
定石4
定石5
定石6
定石7
定石8
定石9
定石10
第3章

図3－2　ＥＣチャネルの分類

(A)自社直販型 消費者への直販業務のすべてを担う	流通～販売に至るすべてを自社インフラで行う事業形態。 通販専業でない場合は、**既存流通との棲み分け配慮**を必要とする。 ハイリスク・ハイリターンだが、**売上げ規模数十億円以上の企業はすべてこのモデル。** ○顧客リストが保有でき、リピート販売で高い利益率を確保。 ▲広告宣伝・フルフィルメントにかかる先行投資が必要
(B)モール出店型 メディア店舗への出店・企画協賛	ネットショッピングモール（楽天市場・ヤフーショッピング等）への出店。 すぐに開始できるものの比較的ローリスク・ローリターン。 ○モール集客を利用できるが、**消費者は「モールで購入」する意識が強い傾向。** ▲出店・協賛費と販売額に応じたロイヤリティを支払う。 ▲価格比較優先となりリピート購買が少ない。**顧客リストの帰属はモール側。**
(C)委託販売型 通販メディア会社への商品卸し	Web店舗（セブンアイ・イオン・ケンコーコム・ネットプライス等）への販売委託。 総合通販会社への商品供給と同じ。 ○フルフィルメントなしでも開始できる通販形態。 ▲商品買取・受注発注などは各バイヤーと交渉。**基本的には薄利多売モデル。** **▲顧客リストは販売会社に帰属のため保有できない。**

既存モールに出店すれば、モールが用意しているインフラが利用できるので、イニシャルコスト（初期投資）は低く抑えられます。よく知られたモールであれば、モールの知名度で集客してくれます。

一方、モールによって集客される消費者の多くは、モールのファンではありますが、出店している個々の店舗のファンになるとは限りません。モール内で比較して、たまたま購入したというお客様も少なくないからです。顧客リストもモール側に帰属しますので、自社のお客様にするためには、直販型ＥＣサイトへの誘導が必要になります。

どちらのＥＣチャネルがいいかという優劣の問題ではなく、それぞれの特性を知って使い分けていくべきでしょう。

たとえば、非常に専門性の高い商品を販売する店舗は、裏通りにあっても、お客様が見つけて来てくれるように、自社ＥＣサイトだけで十分かも

図3－3　ＥＣチャネルの特性

モール出店型		自社直販型
短期収益型 新規顧客獲得重視	収益モデル	長期収益型 リピートロイヤリティ重視
売れ筋商品による薄利多売 商品中心	商品戦略	フルラインナップ戦略 広い需要に対応 競合との差別化戦略が必須
価格差別化戦略 勝てる商品で勝負	価格戦略	ロイヤリティ戦略 よいものを適切な価格で
モールの機能に依存 低コスト、低リソース運用が必須	販促戦略	独自の戦略が必要 個別最適化したマーケティング
切り離された市場 戦うべきはモール出店競合社のみ	店頭連動	EC to 店頭、店頭 to EC オムニチャネルで全体を最大化

しれません。一方、とにかくお客様とのコンタクトポイントを増やして、売り上げを稼ぎたいのであれば、各種のモールに出店するのもいいでしょう。

ただし、前述したようなリアル店舗にはないＥＣサイトの特性を利用して、ブランドロイヤリティを高めようとするのなら、自社の直販型ＥＣサイトの構築は欠かせません（図３－３）。

ＥＣの収益構造を考える

自社で直販型ＥＣサイトを立ち上げ運用していくには、きちんと収益構造を考えておく必要があります。すでにＥＣサイトを運用している企業にとっても、いかに収益を上げるかは一番の関心事でしょう。

ＥＣ市場は、世界的に伸長を続けています。Ｂ to Ｃに限れば、小売全体に占めるＥＣ割合（ＥＣ化率）は、国内市場で数％、世界市場でも１割未満でしかなく、まだまだ成長の途上にあります。なかでも、急速にEC化が進むアジア太平洋地域は、世界のEC市場の5割以上を占めており、〝世界最大のデジタル小売市場〟と言われています。

もっとも、伸びている市場には、誰もが参入しようとします。ECサイトの立ち上げにもイニシャルコストは掛かりますが、リアル店舗の開設に比べれば、コストはずっと低いものです。手軽に参入できるがゆえに、サイトを開設したものの、なかなか実績が伴わないと悩んでいるところもあるようです。

日本の小売企業がEC市場に参入し始めたのが2000年前後ですから、そろそろ20年が経過します。20年前のEC市場は〝ブルーオーシャン〟だったかもしれませんが、現在では、市場が伸長しているとはいえ、あまたのECサイトがひしめく〝レッドオーシャン〟だと考えるべきでしょう。

したがって、ECサイトを新たに立ち上げるにしろ、リニューアルするにしろ、リアル店舗と同じく、市場の動向や生活者の動向、競合の状況などの調査は必要ですし、ECサイトを利用するターゲットイメージを固めてサイトへと誘導する手法は、ECサイトもオウンドメディアのひとつなので〈定石2〉と同じです。

ただし、ECサイトでは商品やサービスを売り買いして収益を上げることが求められます。その収益の源泉は、販売する商材と、それを購入してくれるお客様です。すでに事業をしていれば、既存のお客様もいるでしょうが、収益を拡大していこうとすれば、新規のお客様を呼び込まなければなりません。

図３－４　ＥＣ事業の収益構造

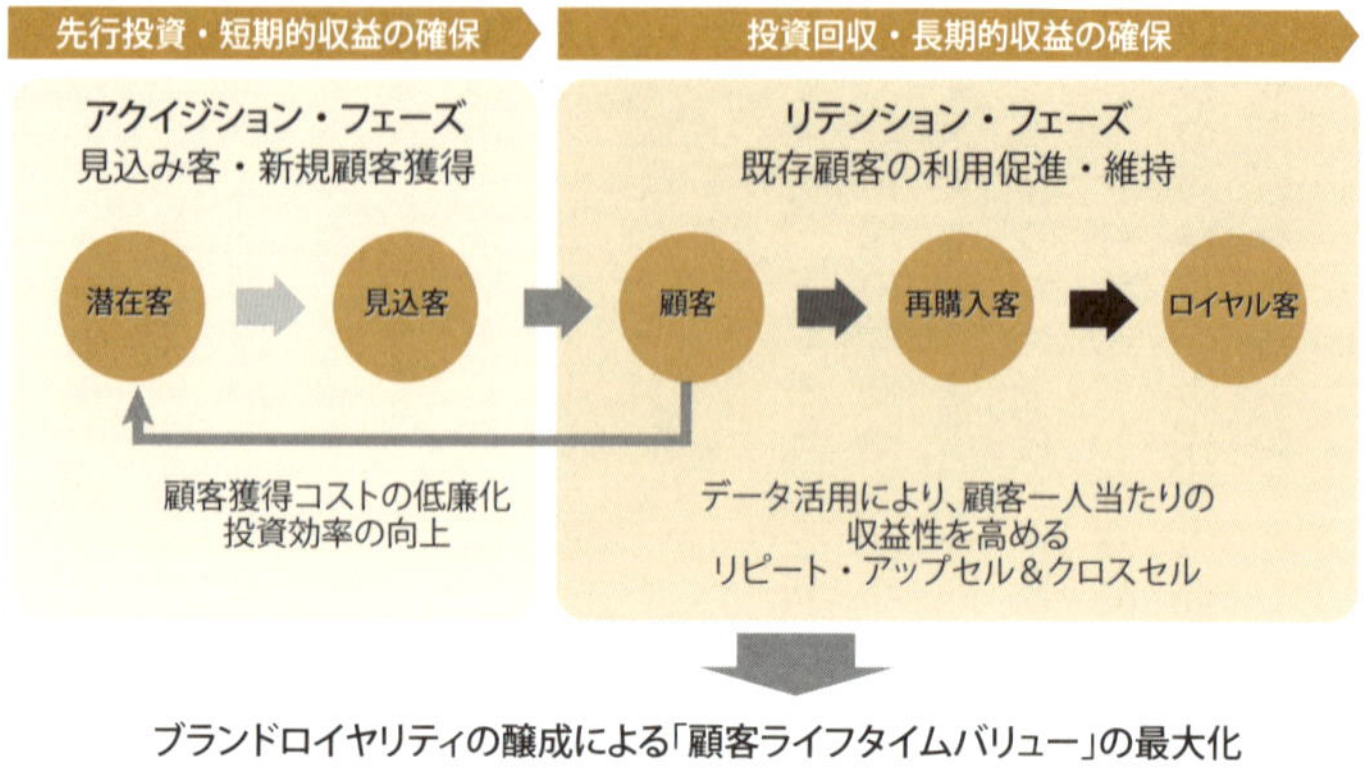

図３－４のように、通常は、まだＥＣサイトの存在を知らないか、知っていても一度も訪問していない「潜在客」、ＥＣサイトへ訪問したことはあるが購入はしていない「見込み客」への積極的なアプローチを通じて購入客（＝「顧客」）を獲得すると同時に、すでに顧客となっているお客様には、再購入を促し、何度もリピートしてもらいながら、サイトにとって大切なお客様である「ロイヤル客」へと導いていきます。

新規顧客と既存顧客

お客様を「新規」と「既存」に分けて考えるのは、同じお客様であっても対応を変える必要があるからです。

潜在客、見込み客は新規のお客様として、顧客の獲得（アクイジション）に向けた先行投資が必要です。一方で、購入客（顧客）は既存のお客様として、関係性を維持（リテンション）することで投資回収を図ります。それぞれに、目的や手段の異なるフェーズ（段階）と捉えられます（図3－4）。

つまり、収益を拡大するには、新規顧客の獲得と既存顧客のリピート促進の歯車が上手くかみ合いながら回っていく状態をつくることです。

たとえば、せっかく費用を投じて新規顧客を獲得しても、既存顧客へのフォローが最善でなければ、ECサイトから離脱するお客様が増えてしまいます。一般に、新規顧客に掛かる販売コストは既存顧客の5倍と言われます。また、獲得した顧客の5％の離脱によって、利益の25％が失われるとも言われます。逆に言えば、顧客離れを5％改善することで、利益を25％改善することができるのです。

獲得した既存のお客様のリピートこそが、収益につながります。このとき、単に離脱を防ぐにとどまらず、お客様が自ら進んでECサイトや扱っている商材（サイトで販売している商品やサービス）のファン（ロイヤル客）になってもらえるプログラムを用意することも重要です。なぜなら、ロイヤリティの高いお客様ほどECサイトへの貢献度が高まるからです。パレートの法則にしたがえば、ロイヤリティの高い2割のお客様によって、利益の8割がもたらされます。

収益の源泉となる2割のお客様の数を増やすには、それ以外の8割のお客様の数も増やす必要がありますから、収益の拡大には、新規のお客様の呼び込みが重要となるのです。

最終的には、お客様同士でブランドロイヤリティを高め合ったり、既存のお客様が口コミや

ＳＮＳなどを通じて新規のお客様を連れてきてくれたりするようになるのが、ＥＣサイトとしての理想像です。

ターゲットイメージを具体的に描く

収益を上げるには、お客様との関係性をどのように築いていくかが重要です。そのために、お客様のターゲットイメージを具体的に描いてみることです。

ターゲット層のイメージを具体化しておけば、新規の顧客を獲得する段階で、むやみな投資を抑えることができます。潜在客の掘り起こしにはテレビＣＭなどのマス広告及びブロードリーチ型のネット広告などを使うのが一般的ですが、ターゲットが具体的であれば、ターゲットに確実に届くネット広告などを活用しやすくなり、結果的に費用対効果を高めることにつながります。

ターゲットというと、性別や年齢、職業、家族構成などの属性を検討しがちですが、実際の購買行動に与える影響を考えれば、属性より志向性（価値観）のほうが重要です。

たとえば、価格の安いものを購入する経済志向、価格より品質を重視して購入するコンテンツ（中身）志向、なるべく手間を省きたい簡便志向、自分でカスタマイズしたい手づくり志向など。属性と掛け合わせることで、より具体的なターゲットイメージを描くことができます。

しかし、経済志向だからといってすべてにおいて経済志向とは限りません。ある商品やサービスは価格で判断しても、別の商品やサービスは品質を重視したり、この分野では簡便志向でも、こだわりの分野では手づくり志向だったりします。つまり、扱う商材によって生活者の志向を調査し把握してから、ターゲット設定をしていく必要があります。

また、自社のＥＣサイトでターゲットとする客層に、どんなベネフィットを提供するのかも重要な検討事項です。ベネフィットが得られないのに、顧客であり続けようとは誰も思わないからです。

では、実際にどのように取り組めばいいのか。新しい客層を取り込むために、全く新しくＥＣサイトを立ち上げた企業の事例を紹介します。

旅行サービス大手ＨＩＳ社のタイ国内旅行市場への参入

旅行代理店のエイチ・アイ・エス（ＨＩＳ）は、日本から海外への旅行、海外から日本への旅行をサポートするために、日本国内だけでなく諸外国に拠点をもって事業を展開しています。そのＨＩＳ社が、海外旅行からも日本からも離れて、タイでタイ人の国内旅行をサポートするためにＥＣサイトを立ち上げました。

タイ国内でもすでにＨＩＳ社は知られていますが、日本への海外旅行のための代理店という認識です。そのためのＥＣサイトもありますが、主なユーザーは中間層から富裕層で、リピートできる回数も多くて年に数回です。

図3－5　タイ国内旅行での顧客セグメント例

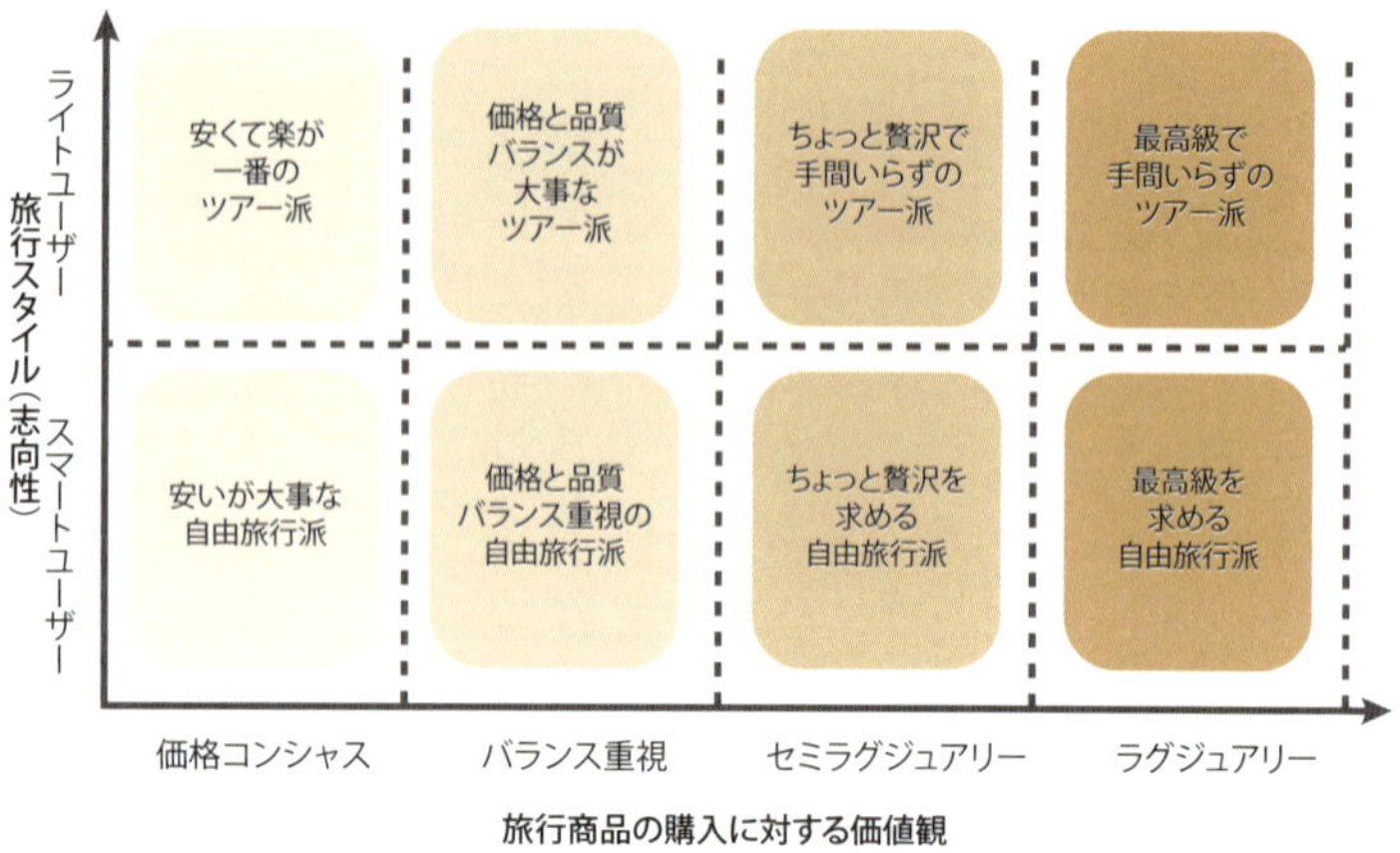

一方、新しく立ち上げるＥＣサイトは、経済成長に伴って拡大している中間層に向けコモディティ化した日常的な国内旅行の旅中、旅後にもＨＩＳを想起してもらえるようにサポートするものなので、既存のＥＣサイトとはターゲット層も扱う商材も異なります。

そこで、ターゲット層の具体的なイメージを描くために、タイ人の旅行スタイルや旅行に対する価値観を探り、図３－５のようにセグメント（分類）しました。

このうち、新しいＥＣサイトでメインターゲットとしたのは、旅行スタイルでは「スマートユーザー（自由旅行派）」、旅行商品に対しては「バランス重視」や「セミラグジュアリー」な価値観をもっている人たちです。調査の結果、国内旅行に積極的な中間層の多くは、ネットを検索して自分で自分の旅行を組み立てるスマートユーザーで、すべてお任せのパッケージツア

図3－6　カスタマージャーニーとECサイトで提供するサービス例

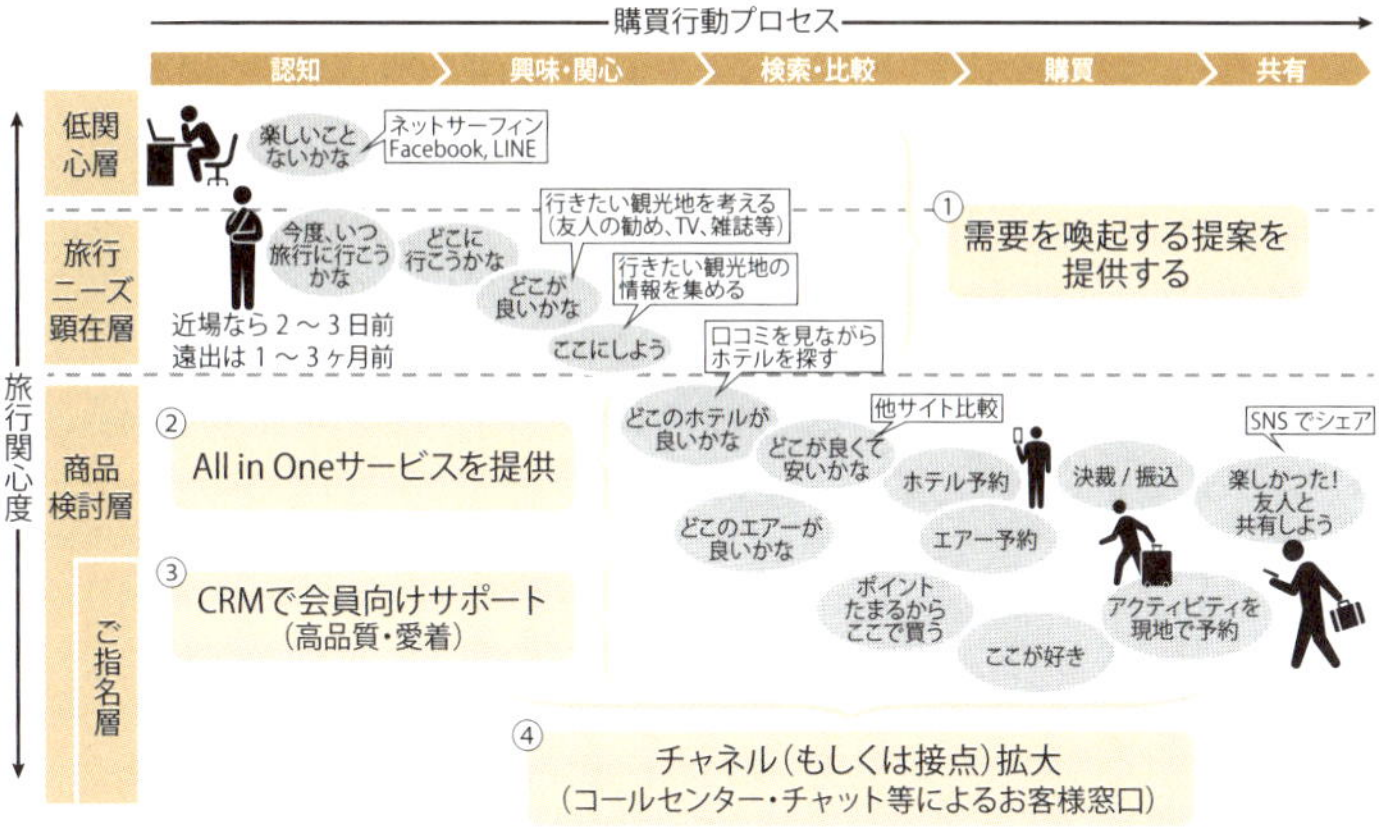

ーを利用する人たち（ライトユーザー）は非常に少なかったからです。ただし、ライトユーザーでも旅行に対する価値観がメインターゲットと重なるところは、サブターゲットとしています。

さらに、よく国内旅行をする中間層へのグループインタビューを繰り返し、属性（年齢や所得、家族構成など）と掛け合わせて、年数回以上の国内旅行をする比較的若いカップル（夫婦を含む）や、仲間うちでのグループ旅行を年に数回以上繰り返す所得の比較的高い独身者など、より具体的にターゲット像を描き出しました。

ターゲット像を具体的に描けば描くほど、そのターゲットがどんなときに旅行をしようと思うか、どのように旅行商品を探したり、選んだりするかといった行動を理解しやすくなります。〈定石1〉で紹介した「カスタマージャーニー・マップ」として描いてみることもできます。

すると、新しく立ち上げるECサイトで、ターゲット層に向けてどんなサポートをすればお客様に喜んでもらえるか、より具体的に考えやすくなります。図化することで、注意すべき点も視覚化できるので、どのタイミングでベネフィットを提供するかなど、プロジェクト内での話し合いをスムーズに進めることができるでしょう。

タイの国内旅行をサポートするECサイトを立ち上げるときも、カスタマージャーニー・マップを使って提供するサービスを考えました。図3－6は簡略化したものですが、お客様の購買プロセスに合わせて4つのサービスを設定しています。

私たちのECサイトで「買う理由」づくり

ECサイトは、前述したようにサイトで扱う商材とそれを購入するお客様とで成り立ちます。「売上高＝客数×客単価」で表される通りです。ここまで、どのようなお客様をどのようにお迎えするかという点からサイトづくりをするノウハウを紹介しましたが、もうひとつの要素である商材についても、考えておく必要があります。

リアル店舗でもECサイトでも、扱う商材については吟味しています。市場の環境に合わせ、競合とも差別化を図って、最もいい状態で商品化しているはずです。しかし、最終的に購入するかどうかはお客様が決めます。お客様はなぜ、その商品を買うのでしょうか。逆から考えれば、お客様が買いたい理由をどうつくるかです。

タイで国内旅行をサポートするために立ち上げたECサイトでも、この点には特に力を入れました。参入したOTA（オンライン・トラベル・エージェンシー）市場には、すでに世界規模で事業を展開している大手がひしめいています。なかでも意識したのは、圧倒的なシェアを誇っている「Agoda（アゴダ）」との差別化です。

アゴダのECサイトは、インターフェイスも扱っている商品も世界共通で、汎用性が高い分、各国のローカルなニーズにはあまりこだわっていないように感じられます。そこで、タイ人のニーズに合わせ、きめ細かく情報を集めて商品づくりをしました。たとえば、地元の人も知らないような穴場のリゾート型デザイナーズホテルでの滞在プランです。これはターゲットとした若いカップルに好評でした。

また、宿泊とセットで、レストランでの食事やショッピング、リゾート地でのマラソンやダイビングなどのアクティビティを付加したバウチャー（予約）券。セットのお得感と売り出し期間を限定したことで、ソーシャルメディアで共有され拡散しました。

ECサイトの立ち上げ時には、フェイスブックやLINEも使って、いろいろな旅行プランを日に2回くらい発信したのです。あっという間に「いいね！」が10万件を超えましたが、ソーシャルメディアが普及しているというだけでなく、タイ人の国民性にもよるものでしょう。お得なバウチャー券は「いま買わなきゃ！」というノリで購入し、いろいろな品揃えがあると知ると〝掘り出し物〟を見つける感覚で買い物を楽しんでくれます。

図３－７　タイ国内旅行サポートECサイトの構築例（略図）

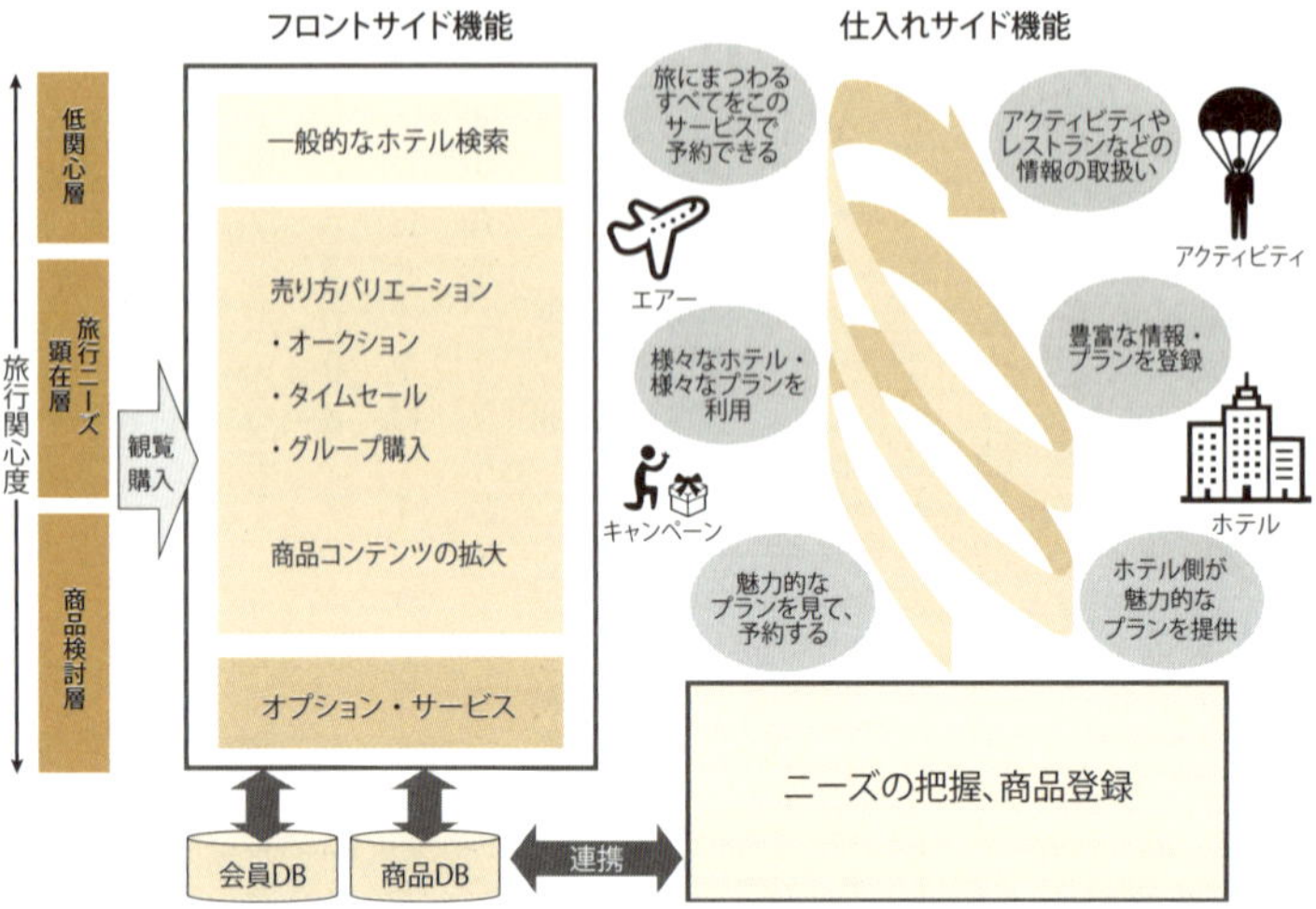

こうして、新しく立ち上げたECサイトの顧客（会員）数は、２年を経ずして、同社の既存のECサイト（富裕層の利用が多い海外旅行向けサイト）を超えてしまいました。

掘り出し物のような商品をいろいろ品揃えするには、「仕入れサイド」の強化が欠かせません。これまでの対面販売での実績、既存のECサイトで培ってきた取引関係や資産を活用して、ホテルや宿泊施設だけでなく、航空や鉄道などの交通各社、レストランやショップ、各種のアクティビティを提供する施設などへと拡大し、いわゆるマーケットプレイス化を図って、お客様と接する「フロントサイド」には次々と新しい商品やサービスが展開される仕組みをつくったのです（図３－７）。

あのサイトへ行けば、自分のほしい旅行

プランが手に入ると思ってもらえるようなサイトづくりをしたのですが、同時に、ソーシャルメディアの他にも、マス広告やリスティング（ネット検索連動型）広告などを使って、私たちのＥＣサイトを見つけてもらうためのさまざまなアプローチもしています。まずは知ってもらわなければなりませんし、興味をもって訪れてもらわないと何も始まらないからです。

とはいえ、最も重要なことは、サイトを利用したお客様が満足することです。ＥＣサイトの場合は、商品やサービスを購入（利用）し満足してくれれば、次も同じＥＣサイトで商品やサービスを選ぶという行動につながります。つまり、リピーターを増やしていくこととなります。リピーターを増やすことの重要性は、先にＥＣの収益構造について述べたところで検討した通りです。

ECサイト間の連携と越境EC

タイで新しく立ち上げたＥＣサイトは、経済成長とともに急増するタイの中間層の国内旅行ニーズに対応するものですが、同じニーズはベトナムやカンボジアなど東南アジア各国に広がっています。さらに、将来的には中国のように、東南アジア各国の中間層も気軽に訪日旅行を楽しむようになるでしょう。

ＨＩＳ社のビジネス戦略として、タイ以外の東南アジア各国でも国内旅行のサポートを拡充していくことを検討しています。また、タイのＥＣサイトで比較的若い層にターゲットを絞ったのは、国内旅行を通して継続的な信頼関係（ＣＲＭ）を築いていくことで、海外旅行の際にもＨＩＳ社のサービスを選んでもらう狙いがあります。いまは国内旅行を楽しんでいる若い人たちのなかには、「いつかは日本へ」と思っている人もいるでしょう。ＨＩＳ社の新しいＥＣサイトは、国内旅行をサポートすると同時に、将来の海外旅行の見込み客を育てるサイトでもあるのです。

ＥＣサイトは、軽々と国境を越えることができますが、モノを介在する場合は物流面のインフラが必要になりますし、お客様とのコンタクトでは各国の社会常識に合わせる必要もあります。

「越境ＥＣ」が注目される昨今、特にポテンシャルの高い中国との越境ＥＣでは、すでに越境ＥＣ専用のモールもありますし、物流面をサポートするサービスもあります。自社ですべてを構築するか、外部のサービスを利用するか、ＥＣモールに出店するか、それらを組み合わせるか、選択肢もさまざまです。こうした環境は、冒頭に述べた国内のＥＣサイトの現況と変わりません。

つまり、全く新しいお客様に向けてＥＣサイトを立ち上げるという基本の考え方は、国内向けでも、海外向けでも同じだということです。

定石 4

マーケティング活動を構造化するためにKGI、KPIの設定から始める

自社の事業目的を達成するためには、お客様のエクスペリエンスから自社のマーケティングを再構築し、的確な目標値や指標のもとにPDCAサイクルを回していく必要があります。KGI、KPIの設定から始め、適切に活用していくことで、お客様との関係性を深めていきましょう。

デジタルマーケティングの目的とKGI、KPIの関係

人生に目標があるように、企業にも目標があります。企業全体としての目標や事業ごとの目標を短期・中期・長期にわたって設定し、検証と意思決定を繰り返しながら、企業活動は進められます。マーケティングは、本来、こうした企業の活動をサポートするだけではなく、目標にコミットして、意思決定に重要な指標を提示します。

したがって、マーケティング活動は、企業の活動とともにあらゆる部門にまたがり、それぞれに成果を求められます。しかし、それらは個別に機能して成果を上げるだけではなく、互いに有機的な連携を通して、企業全体としての目標に収斂《しゅうれん》しなければなりません。

特に、オンラインでの事業が活発化している現在では、オフライン（リアルな事業）との連携は必須です。さらに、お客様との継続的な信頼関係をより深く、より長くしていくためにも、個々のマーケティングが有機的に結びつく必要があります。

デジタルマーケティングでは、個別のマーケティング活動の効率を高めると同時に、個々のマーケティング活動の連携を図り、企業の目標達成を後押しすることを目的としています。

そのためには、まず、目標をはっきりさせなければなりません。たとえば、売上げや利益に関すること、顧客の獲得・維持に関することなどは、多くの企業にとって目標となり得ることですが、「売上げアップ」とか「顧客満足の向上」とするだけでは、単なるスローガンでしかありません。目標とするからには、どのような状態になったら目標が達成できたと言えるか、分かる必要があります。

つまり、いつまでにどのような状態を目指すのか、具体的な期限と測定可能な数値を挙げて設定します。たとえば、「1年間で売上げを○倍にする」とか「××年までに利益を○％アップさせる」とか「今年度は新規顧客を○人獲得する」とかです。

こうした目標を「ＫＧＩ（キー・ゴールデン・インディケーター）」と言います。「重要目標達成指標」です。ＫＧＩは、決してスローガンであってはいけません。

とはいえ、ＫＧＩを設定しさえすれば、その目標が達成できるわけでもありません。目標を達成するためには、さまざまな手段（施策など）を講じる必要があります。

目標達成のために講じた施策が、目標に向かって上手く機能すれば、ＫＧＩで設定した期限までに設定した目標値を達成できるでしょう。目標に向かって上手くいっているかどうか、その途中で確認できれば、より目標達成をアシストすることができます。もし、目標に向かって上手くいっていないようなら、施策の方向性を修正することができるからです。

このように施策が上手くいっているかどうかを確認するためには、やはり数値のように測定可能な指標が必要です。

この指標を「ＫＰＩ（キー・パフォーマンス・インディケーター）」と言います。「重要業績指標」です。一般に、マーケティング施策を実行していると、ＫＧＩよりＫＰＩのほうが接している機会が多いので、ＫＰＩとして設定した指標を目標にしてしまいがちですが、ＫＰＩはＫＧＩという目標を達成するための施策が適切に機能しているかどうかを判断する指標に過ぎません。

ＫＧＩを目的とすると、ＫＰＩはその手段のための〝道しるべ〟といったところです。したがって、ＫＰＩにはＫＧＩと同様に明確で、測定可能であることに加え、必要に応じて評価できる適時性、環境の変化に対応できる柔軟性が求められます。

ＫＧＩとＫＰＩの関係は、図４－１のように図示することができます。

図4－1　KGIとKPIの関係図

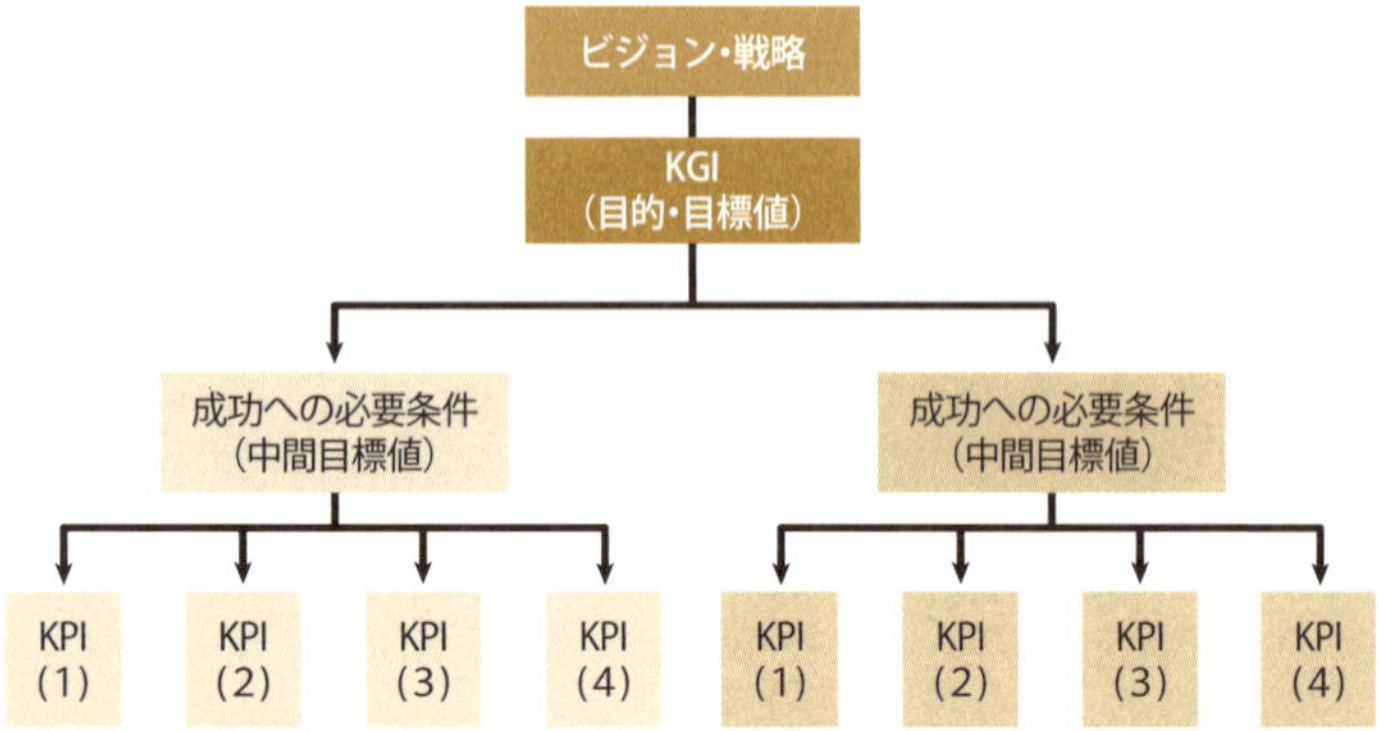

※ KPIは「KGIに紐付いた指標」によって評価されること

ＫＰＩの設定と手順

ＫＰＩは、ＫＧＩを確実に遂行するために設定する指標です。ＫＧＩと紐づいていることが肝心なので、最初の目標値から離れないようにＫＰＩを設定します。そのため、ＫＧＩを成功に導くのに必要な条件（成功要因）を先に設定し、成功要因を中間目標値として、その中間目標値を達成するための要素を洗い出すという方法を採ります（図４－１）。

また、多角的に事業を展開している企業では、事業ごとに扱う商材やターゲット、展開する国や地域などが異なりますので、事業ごとにＫＰＩを設定することになります。

ＫＰＩを設定する手順は、

①目標値につながる要素を洗い出し、

②要素ごとに実行可能な施策に落とし込みつつ、

図4－2　ECサイトでのKPI要素の洗い出し例

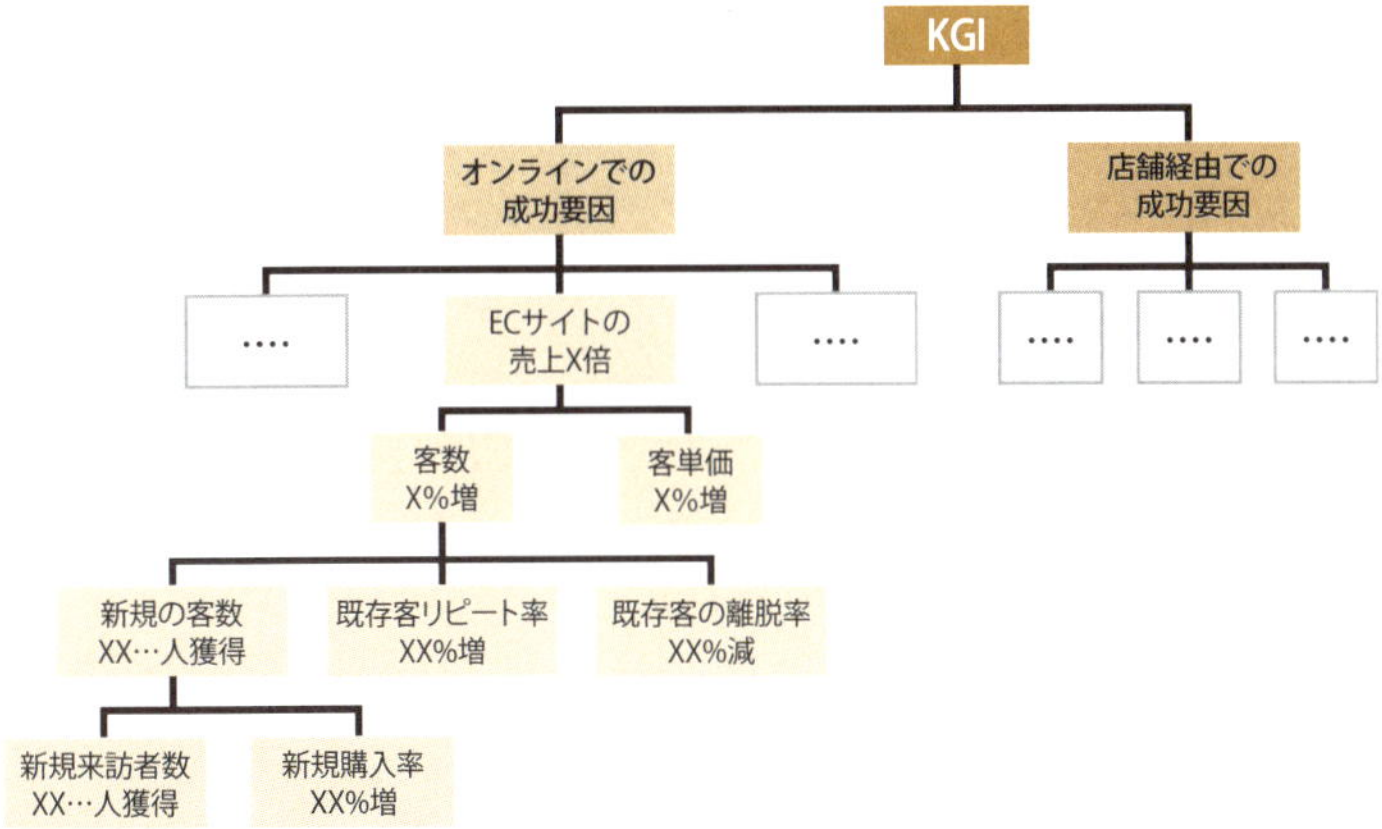

③施策を通じて評価すべき指標として整理します。

こうして目標値と指標をつなげておけば、目標値を達成するために必要な予算はいくらか算出したり、目標値に届かなかった場合に問題となった指標はどれかを見つけやすくなります。

最初は、要素の洗い出しです。図4－2に挙げた事例は、店舗というオフラインの販売チャネルを持ちながら、オンラインを強化し始めた企業（事業部）のケースです。

この事例では、KGIを達成するために、オンラインでの成功要因として、ECサイトでの売上げをX倍にしなければならないことが分かっています。

仮に、現状のECサイトが月商500万円だとして、KGIを達成するためには1年で月商1000万円にする必要があったとすれば、1年後に売上げを2倍にするということです。

一般に、売上高＝「客数」×「客単価」と表すことができるので、客数を2倍にするか、客単価を2倍にすれば、売上高は2倍になります。もっとも、通常はどちらか一方だけを増やそうとはせず、状況に応じて、どちらも増やそうとするでしょう。

このうち、客数を増やすには、新規の顧客を獲得する必要があります。もちろん、新規の顧客を獲得していくことは非常に重要ですが、既存の顧客を維持するよりもずっとコストが掛かります。

ところが、客数＝「新規の客数」＋「既存の客数」－「離脱（流出）客数」として表してみると、新規客数を増やすだけでなく、既存客数の維持を図って離脱客数を防ぐことも、客数増につながります。ここから「既存客のリピート率」を増やしたり、「既存客の離脱率」を低減したりする施策を考えればいいことが分かります。

一方、新規の客数＝「新規の来訪客数」×「新規購入率」で表すことができるので、「新規の来訪客数」を増やすと同時に、「新規の購入率」を増やすための施策も考えられます。

このように要素を洗い出しながら、実行できそうな施策へと落とし込んでいきます。言い換えれば、施策として実行できる要素を評価指標として整理しKPIに選定します。

具体的な施策を積み上げることで、大きな目標に見えるKGIを達成することができます。

とはいえ、KPIも多ければいいわけではありません。KPIが多ければ実行する施策も増え、それだけ予算も必要ですし、労力も掛かります。何より、数値の測定に追われて、肝心の評価がおろそかになっては本末転倒です。通常は、KGIへの影響度の高い3ないし5くらいの指標を選んでＫＰＩとします。

施策の効果測定とマーケティングファネルの活用

ＫＰＩを設定したら、施策を実行するとともに、その効果を測定します。ゴールであるＫＧＩへと向かう長い道のりです。

具体的には、ＫＰＩに基づいて、施策の立案（Plan）、実行（Do）、実行状況の測定と評価（Check）、評価に基づく改善（Act）という「ＰＤＣＡサイクル」を回し続けます。

このとき、施策の効果を一連のマーケティングプロセスに沿って測定し、お客様との関係性において評価するために、「マーケティングファネル」を活用します。

マーケティングファネルは、集客から顧客化、及び顧客のファン化に至るマーケティングのプロセスを、顧客とのコミュニケーションや顧客の状態などに着目して区分したものです（マーケティングファネルの概要については〈定石１〉を参照）。

具体的には、マーケティングファネルのどの区分で、顧客の行動や意識をＫＰＩとして測定するかによって、用いるデータや測定ツールが異なってきます（図４－３）。

たとえば、マーケティングファネルの上部で、集客やブランド訴求のための施策を実施する場合には、一般にアクセス解析ツールを用いてＷｅｂサイトへのユーザー関与度を測ります。

図４－３　マーケティングファネルの区分とKPIの例

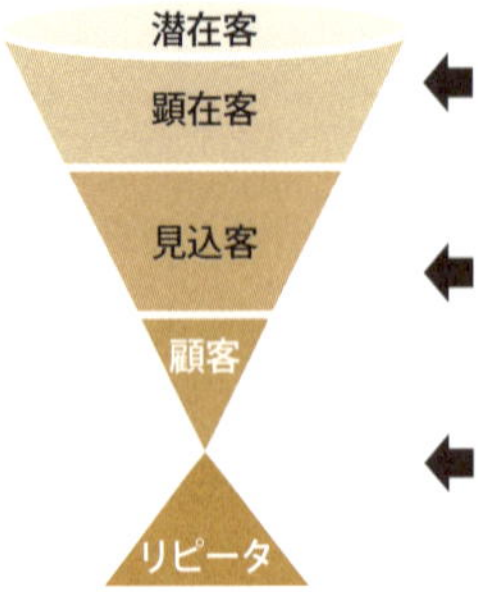

	評価指標の例	測定ツールの例
ブランド訴求 集客	態度変容指数 ユニークユーザー数 広告のアクセス数 etc.	〈行動データ〉 アクセス解析ツール 広告効果測定ツール Webフォーム/メール etc. 〈意識データ〉 アンケート調査 etc.
見込客や 顧客の獲得	資料ダウンロード数 問い合わせ件数 新規顧客の獲得率 etc.	
ファン化 CRM	リピート購入率 クロスセル・アップセル etc.	〈顧客データ〉 リコメンドツール MAツール CRMツール etc.

広告配信を行っていれば、広告媒体実績などの測定ツールを用います。

オウンドメディア（自社のＷｅｂサイト）では、Ｗｅｂサイトへの来訪人数を測るユニークユーザー（ＵＵ）数などをＫＰＩに設定し、集客のための施策を行う企業が多いようです。自然検索にしろ、広告にしろ、ＵＵ数が増えているようなら効果が挙がっていると評価できるからです。また、ブランド訴求のための施策としてＳＮＳを活用する場合には、「いいね！」の数やフォロワー数がＫＰＩとされます。フォロワー数が増えれば、ブランドに関心を持ってくれた人も増えたと評価できます。

しかし、前述したように、ＫＰＩはＫＧＩを達成するための指標ですから、最終的な事業目的への影響度から優先順位をつけ、順位の高いものに集中的に予算を配分します。

続いて、施策の効果測定について、どのようなデータを活用していくのかを「マーケティングファネル」に照らし合わせながら見ていきましょう。

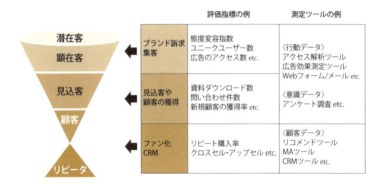

まず、顧客化前のユーザーデータについては、①自社サイトのユーザーの流入や回遊状況を記録するアクセス解析ツールのデータ、②自社サイト外でユーザーが広告に触れたときの反応を計測する広告媒体実績データ、③ＳＮＳを活用している企業はソーシャル上で得られる反応データ、などがあります。これらのデータは「行動データ」として分類されます。行動データは、時々刻々とユーザーのアクションがリアルタイムに更新されるのが特徴です。

次いで、顧客化前のユーザーデータの中でも、ユーザーの態度や心理の変容に関連するＫＰＩを設定して、潜在顧客に自社の商品やサービスの需要を喚起させて顕在化させ、よりマーケティングファネルの下部の方へ誘導する施策を実施する場合には、行動データだけでなく「意識データ」を加えて施策の効果を測定します。

意識データは、アンケート調査をベースにつくります。質問項目などをカスタマイズできるという利点はありますが、あくまでパネル内での調査で、すべてのユーザーを対象にしているのではないという点に留意が必要です。しかし、行動データだけでは、ユーザー行動の本当の理由を知ることができません。アンケート調査は、それを知る手がかりを与えてくれます。

マーケティングファネルの下部で、リピート購入率などのＬＴＶ（１人の顧客がサービスに対して支払った合計金額）の向上に関連するＫＰＩを設定し、顧客のファン化に向けた施策を実施する場合には、効果測定に「顧客データ」を用います。

顧客データは、一度は自社の商品を購入したり、サービスに登録したりしたユーザーの情報です。メールアドレス、属性（性別、年齢、居住地など）、個々のユーザーが自社の売上げや利益にいくら貢献しているかといった詳細な情報を記録しています。

顧客データは、ＫＰＩの設定や施策の効果測定に用いるだけでなく、ＣＲＭ（顧客関係維持）に関する戦略や戦術を策定していくうえでも活用されます。顧客と継続的な信頼関係を構築するうえで非常に重要なデータです。

マーケティングオートメーションやダッシュボードの活用

顧客の行動データ、意識データ、属性等のデータを用いて施策の効果を測定していく作業には、たくさんの人手を要する場合も少なくありません。具体的には、各種の測定ツールからデータを抽出しＫＰＩに紐づく部分の内容に絞って集計できるようにデータを加工し、さらに時系列で各データの推移を確認できるよう分かりやすく視覚化します。

この一連の作業は、データや測定ツールがシンプルなものだけなら、エクセルやパワーポイントでも管理することはできます。しかし、ＫＰＩが複雑で多様化すればするほど、何度もこのオペレーションを繰り返さなければならないため、ＰＤＣＡサイクルを運用するなかから、より精度の高い施策を立案していく本来の業務に割く時間を圧迫することにもなりかねません。

昨今では、こうした作業を自動化する「マーケティングダッシュボード」が使われるようになりました。

マーケティングダッシュボードの利点は、初期の設計時に各種データとの連結に少しの手間と多少の費用が掛かるものの、後はいつでもリアルタイムで必要な指標を追いかけられるので、施策の状況をひと目で把握し、PDCAサイクルを迅速に回すことができるようになります。比較的安価で、サポート体制を備えているダッシュボードツールもありますので、KPIの測定環境として整備しておくべきツールのひとつです。

さらに、マーケティングオートメーション（MA）を導入すれば、前述したようなさまざまな顧客データを基に、KPIに最も効果的な施策を自動で実施していくことも可能となります。その際、自社のWebサイト上で取得した顧客情報だけでなく、顧客を特定すればWeb上に公開されている情報も自動的に収集してくれます。オフラインでの情報も取り込み、オンライン情報との連携を図ることもできます。

マーケティングオートメーションを導入するための手順や活用の仕方については、〈定石8〉を参照してください。

KPIの設定と見直し事例 上手くいっていないと感じたとき

A社は、自社の会員登録数の最大化を目的に、会員登録数をKPIとして、Yahoo!やGoogleなどのサイト広告枠へバナーを中心としたディスプレイ広告を実施していました。

ディスプレイ広告は、検索エンジンの検索結果に連動して表示されるリスティング広告と比べて、幅広いユーザーを対象にアプローチできるという特徴があります。ただし、広告をクリックして自社サイトに来訪した人が、そのまま会員登録フォームへ移動し登録（コンバージョン）を完了するケースは多くないので、一度サイトを来訪した人をリスト化しておき、リスト別に再度アプローチを仕掛けるリターゲティング広告も実施していました。

図4－3のマーケティングファネルを用いて整理すれば、ファネルの最上部の「潜在客（非認知客）」に向けてディスプレイ広告を配信し、一度自社サイトに来訪した「顕在客」に対してリターゲティング広告を配信しているということです。

広告配信を始めてから5カ月間は、順当に会員登録数も伸びていましたが、CPA（1件当たりのコンバージョンを獲得するのに掛かる広告費）はほぼ維持し続けているにも関わらず、6カ月以降、会員登録数が急激に減少してしまいました。半年を過ぎても、会員登録数が回復しなかったので、相談を受けたという事例です。

さっそく調べてみると、A社はこの半年間をかけて、CPAの良いリターゲティング広告にどんどん予算を傾倒させていました。幅広いユーザーにアプローチできるはずの「リターゲティング広告以外のディスプレイ広告」の配信量が減り、結果として何が起きていたかというと、サイト全体のユニークユーザー数の伸びが鈍化していたのです。

さらに分析を行うと、「リターゲティング広告以外のディスプレイ広告」は、確かに即時的にチェックしていたCPAではリターゲティング広告に比べて効率は良くなかったものの、後

図4－4　A社事例においてマーケティングファネルで起きていたこと

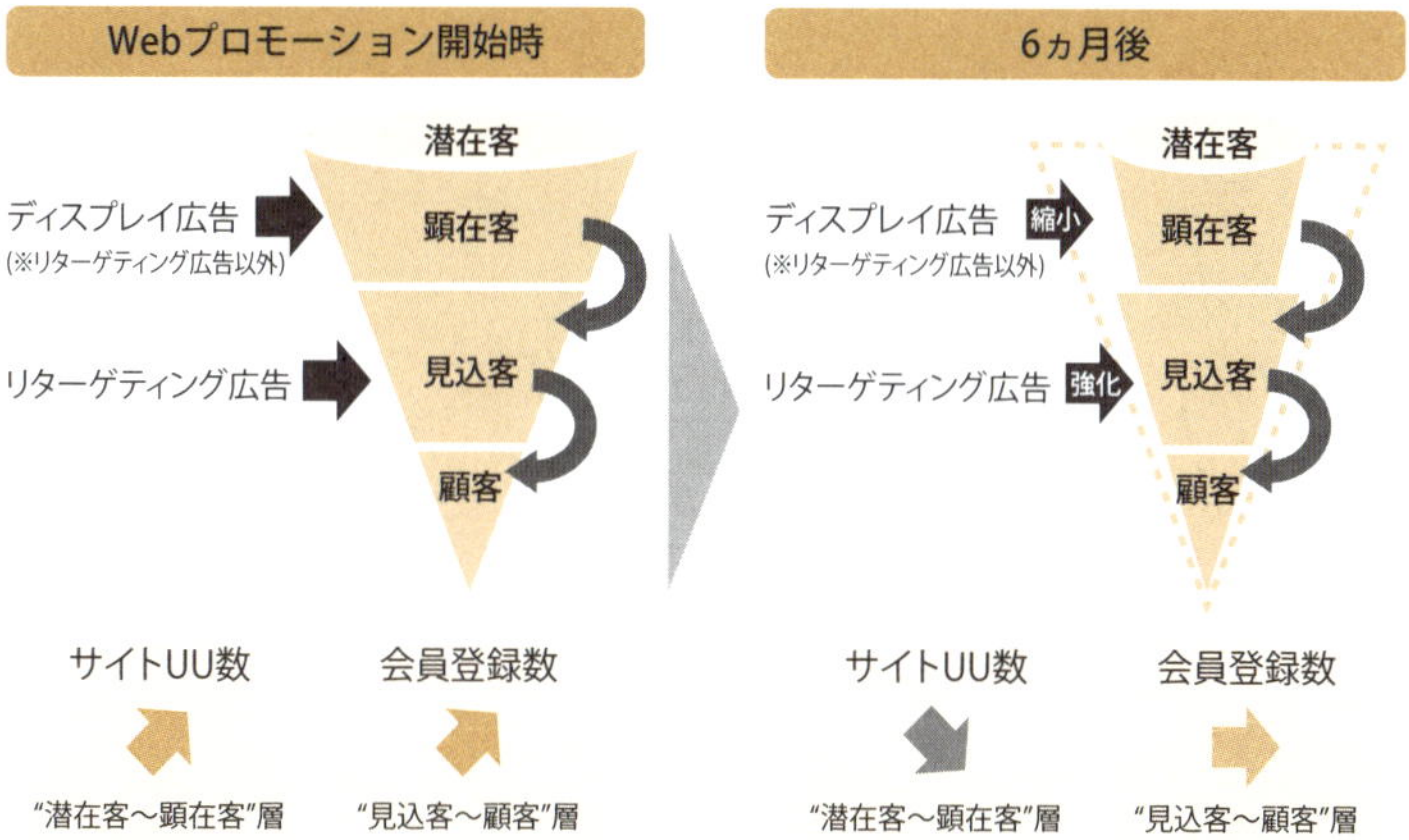

日ユーザーがサイトに来訪するなどして会員登録を行う間接効果は高いことがわかりました。

ネット広告の施策では、一般に費用対効果を測るCPAをKPIのひとつとして設定することが多く、A社もそうでした。ただし、A社は登録CPAを追い求めるあまり、よりマーケティングファネルの上部にあたる、サイトのユニークユーザー数に目を向けて〝間口を広げる〟ことができないままPDCAサイクルを回していたのです（図4－4）。

このように、KPIに沿って施策を実行しているのに上手くいっていないと感じたときは、マーケティングファネルを活用して自社のマーケティング全体の構造を見直してみる必要があります。カスタマーエクスペリエンス（顧客体験）の視点から見直す場合には、カスタマージャーニー・マップも活用できます。

たとえば、Webサイトへのアクセス件数は多

図4－5　Webサイトの評価分析と施策の方向性

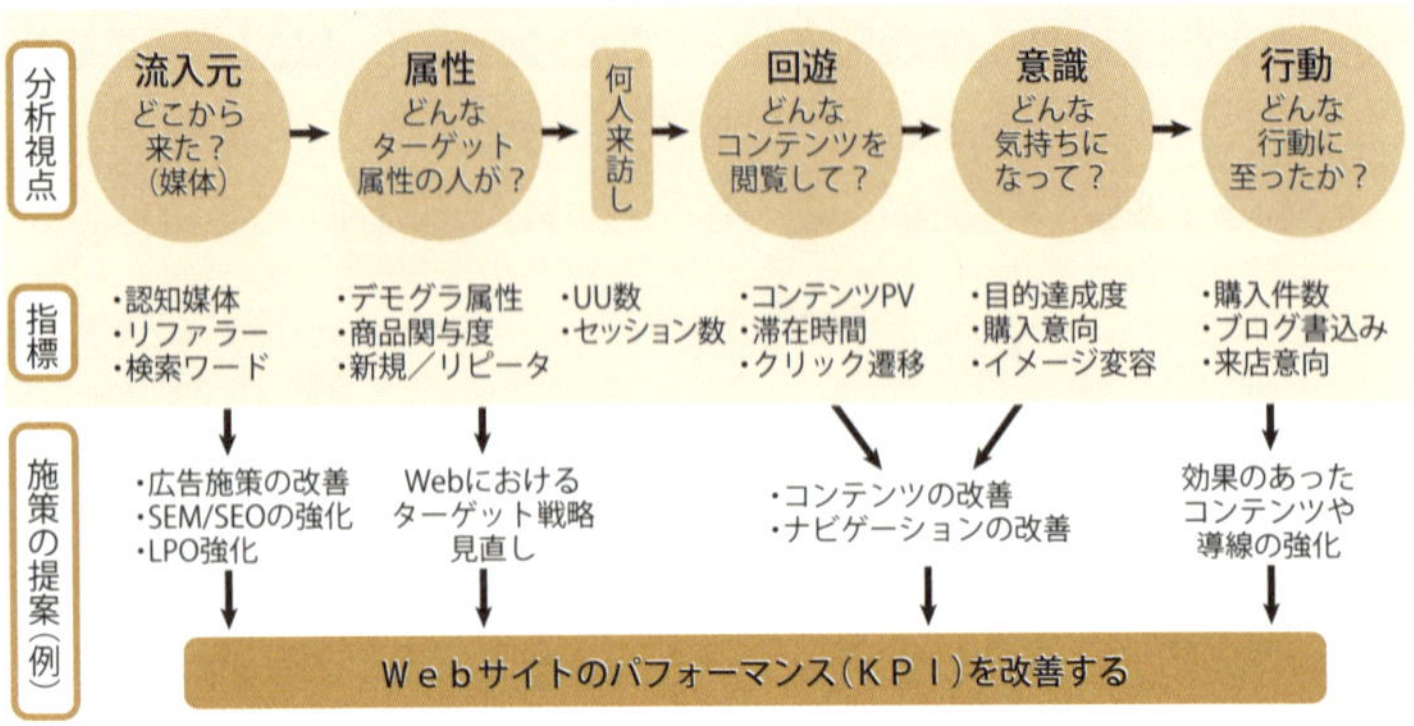

いのにコンバージョン率が低いとか、既存顧客ばかりで新規の来訪者が集まらないといった場合には、Webサイトの改善が必要です。図4－5のように、私たちはWebサイトへ来訪するカスタマージャーニーの視点からサイトを評価し、改善に向けた施策を提案しています。

より適切なKPIを設定していくために

最後に、より適切なKPIを設定するために、デジタルマーケッターとして育てていってほしいスキルセットを3つ提示します。

1つ目は「整理と構造化を行う力」です。

KGIに向かってKPIとして見ていく指標を洗い出し、KGIへの影響要因を整理します。ここから、より適切な指標をKPIに選び、KPIとなる指標を向上させていく施策を洗い出し、施策に優先順位を付けながら、日々の業務に向かいます。こうした整理と構造化を行う力をフル活用することが求められます。

２つ目は「インプットする力」です。

デジタルマーケティングの進化のスピードは速いので、測定できる指標も非常に速いスピードで増えています。たとえば、ネット広告領域では、以前には「露出数」や「クリック数」しか測定できませんでしたが、いまでは「ユーザーが何秒広告に触れたか」「その広告で流入してきたユーザーがリアルの世界ではどのような行動をとったか」といったことまで測定できます。

また、アクセス解析領域では、自社サイトの回遊に関連する量的なデータだけでなく、「サイト内に来たユーザーはどんな属性（性別、年齢、居住地など）を持っているか」といった質的なデータまでもが観測できるようになりました。

このような最新のテクノロジー動向をキャッチアップすることも必要です。ＫＰＩとして自社が追いかける指標に組み込んでいくことで、ＫＧＩに直結する新たなマーケティング活動を担える場合もあるでしょう。

３つ目は「得られたデータをマーケティング示唆へ昇華する力」です。

日々の施策ではＰＤＣＡを回してＫＰＩを達成することが大切ですが、ＫＰＩを達成するための各種データを読み解いて顧客をきちんと考察したり、次の戦略につながる示唆を導き出したりすることも重要です。こうした過程を経ることで、ＫＰＩをＫＰＩで終わらせない、つまり、数字至上主義だけに終始させないで、「本来の事業目的」につながる有益なマーケティング活動が実現できるのではないでしょうか。

一人ひとりのデジタルマーケッターが「整理と構造化を行う力」「インプットする力」「得られたデータをマーケティング示唆へ昇華する力」を高めて、数々の組織に浸透していくことで、本来の事業目的を達成するためのデジタルマーケティング活動を将来にわたって拡大させていってほしいと思います。

定石 5

顧客理解とファン基盤拡大のためにSNS活用から始める

SNSをマーケティングに活かしたいと考えている企業は多いでしょう。しかし、オウンドメディアのようにはコントロールできないので、それなりの準備や体制づくりが必要です。きめ細やかな運用も求められます。ここではその手法を紹介します。ファンに支えられての効果を実感できるでしょう。

SNSを活用したマーケティングは「ソーシャルリスニング」から

SNS（ソーシャル・ネットワーキング・サービス）は、もともと個人間でのやり取りを支援するサービスですが、企業にとっても、お客様とのコミュニケーションに有用性があるとして、早い段階から活用されています。

SNSの種類も増えています。ツイッター、フェイスブックを始め、ユーチューブ、LINE、インスタグラムなど、さまざまな特徴を持ったSNSが登場して、現在では20種類くらいあると言われます。

企業や各種団体としては、どれをどのように使って、何を実現するのか、悩ましいところです。なかには手当たり次第に新しいＳＮＳの運用に手を出したり、人気のＳＮＳに乗り換えたりする例や、十分や体制を作らないままに運用を始めてかえって炎上等のリスクを高めているケースも見受けられます。

目的と目標をはっきり定めて、企業にとってのターゲットユーザーは誰か、企業のブランディングに適っているかどうか、といった観点からＳＮＳを選ぶと同時に、どう運用するのか、どうデータ活用するのかなど、体制面やその後の活用方法を事前に考えておくことも求められます。

そこでまず重視したいのは、お客様とコミュニケーションを取る前に、お客様の「生の声」をＳＮＳを通じて傾聴するという活用方法です。たとえば、ツイッターであれば、お客様の「つぶやき」に耳を傾けます。

ＳＮＳを含めたソーシャルメディアの中で発言されるお客様の声を聞くという意味で、「ソーシャルリスニング」と言います。ソーシャルリスニングを通して、企業（我が社）はお客様からどう見えているのか、どんなことが話題にされているか、それがどんな意味を持ち、何が課題か、といったことなどが分かってきます。

お客様と直接コミュニケーションを取っていく場合でも、こうした背景を踏まえたうえで行えば、誤解を防ぐことができるだけでなく、何よりポジティブな（いい意味での）新しい声が生まれ、その声に反応した声がSNS上に増えて、ファンがファンを呼ぶというサイクルをつくり出して行くことが可能になります。

SNSに蓄積されたビッグデータを「定量」と「定性」の2つの視点で分析する

SNS上に飛び交うユーザーの発言は、膨大なものです。SNSのなかった時代には、その時々の会話や独り言としてほとんど消え去ってしまったものを、現在は「宝の山」として活用することができます。

SNSの膨大なユーザーの声の中から、自社の施策や商品に対するコメントだけではなく、競合に対するコメントや、そのカテゴリーに対するニーズを把握することができます。通常のアンケート調査のように企業側が質問する場合とは違い、SNSに自発的に投稿された生活者の生の声だからこそ、リアリティがあり、かつマーケティング上の価値が高い分析リソースになることが期待できます。

ソーシャルリスニングは、お客様一人ひとりの声から個別のシチュエーションや気持ち、ニーズなどを読み取っていく作業になるので、マーケティングリサーチの手法分類からすると定性的・質的（消費者の購買意欲など数値に表せない質的情報）な分析のように受け取られるかもしれません。もちろん、お客様の行動の理由や感情まで分析するという意味では定性的・質的ですが、私たちは、これを数量や割合にして定量的にも分析しています。

また、定性的なデータ分析を中心に行う場合でも、発言内容の関連性に基づいてカテゴライズ（分類）し、それぞれのカテゴリーの数量と全体的なボリューム、それに占める割合をつかんだうえで、定性的な分析を行っています。

つまり、SNSデータの一つの特徴は、定量と定性の両方で分析可能だということです。たとえば、「その商品名がどのくらい話題になっているか」は「量」として捉えられます。加えて、発言のデータなので、そこにある文脈から「ポジティブに思われているのか？」「ネガティブに思われているのか？」も同時に把握できます。

この特徴があるからこそ、ソーシャルビッグデータをマーケティングの施策にまで落とし込むことができるのです。

以下に、架空のケーススタディを挙げながら、具体的に定量的なデータ分析と定性的なデータ分析の仕方を紹介します。

ソーシャルビッグデータを施設活性化に活用する

SNSに蓄積されたビッグデータを活用して、テーマパークや大規模商業施設などへの集客や回遊促進のために定量的な分析を行なう場合を考えてみましょう。電通・電通デジタルとNTTデータ社は、「ソーシャル・インサイト・ラボ」（図5－1）という協業組織をつくり、こ

図５−１　ソーシャル・インサイト・ラボとプロジェクトチーム

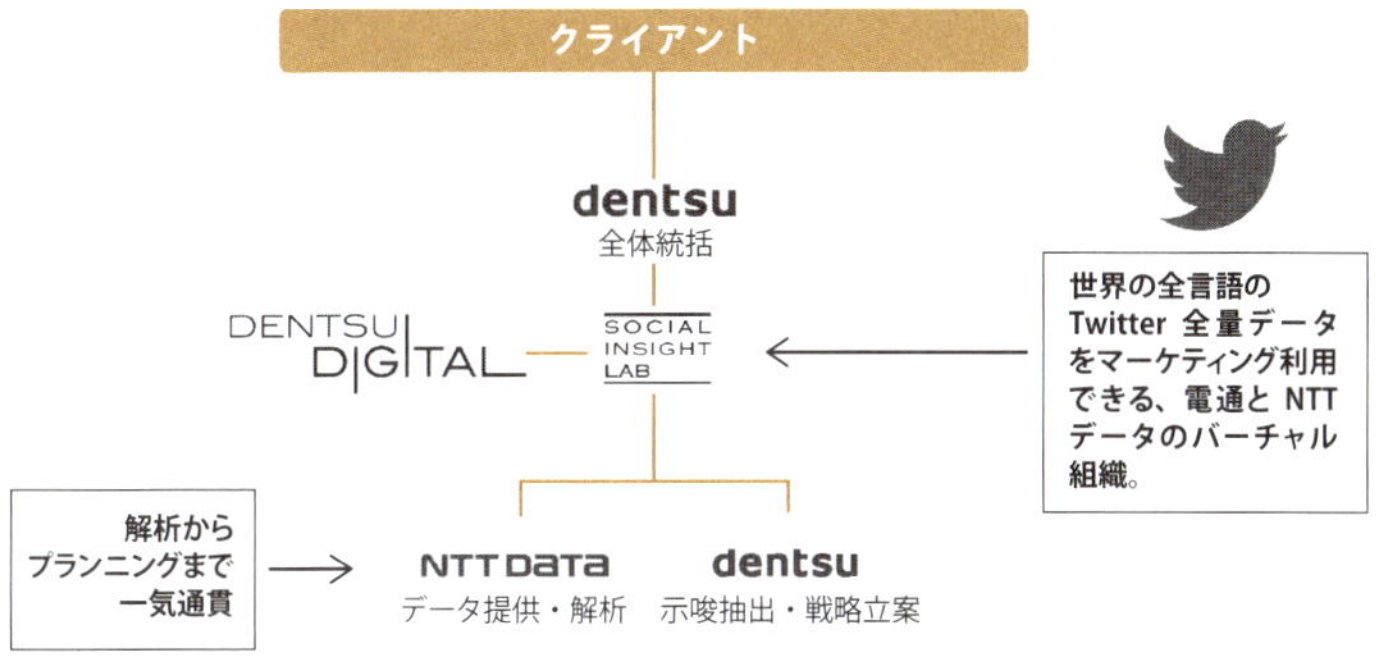

れからご説明するようにソーシャルメディアデータのマーケティング活用を目的とした分析サービスを提供しています。

そこでは、ツイッターの全量データをはじめとするSNSビッグデータ専門のNTTデータのアナリストが分析を行い、それをもとに、電通や電通デジタルのマーケティング・プランナーがマーケティング戦略や企画の立案を行います。

ツイッターの全量データを分析できるということは、極端なことを言えば、ツイッターが日本に上陸して以来のすべてのツイート（非公開の鍵付投稿や削除された投稿は除く）を分析できるということです。たとえば、企業や商品ブランドの長期的な話題量の推移や、ポジティブ評価・ネガティブ評価の推移などを長期間追いかけることも可能です。また、通常、ツイッター社が無料で公開しているデータでは発見することのできない、希少な投稿も抽出することができるので、話題の拡散のもとになったインフルエンサー（周囲に影響を与える人物）の発見や、ヒットの兆しなども捉えることが可能になってきます。

また、ＮＴＴデータの長年の分析経験が反映されたツィートを言語解析するための辞書や、大規模データの分析ノウハウが、ツィートの文章を正確に解析するだけではなく、投稿者のプロファイル（属性情報）なども、その投稿内容から高精度で自動的に判定することができます。

このように蓄積された辞書や、ユーザーのプロファイルデータがあるからこそ、これまでのソーシャルリスニングで行われていた、マーケティング担当者が目視でチェックを行うような定性的な分析から一歩進んで、より素早くかつ高度で定量的な裏付けを持った分析を行うことができるのです。

あわせて、高度で正確な分析ができるというだけではなく、電通のマーケティング担当者が一緒になることで、データ分析から導かれた示唆から、打ち手を考え実行していくところまでを、ワンストップで行うことができる点も、大きな強みとなっています。

もちろん、ツイッターのデータのマーケティング利用に際しては、匿名性を維持した上で分析が行われるなど、プライバシーに配慮したアプローチがとられていることは言うまでもありません。

人口減少が進むなかで、訪日外国人旅行（インバウンド）の推進は日本の重要な課題です。日本政府観光局によれば、２０１６年の訪日外国人旅行者数は２４００万人となり、旅行消費額は過去最高の約３・７兆円（観光庁）となりました。

図５－２　分析のプロセス（インバウンド観光にカスタマイズした解析辞書を構築）

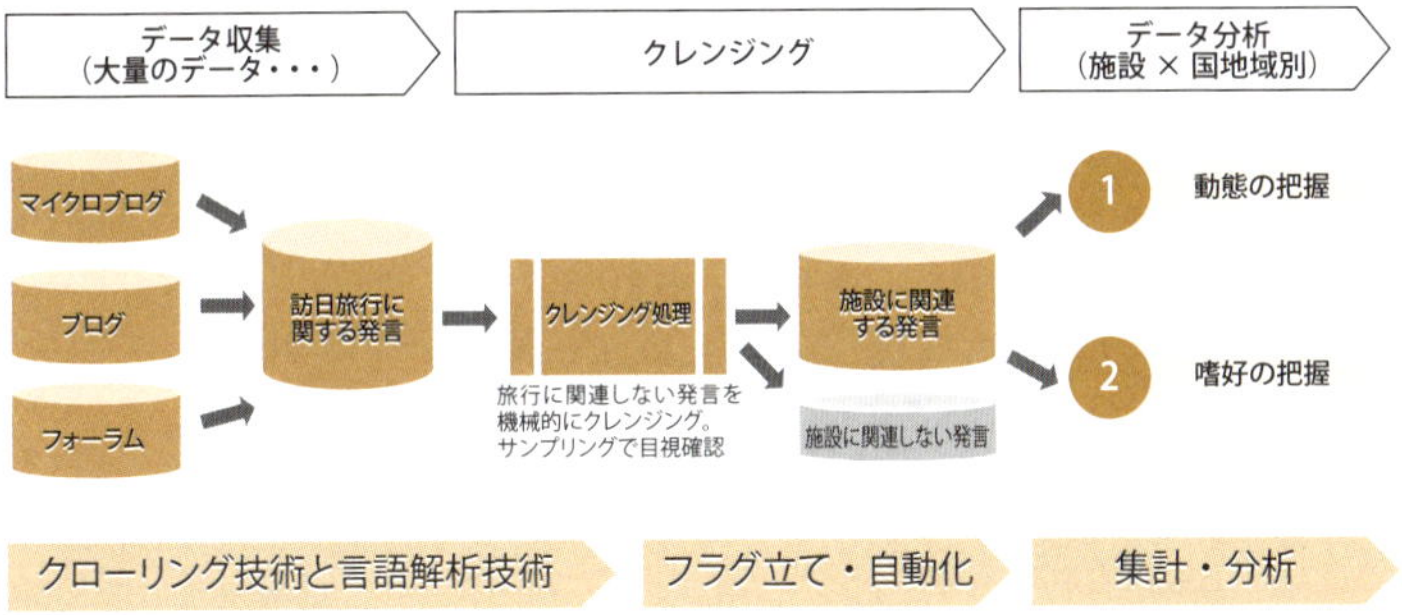

全量データ解析結果より抜粋

こうした流れのなか、各地のテーマパークや商業施設でもインバウンド対策に取り組むところが増えています。この例では、あるテーマパークが、２０２０年までに外国人来訪者数をX万人にするという目標を掲げ、あわせてビッグデータを活用したい希望を持っていると仮定しています。

このテーマパークは、国内でも有数の施設で、外国人旅行者にも人気がありますが、さらにインバウンドの増加に向けて、ビッグデータを活用し、外国人旅行客の旅行動態や嗜好を調査分析したいと考えたのです。

「ソーシャル・インサイト・ラボ」では、分析に際してこの目的に特化した解析手法を構築します（図５－２）。

ツイッターは世界中の言語に対応していますが、やはり、国によってよく使われているSNSは異なります。英語圏や日本、台湾ではツイッターですが、中国では「Weibo《ウェイボー》（微博）」、タイでは電子掲示板（フォーラム）を多くの人が利用しています。今回は、現在よく訪日旅行をしているアジア圏の中国、台湾、韓国の他に、これから増加が期待できるタイを入れ、英語と合わせて5言語について解析することとし、解析するSNSには、ツイッターの他にウェイボーとタイのミニブログの「Plurk」を加えます。

収集する情報は「○○がおいしい」「××がすごい」など、ソーシャルメディアへの投稿内容です。これに、どこの国から来て、どこで、それをつぶやいているのかという「位置情報」、そのつぶやいたものは好きか嫌いか（ポジティブかネガティブか）という「感性情報」などが加わります。

つまり、人々の実際の動きに、何がいい（悪い）という評判や好き嫌いの嗜好を掛け合わせます。「動態×嗜好」です。すると、ある施設で、タイからの観光客は「××がおいしい」と言っているが、中国からの観光客は「▲▲が珍しい」と言っているというように、外国人によって行動が異なったり、何をどう評価するかも異なったりすることが分かってきます。

こうした違いを定量データとして分析していくことで、各国向けにアプローチの仕方をきめ細かく変えることも可能になるのです。

ツイッターの全量データ分析で分かる国別旅行者の違い

SNSから得られる情報は、その場のその時の発言で、ひとつひとつのポイント（点）でしかありません。つまり、ビッグデータではあるけれど、各データはバラバラに存在しているのです。

テーマパーク内で施設やギフトショップを担当している人たちは、それぞれの点でのお客様の反応は分かりますが、他のエリアでのお客様のことまでは分かりません。さらに、お客様にとってそのテーマパーク全体の経験がどうだったかなどは、もっと分かりません。

しかし、全量データを活用することで、全体を俯瞰して見ることが可能になります。ソーシャルメディアのデータは、動態と嗜好の両方のデータを保持しているため、それをつなぎ合わせることで、時系列での行動とともに、それに伴う感情面の動きも、前後の期間も含め明らかにできるので、より多くの示唆を関係者が得ることができます。

一人ひとりの訪問者が、どんなルートを巡り、何をしたり、何を買ったり食べたりして、どんな感想をもったかが分かるだけでなく、そこへ訪れる前の発言から、そのテーマパークに抱いている期待やイメージも分かります。帰国後に感想を発言する人もいるので、旅行まるごとの評価を俯瞰することができます。

さらに、国別、性別、年齢別などのプロファイルデータを解析し付与することで、外国人訪問客に直接アンケートをしなくても、定量的に特徴を捉えることもできます。それによって、より深く課題を発見したり、改善策を考えたり、また、本当に外国人訪問者が必要とする施策の企画に結び付けたりすることにつなげていけます。

たとえば、外国人旅行者の嗜好を探る視点として、「①食べる、②移動する、③見る、④買う、⑤体験する」の5つの行動から発言を分類して、分析を行います（図5－3）。

そうすれば、最も「見る」に関する発言が多かったのはF国からの旅行者で、「食べる」に

図5－3　「食べる・泊まる・見る・買う・体験する」の5視点で解析

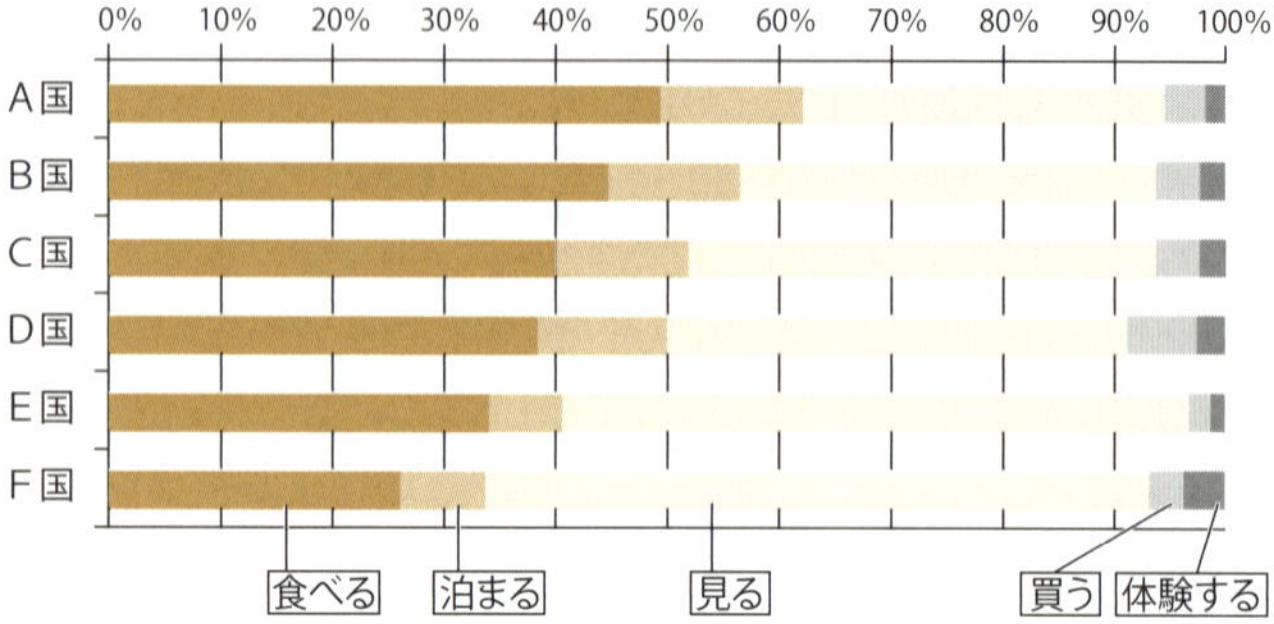

全量データ解析結果より抜粋

ついて最も多く発言したのはA国からの旅行者だ、という気づきが得られます。たとえば、中国人旅行者は「爆買い」というイメージで語られていましたが、このテーマパークに当てはまるのかどうかが分かるでしょう。

日本人も知らない新たな魅力を発見できる

国別に旅行者の特徴を整理すると、F国からの旅行者は一気にテーマパーク内を周遊して風景や食を満喫するのに対して、C国からの旅行者はあちらこちらで買い物をしたり見物したり、ちょっとのんびり。一方、D国からの訪問者は短時間の訪問で特定の施設にご執心、というスタイルの違いも分かるでしょう。他国より話題の数が少ない国からの訪問者があれば、十分にテーマパーク情報が浸透していないと推察できます。

国ごとのテーマパーク利用スタイルが分かれば、情報ニーズも推測がつきます。

たとえば、F国からの訪問者へは、特に「見どころ」を取り上げたルート提案ができるでしょう。Ｂ国からの旅行者が日本人と同じような定番施設を楽しんでいると分かれば、そこにはＢ国の母国語での情報提供を加えるなど効果的な施策も見えてきます。

また、外国人旅行者のなかには、日本の旅行者が魅力と感じない、日本人の定番から外れた新しい魅力を発見している人たちがいることも、動態分析から見えてくると期待できます。

たとえば、人気の施設の一つについて、外国人がＳＮＳに投稿する写真が日本の訪問者によく知られた風景とは異なっていたとしましょう。また、その風景に感動したという発言もあったとします。この場合には、日本人が訪れるのとは別角度からの景色が彼らにとって感動的だったということが見えてくるかもしれません。

このような訪れた人の評判や満足度の高い、これまで気づかれていなかった穴場のスポットは、積極的に情報発信すべき重要な観光資源となります。ほかにも、テーマパーク内や周辺で、景色や場所、カフェなど、外国人の間で話題となっている穴場スポットがいろいろ見つかるでしょう。同様のことは、外国人が話題にする商品でも確認できます。

「穴場」と「潜在力」を指標化する

来訪者は少ないものの、来訪した人のポジティブ評価の高いスポット（場所）を、インデクス化して、たとえば「モスト穴場プレイス（ＭＡＰ）」として紹介することもできます。

図5－4　バレンタインデーのキラープレゼントランキング

バレンタインプレゼントに対するポジネガ比率からキラープレゼント指数を開発。

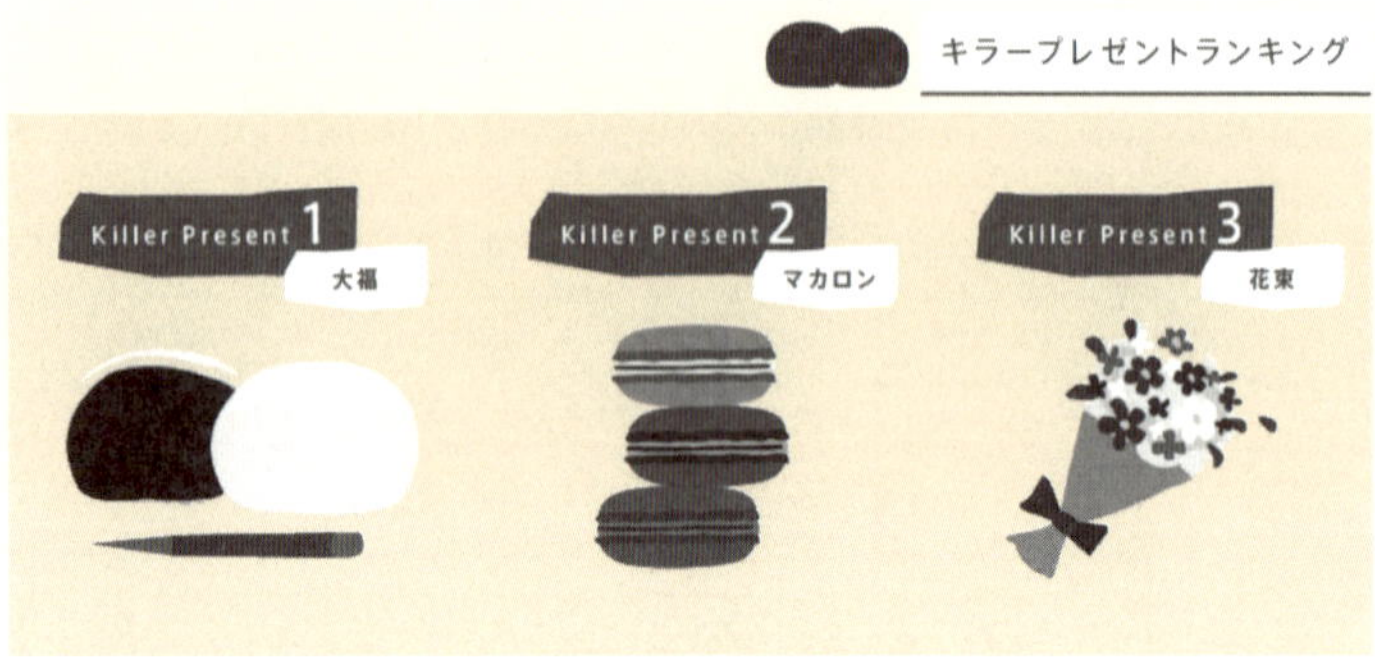

これは、話題の総量はまだ少ないですが、そこに占めるポジティブな話題の比率が高い場所や施設をランキング化するものです。これをもとに、ガイドやパンフレットにＭＡＰ（穴場スポット）として盛り込んでもいいし、施設まわりでのコミュニケーションに活用することもできます。

同じように、お土産やグッズで、もらった人は少ないけれど、もらった人の投稿内容が非常に評価の高い商品を分析して「キラー・プレゼント・インデックス（ＫＰＩ）」という指標もつくれるでしょう。ＫＰＩの高い商品は、話題量に占めるポジティブな話題が多い商品であるため、その商品を贈ればもらった人が喜ぶ可能性が高まります。

別の分析事例ですが、バレンタインデーに贈られた商品を分析してみたところ、ＫＰＩの高い順から①大福、②マカロン、③花束、となりました（図5－4）*。

もちろん、話題量としてはチョコレートが多いのですが、話題の内容としては、大福のほうがポジティブな話題が多く、その分喜ばれるプレゼントだったということが分かります。

企業や店舗にとってマーケティング・ソースとして面白いだけでなく、発想の転換の重要性を感じていただけるのではないかと思います。

この他にも、食べる人は少ないのに食べた人の評価の高い食べ物、買う人は少ないのに買った人の評価の高い商品など、インデックスはいろいろつくることができるかもしれません。

ビッグデータからストーリーを描き出す

再びテーマパークの例に戻りましょう。

ここまでソーシャルビッグデータの解析を通して、そこから見えてきたことなどを中心に述べてきましたが、データドリブン（データ重視のマーケティング）として本当に重要なのは、ここからです。

テーマパークにおけるビッグデータの活用について、データ解析を第1フェーズとすれば、そこから示唆を得るのが第2フェーズ、そして、いよいよ具体的な打ち手を考え、実践していく第3フェーズとなります。第3フェーズでは、見えてきた示唆をどのように実践していくか、それを誰が持続的に取り組むのか、さらにマネタイズ（ビジネス化）していくにはどうすればいいか、といった課題に直面します。

私たちとしては、インバウンド対策は長期的な取り組みだと認識しています。つまり、来てくださいというアピールをするだけでなく、何度も足を運んでくれるリピーターを増やしていくためのコミュニケーションの仕方が重要です。特に、すでに外国人旅行者に人気があるテーマパークや商業施設では、いかにリピーター全体を増やしていくかという施策と同時に、これまで特定施設や特定エリアに集中していた来訪者を他のエリアにいかに誘導して、回遊してもらうかという取り組みも必要です。

知名度が上がれば、確かに来訪者は増えるでしょう。しかし、知名度の高い施設は他にもたくさんあります。知名度にプラスの価値（付加価値）をつくり出す必要があります。

たとえば、ひとつのソリューションとして私たちは、来訪促進や回遊促進に巻き込んでいくソーシャルプラットフォーム（専用アプリ）を外部のパートナーのシャトルロック社と開発・提供しています。

前述したような、日本人も知らなかった外国人に人気のスポットは、実際には多くの人が日常的に見ている風景です。ちょっと時間があるときに、気に入った施設の写真や推奨のコメントを、専用アプリから投稿してもらえば、蓄積された写真とコメントからバナー広告を自動生成して、海外のアドネットワークへつなげる仕組みです。

ここまでの取り組みから、ソーシャルメディアに蓄積されたビッグデータを使うことで、定量と定性両面からテーマパークや商業施設のマーケティングへどのような示唆が得られるかが見えてきたと思います。

ソーシャルビッグデータを活用したお客様との絆づくり

次に、自動車ブランド「スバル」との取り組みを紹介しましょう。

スバルは、2014年に策定した2020年に向けての中期経営ビジョンに、「大きくはないが強い特徴を持ち質の高い企業」になる、という〝ありたい姿〟を掲げ、「スバルブランドを磨く」という活動に注力しています。

その中の取り組みのひとつ、ブランド戦略深化の新しい試みとして、〝スバルがあると人生がもっと愉しい〟ということを、お客様とのより密なコミュニケーションを通じて実感していただくと同時に、さらに拡充させていくため、新組織「スバル・ネクスト・ストーリー（SNS）推進室」を立ち上げました。

SNS推進室では、お客様とつながるコミュニケーション・プラットフォーム強化の他、お客様に「安心と愉しさ」を感じていただけるコンテンツの充実を、他部署とも連携しながら推進しています。

私たちも、SNS推進室の取り組みを、「ツイッターの全量データ分析」を活用してサポートしています。私たちに課せられた課題は、お客様とのエンゲージメント（結びつきや絆づくり）を深めることです。

そのための第一歩として、スバルブランドや各車種に関する発言をツイッターの全量データからピックアップし、すべてのツイートを常時目視でチェックしています。ここからお客様の中にあるインサイト（潜在意識）を探り、戦略づくりや各施策に活かしています。

活用施策の一例として、私たちは、毎週、ツイッター全量データ分析の結果をレポートにして、ＳＮＳ推進室から社内の各部署や全国のディーラーに配布しています。

このレポートでは、定性的なデータ分析に基づいて抽出したお客様の「生の声」をそのまま届けています。ブランドに関する発言、プロモーションに関する反響、商品の利用シーンなど、いくつかのカテゴリーにまとめて見やすくする工夫をしています。

中でも、ブランドの評価やイメージに関する声は多く、それらの声から「お客様の中にあるブランドの今」を発見することができます。

また、これまで社員や販売店のスタッフがお客様視点での使用メリットとして気づきにくかった発言もピックアップするよう心がけています。たとえば商品の利用シーンでは、「スポーツカータイプなのに自転車が積める」「ゴルフバッグが4個も入る」など、販売店でのお客様とのコミュニケーションに活かしていただける発言をピックアップするようにしています。

さらに、ツイートにはポジティブな発言もあれば、ネガティブな発言もあります。ネガティブな発言は、炎上の火種にならないかどうか注意深くチェックし、素早く対応することが肝心です。この点においても常時分析し、レポート化することで、ネガティブ発言も含めコールセンターと情報共有したり、販売現場の営業支援になるよう心がけています。

ファンがファンを育てる

スバルは１９５０年代に富士重工業として誕生して以来、多くの人に愛され、成長してきたブランドです。なかには「スバリスト」と呼ばれる熱狂的なファンもいます。ツイッター上にも多くのスバルファンの声があふれており、時にはツイッターでネガティブな発言があると、その発言をスバルファンの方が是正してくれることもあります。それだけ、ブランドへの関わり方の濃いお客様がいて、関心を寄せたお客様を導いてくれることもあります。

私たちは、このようなお客様と直接コミュニケーションを図るために、ＳＮＳ推進室と連携し、スバルの公式ツイッターやフェイスブックを通じたお客様への情報発信も行っています。ＳＮＳを企業のプラットフォームとして活用する際には、ブランドのファンであるフォロワー同士がつながり、声を生みだし、新しいフォロワーを呼び込む、というファンがファンを育てる正のスパイラルが生まれるのが理想です。ツイッター上でのスバルファンの間には、このような正のスパイラルが自然に生まれているだけでなく、ＳＮＳアカウントを通じたお客様との直接的なやりとりを通じてこのスパイラルをさらに拡大することができています。

こうしたなかで、私たちが注目しているのがインフルエンサーの発言です。

インフルエンサーと一言でいっても、フォロワー数が多いという視点だけでなく、スバルブランドへの関与度（＝ラブ度）の視点でもチェックしています。どちらもスバルのファン層

図５－５　SUBARU SNS 推進室によるインフルエンサーの考え方

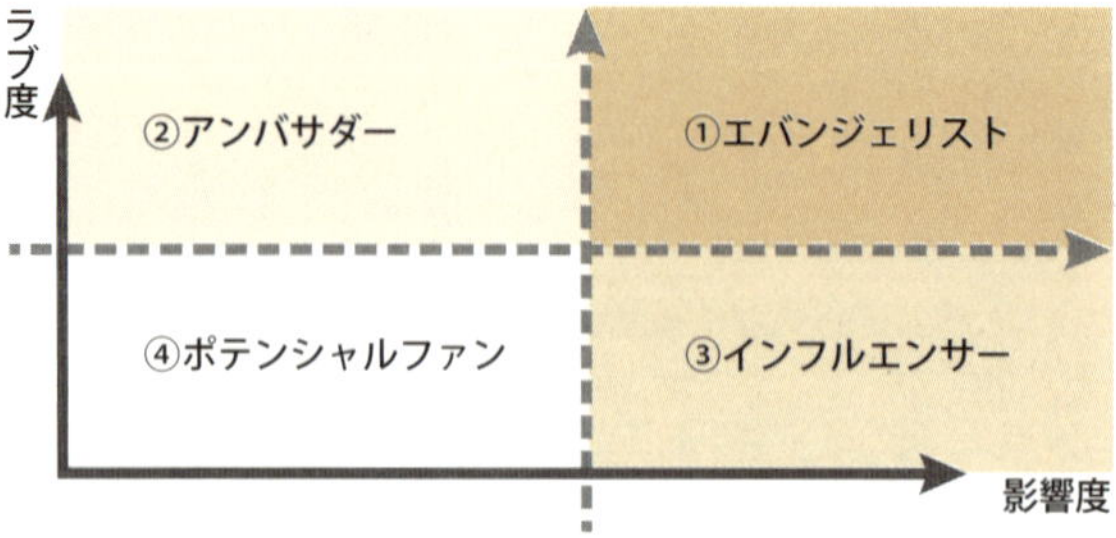

（ライト層）に影響力を持っている人たちなので、ＩＤリスト化して、スバルに関する発言をどのくらい行い、どのくらいＳＮＳアカウントに反応してくれているのかなどを見ています。

そのような影響力のある人の発言に誘われて、スバルに関心を抱く人もいるでしょうから、ファン層のすそ野を広げるためにも欠かせない存在です。

もちろん、スバルブランドへの好感度を上げていくために、アンバサダーやエバンジェリストの動向も常に気に留めています（図５－５）。

直近のテーマは、分析データ量が蓄積され、プロファイリングデータも揃ってきたところで、ブランドに対する好感度の高い人たちがソーシャル上でどのくらい増えたかを数値化し、見える化することです。

このように、スバルとの取り組みではＳＮＳ推進室を通して、ビックデータであるツイッターでのお客様の声をもとに、お客様を知り、公式ツイッターやフェイスブックなどのＳＮＳアカウントで直接的コミュニケーションを図る他、同じ趣味で集まるお客様同士がつながることができるコミュニティサイト「＃

スバコミ」の運営・連携も図っています。

スバルのように、経営の根幹と直結したマーケティング施策を行うことで、他部署とのスムーズな連携を図れたり、一貫したブランド戦略を保っていくことができます。

今後は、販売店を利用しているリアルのお客様と「＃スバコミ」のお客様、ツイッターやフェイスブックを利用しているお客様などのＩＤを同期化していく方向になるでしょう。いわゆるＤＭＰ（データ・マネジメント・プラットフォーム）として統合することです。

これによって、お客様とブランドとの絆をさらに深めていくことができるからです。

※本章の執筆にあたり、ソーシャル・インサイト・ラボの皆様のアイディアや助言が大変参考になりました。ここに謝意を表します。

（参考文献）

＊ http://imatsui.com/seasonal_topics/post_20/（２０１５年3月13日）

定石 6

インバウンド強化のためにコンテンツマーケティングから始める

企業が消費者に向けて一方的に情報（広告など）を流してきた状況が一変した現在、消費者から主体的に情報に接触してもらう手段を講じること（インバウンド）が必須です。その手法である「コンテンツマーケティング」を効果的に施すための極意を解説します。

インバウンド（人を呼び込む）時代

いま、消費者は自分の望まない情報を無視するだけでなく、拒否することもできます。Web上の広告はアドブロックで拒否できますし、メールマガジンは配信停止にできます。テレビCMは録画スキップで見ないどころか、インターネットで必要なニュースは得られるので、テレビという機械そのものが必要ないという人も出始めています。

このように、情報に対する環境が激変しているなか、新しいマーケティング手法として「インバウンド」という言葉が聞かれるようになりました。いままでのように、新商品や企業の情報を広告やメールで送りつけていたやり方（アウトバウンド）から、消費者の興味に合ったコンテンツを消費者が欲しいと思うタイミングで届け、消費者に情報を見つけてもらい、自然な形で企業や製品の顧客（ファン）になってもらおうという考え方のことです。

とはいえ、Ｗｅｂ上には情報が溢れかえり、Ｗｅｂニュースやキュレーションメディア（特定のテーマで編集・共有・公開するＷｅｂサイト）、動画サイトなど、消費者が見に行く場所は無限に増えています。さらに、複数のＳＮＳアカウントから友人たちのいまの様子が常に発信されています。

こうした気が遠くなるような情報量のなかでは、どのメディアを活用しようと、もはや、マス広告時代のように送り手が強制的に視聴させようという姿勢では通じなくなっているため、自社情報をなんとか消費者に自ら見つけてもらう手を考えなくてはなりません。

たとえば、検索したときすぐに見つかるようにしておくとか、ソーシャルメディアで出会えるように仕込んでいく方法もありますが、本当に知りたい人だけに知りたい情報を届ける、本当に見たい人だけに見たいコンテンツを届けるといったやり方が必要になっています。このための有用なマーケティングとして考え出されたのが、「コンテンツマーケティング」です。

コンテンツマーケティングとは何か

コンテンツマーケティングでいう「コンテンツ」とは、スポーツや音楽、映画などの商業コンテンツのことではありません。コンテンツは「相手にとって有益で説得力のある情報」と定義されます[*]。その形態には、ブログ、動画、アプリ、Ｗｅｂマガジン、ＳＮＳへの投稿コメントなど、デジタル上の制作物はもちろんのこと、イベントや書籍など非デジタルなものも含まれます。

このコンテンツを使って、「既存の顧客や潜在顧客に向けて、自分たちのビジネスにつながる行動を促すこと」が、コンテンツマーケティングです。

企業は、これまでメディアを通して消費者とつながってきましたが、これからは情報が掲出された場所がどこであっても、複数であっても、コンテンツそのもので顧客とつながります。つまり、メディア起点での顧客アプローチではなく、コンテンツを顧客と共有するデジタル時代ならではの新しいマーケティングコミュニケーションの方法なのです。

具体的には、自社のＷｅｂサイト（オウンドメディア）から、自らのマーケティング目的に合ったコンテンツを、自らの好きなタイミングで発信するのが基本となります。定期的に新しいコンテンツを発信し、いつも見てくれる読者を育成し、その読者がどんな情報を欲しているかに耳を傾け、ときにはユーザーを巻き込んで、彼らのアイディアを取り入れながら次のコンテンツを企画し、発信していく。そこでは、まるで雑誌の編集者のようにふるまうことが、マーケッターの仕事のひとつとなってきます。

しかも、自社のコンテンツをつくるだけではありません。オウンドメディアにアップするだけでは誰も見てくれないので、ＳＮＳの公式アカウントを活用したり、各種の広告枠を買ったり、インフルエンサーを活用したり、ＰＲの仕方を考えたり、コンテンツ配信の方法も考えなければなりません。

また、配信するだけでなく、そのコンテンツを探している人がきちんと見つけられるよう準備しておくことも重要です。たとえば、検索している人に見つけてもらうためにＳＥＯ（検索エンジン最適化）対策を行う、検索してきた人たちのニーズにきちんと応えられるランディングページを用意しておく（ＬＰＯ：ランディングページ最適化）といったことにも気を配る必要があります。

最近では、動画コンテンツの広がりもあって、主にＳＮＳ上でコンテンツを見るだけで完結してしまう傾向も出始めています。

このため多様なコンテンツを発信しながら、それら全体をオウンドメディアではなく、モニター上のダッシュボード（さまざまな情報ソースから複数の情報を集約して表示する機能）を使って管理する新しい方法も開発され始めています。

最も重要な「相手」視点

コンテンツとは「相手にとって有益で説得力のある情報」だと説明しましたが、このなかで最も重要なのは「相手にとって」というところです。

お客様主語、お客様視点、ユーザーセントリック、ユーザーファーストなど、いろいろなキーワードで語られますが、この重要性はコミュニケーションにとどまりません。商品、事業、組織構成、組織文化などに至るまで、マーケティングがデジタル化していくときには、大きな転換が必要になります。

なぜなら、お客様が欲しい情報は何か、お客様が価値あると思うポイントはどこか、お客様がその情報を喜んで受け取るタイミングはいつか、お客様は購入に至るまでにどのような行動をするのか――このように徹底的にお客様の視点になって考えることができてはじめて、相手に行動を促すコンテンツを作ることができるからです。

そうすれば、そのコンテンツに触れた人が情報をシェアして広げてくれる可能性が高まります。また、そういう商品やサービスに出会えたとき、人はそのブランドを心から「よい」と感じてくれます。こうして、文字通りのインバウンド（消費者が自らやってくる）になるのです。

かつてのように、モノが少なく、世の中で見たことも聞いたこともないイノベーティブなものを出しやすかった時代には、商品の新しい機能それ自体がコンテンツになり得ました。しかし、モノが溢れ、市場が成熟した現在では、マーケッターがそんなイノベーティブな商品を扱う機会はなかなか巡ってきません。商品の機能や特徴をどうやって受け取る人の「価値」にするか。マスメディア中心の時代のように最大公約数にとっての価値ではなく、一人ひとりにとっての価値にどう転換するかがポイントとなるのです。インバウンドになるかどうかは、送り手の伝え方、手腕に掛かっているといっても過言ではないのです。

お客様主語は、昔からあちこちで語られてきたので、目新しい視点ではありませんが、実際に、これを実施し続けることは、ほとんどの組織や個人にとって困難なことでしょう。

なぜなら、本来的な意味での「相手にとって」を実現するためには、コンテンツの企画のやり方を変えるだけでは足りません。チームを組んで相手のペルソナ（調査データからマーケティング的に導き出した顧客像）を想像したり、過去の行動データを洗い出してみるだけでも足りません。どこまで深く相手を想定できるか、その相手を動かすコンテンツを発信し続けられるかが、コンテンツマーケティングでは重要なポイントとなるからです。

活用できるマーケティング課題

では、コンテンツマーケティングは、実際にどのようなマーケティング課題のときに活用できるのでしょうか。大きくは、次の３つのフェーズが考えられます（図６－１）。

①ブランドを認知させ、新しい顧客を獲得したいとき
②接触した見込み客をブランドに惹きつけ、比較検討させ、商品購入に結びつけたいとき
③既に購入経験のある顧客にずっとブランドと付き合ってもらい、今後何度も購入して欲しいとき

まず、第１のフェーズは、一般に「見込み客の獲得」「新規顧客の獲得」「ブランドの認知」

図6－1　コンテンツマーケティングが活用できる3つの課題

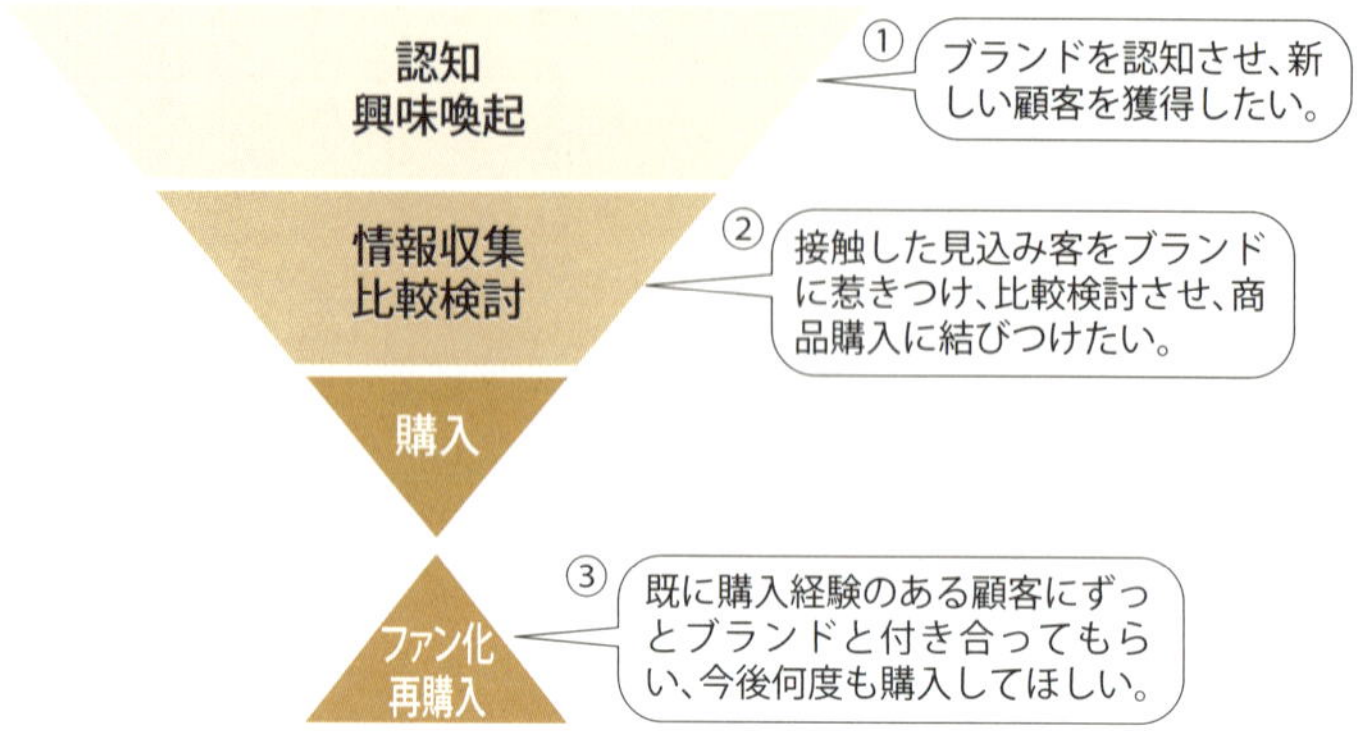

と言われます。企業がアピールしたい商品やサービス、ブランドについて、まだあまり知らない、興味のない人々に向けてアプローチするフェーズです。もともと、マス広告が得意としてきた領域に重なります。

ただし、マス広告と違ってデジタル上のコンテンツに強力なリーチ力（どれだけの人に見てもらえるか）は期待できないので、つくったコンテンツをどのようにしてデジタル上に拡散していくか、配信や拡散のプランニングが必要です。このとき、コンテンツに接触したユーザーにCookie《クッキー》を付けておけば（顧客を識別してデータを記録しておくこと）、その後、いつサイトを再訪したかなどの行動を追ったり、リマーケティング広告を仕掛けたりできます。

デジタル上の消費者はこれまでの消費者以上に移り気です。興味がなければ見ないだけでなく、たとえクリックしてそのページを訪れても、コンテンツが自分に関係ないと思った瞬間に他の場所に行ってしまいます。しかし、消費者への寄り添い方によって、彼らの関心事やベネフィットに注意を払いながら少しずつ商品への関心を喚起していくことはできます。そのために、コンテンツやコンテンツシナリオの企画が重要です。

第2のフェーズでは、一度接触した消費者（見込み客）に何度も来訪してもらい、彼らの比較検討をサポートしながら、最終的に商品の購入につなげていきます。ここでも、コンテンツマーケティングは役に立ちます。

特に、自動車、家電製品、パソコン、携帯電話などの検討期間の長い耐久消費財や、不動産や金融サービスなど、購入に際して相当の情報収集が必要な商品において、有効といわれています。もちろん、日用品や日常のサービスでも、消費者の生活行動のコンテクストを読み解き、そこから見込み客をブランドに惹きつけていくやり方は有効です。

とはいえ、Web内外に似たような情報があまたあるので、一方的に商品情報を提供するだけでは、なかなか見込み客に「有益」だと思ってもらうことはできません。Webデータから顧客の関心事を読み取ったり、その関心事が推し量れるようなデータをあらかじめ計測したり、顧客が比較検討時に欲しい情報を受け取る順序まで想定して、コンテンツを企画する必要があります。

第3フェーズでは、一度購入してくれた顧客に対し、そこで関係を終わりにするのではなく、定期的にコンテンツを発信することによって、その後もずっとブランドと接点を維持し、ファンになってもらったり、再購入を促したりすることを目指します。

このフェーズでは、しばしばCRM（顧客関係維持）やLTV（顧客生涯価値）といったキーワードとも関連づけられます。

一度購入してくれた顧客に他の商品を提案したり、時期を見て再購入を促すために定期的にメールで情報を送るなどして長くお付き合いする関係を築いていく方法は、ダイレクトマーケティングやEコマースでよく行われてきましたが、ブランドの育成でも考え方は同じです。そのために、このフェーズでは「ブランドのロイヤルティを向上させる」「ブランドのファンになってもらう」とか、「顧客との関係づくり」や「エンゲージメント」といった表現もよく使います。

ただし、CRM、LTVといったキーワードが使われていても、ブランド育成が目的の場合は、ゴール指標を売上げに直結させず、ブランドの好意度向上におくこともあります。ゴールの設定や手法においても、実現するソリューションをWebサイト内で完結させずにイベントを行ったり、マス広告に絡ませたりと、ダイレクトマーケティングやEコマースと異なることもあります。

コンテンツによる継続的なコンタクトでファンを育成する

最近のマーケティングの潮流として、新規顧客よりも既存顧客に目を向けるようになっています。その理由は、①顧客ニーズが多様化し、②国内マーケットが成熟して、新商品を出しても消費者の動きが鈍く、新しい顧客の開拓への労力が増え、③品質や機能が良いというだけでは商品がなかなか売れないからです。商品の価値に加えて、顧客へのサービスでも差別化が必要になっています。

もちろん、消費者側の行動変化も大きく影響しています。買い物をするときに、まず検索する人が多く、口コミを頼ったり、買ってから口コミを見て安心したりする傾向が強く見られます。その背景には、モバイルなどのデバイスの広がり、一人ひとりにアプローチしていくためのデータベースやシステムなどの進化に伴い、いわゆるＯｎｅ to Ｏｎｅのアプローチがしやすい ＩＣＴ環境になってきたことも要因として挙げられるでしょう。

既存顧客へのアプローチのほうが、新規顧客獲得より効率がいいと指摘されていることもあります。

しかし、実際に長期にわたって既存顧客を惹きつけ続けるようなコミュニケーション戦略は、話題性に注力するマスキャンペーンよりもはるかに複雑で困難です。まず、顧客が自ら関わりたいと思うインバウンドの環境をつくらなければなりません。つまり、顧客が自社のブランドをしばしば気にかけ、自ら情報をとりに来てくれ、時にはそれについて自発的にコメントし、さらには積極的にそのブランドの良さを発信してくれるようにしていく。こうして、顧客に自社ブランドのファンになってもらうことが、まさにインバウンドのコミュニケーションの究極的な姿なのです。

コンテンツマーケティングは、「エンゲージメント」すなわちファンをつくって育てていくことも得意です。良質なコンテンツをもって、継続的に顧客とコンタクトを取っていくことで、ブランドに顧客の自発的な行動を促す力が備わっていくのです。

顧客が自らアプローチしたくなる花王ブランドの育成法

コンテンツによってインバウンドを図ってきた事例として、花王の会員制コミュニティサイト（オウンドメディア）「Ｋａｏ ＰＬＡＺＡ（花王プラザ）」を紹介します。２０１３年10月にオープンし、花王の企業ロイヤルティの向上に活かされています。

Ｋａｏ ＰＬＡＺＡのコンセプトは「みんなの『くらしのいいね！』が集まる場所」です。楽しく暮らす、楽しく家事をするための知恵やヒントを企業と顧客が一緒になって出し合い、お互いの役に立っていくことを目指しています。現在の会員数は約80万人。会員制ですが、コンテンツの一部は会員にならなくても閲覧することができます。

企業ロイヤルティの向上を目的としているので、新規会員の獲得と同じくらい、あるいはそれ以上に、既存会員とのコミュニケーションに力を入れています。Ｋａｏ ＰＬＡＺＡに継続的に来訪しているうちに、花王という企業へのロイヤルティが高まることが分析から明らかになっており、この先もずっとＫａｏ ＰＬＡＺＡに来続けてもらうことを重要課題として取り組んでいます。

会員にとってＫａｏ ＰＬＡＺＡに来続ける理由は、自分の役に立つ、楽しい、新しい情報がいつもあることなどでしょう。そのために、Ｋａｏ ＰＬＡＺＡチームは、常に魅力的なコンテンツを発信し続けなければなりません。そこで、コンテンツの基本方針は「モノ軸よりコト軸」で会員を楽しませることとし、商品の機能や特徴を一方的に伝えるような広告的なアプローチはしないよう、心がけています。

ブランドを横断するようなテーマで、アクティブシニアや働く女性を応援したり、なかなか知る機会のないコーポレート活動やマス広告に馴染まない小規模ブランドを取り上げたりすることもあります。

コンテンツ企画には、花王ならではの専門家の知識や読み物の他に、会員にアンケートをとって記事にしたり、アイディアやエピソードを募集したり、会員を巻き込みながらつくるコンテンツも多くあります。また、さまざまな製品を知ってもらうために、たとえば、夏のお掃除、大人のお出かけなど、消費者が興味を持ちそうなテーマを軸に、さりげなく商品を紹介するコンテンツもあります。

制作チームは、ひとつひとつのコンテンツについて、アクセス数と同時に会員からのコメントも常にチェックして、会員がどんなコンテンツを欲しているかを考えます。人気の高かったコンテンツは、さまざまな角度から深掘り分析します。Ｋａｏ ＰＬＡＺＡのどんなコンテンツが会員にとって「質が高い」と評価されるのか、そのコンテンツに触れた後の行動はどう変わっているか、随時検証を行っています。

年1回のペースで、会員イベント「あぁ、くらしっていろいろあるけどいいもんだなぁ川柳」の募集、審査、発表も行っています。第1回目の2014年は応募数が1万784句でしたが、翌年に1万3157句、3年目には3万7824句と、応募数は年々増加しています。審査を通じて、応募された句にコメントするのも「花王と顧客の対話」であり、花王ブランドがどのように暮らしを見つめ、そこでの幸せをどう捉えているのか、ブランドの姿勢を顧客に伝える機会のひとつとしています。

この他に、プレゼントキャンペーン、モニターキャンペーン、メールマガジンでの定期的なアプローチなどを行っています。いずれの場合も、応募数や開封率を見るものの、「消費者自ら『関わりたい』と思ってくれているのかどうか」を最も重要な検証ポイントとしています。

ファンを育てるためのシステムづくり

コンテンツを適切な相手に、継続的に届けるためには、オフラインとオンラインの両方に「仕組み」が必要です。

オフラインの仕組みで、代表的なのが定例会議です。たくさんのコンテンツをいつ誰に向けて出していくか、コンテンツカレンダーやターゲットマトリクスで管理します。

一般的に、企画編集の定例会議は週1回から2週に1回程度で、企画がメインになりますが、実際には、文言などの細かい確認事項もここで一括して処理したほうが、出し戻しやメール等によるやりとりが少なくなり、効率的に運用できます。

コンテンツカレンダーは、パワーポイントなどでつくるケースもあれば、ホワイトボードに書き出すケースもあります。コンテンツの進捗や企業の売り上げなど、そのときどきの状況に合わせてフレキシブルに運用していくのに、ホワイトボードは意外と便利です。

通常の運用だけでなく、中長期の計画も同時に立てていく必要があるので、年に1～2回はチームでまとまった時間をとって合宿を行うことも大事です。

一方、オンラインの仕組みで必要なのが、コンテンツ制作をスピードアップして、日次や週次など頻度高くコンテンツ更新を可能にするコンテンツマネジメントシステムです。さらに、顧客のデータベース、メールマガジン、アンケートなど、相手によって情報を出し分けていくためのシステムも必要です。その他に、誰がどれくらいファンになってくれたか、ファンであり続けているかといった顧客のステータスを管理していくにも、人力だけでは賄いきれないので、システムの力を借りる必要があります。

コンテンツマーケティングの実施ステップ

最後に、インバウンド強化のためのコンテンツマーケティングを実施しようとしたときに、どこから手をつけたらいいか、まとめておきます。

①マーケティング課題を整理し、目的を決める
②ターゲットを決め、彼らのニーズを把握する
③コンテンツ発信の基本となるオウンドメディアの場所を決める
④オウンドメディアのコンセプトを決める（何のために、誰に、何を提供し、何を得てもらうか）
⑤オウンドメディアを設計する
⑥コンテンツを企画する
⑦目的に沿ってコンテンツの評価方法を決める（ＫＰＩ、ＰＤＣＡのプランなど）
⑧立ち上げ体制をつくる（体制、スケジュールなど）
⑨サイトを構築して、コンテンツの企画制作を実施する
⑩運用体制をつくる

すべてをフルにやろうとすると、相応な時間と労力を要します。しかし、多くの企業はすでに自社の情報発信サイトやＳＮＳの自社アカウントを持っているでしょう。まずは、そこを実験場にスモールスタートしてみるのも手です。サイトやデータベースの構築などに新たな投資をせず、限られた予算で始めることができます。

（参考文献）

＊ジョー・ピュリッジ著、電通ｉＰＲ局訳『エピック・コンテンツマーケティング：顧客を呼び込む最強コンテンツの教科書』（日本経済新聞出版社、２０１４）

定石7

データの分析と活用を効率的に行うためにDMP導入から始める

膨大なデジタルデータを自動で収集・分析し、広告を配信するといったDMPを活用すれば、マーケティングの成果や広告の効果を飛躍的に上げることができます。しかし、その可能性が広いだけに、目的やゴールをきちんと見極める必要があります。ここでは、さまざまな事例とともに、活用のポイントを紹介します。

DMPとは

ＤＭＰとは、データ・マネジメント・プラットフォームの略で、自社内のＷｅｂサイトのデータや顧客データにとどまらず、インターネット上のさまざまな外部データ（オーディエンスデータ）を含めて一元的に管理し、そのデータの分析を通じて、広告表現やサイトの使い勝手を改善したり、Ｅメールなどの施策を実施したりするのに適した環境に整備したコンピュータシステムのことです（図７－１）。

図7－1　データマネジメントプラットフォーム（DMP）

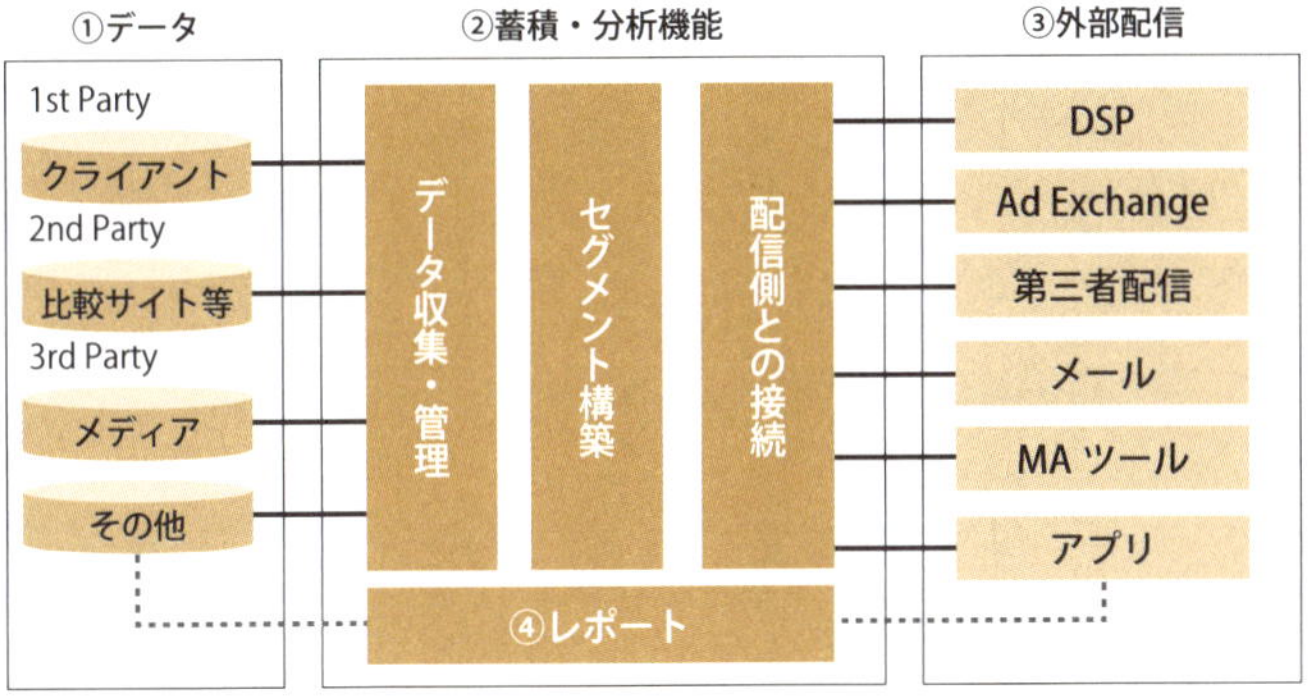

クライアントのサイト訪問・購買等のデータをユーザー単位で蓄積し、外部データ（オーディエンスデータ）と連携し、セグメント構築やコンテンツ、広告配信、Eメール等の施策に活用するプラットフォーム。

その主な機能は、以下の4つです。

①データの収集機能

まず、インターネット上のデータを収集します。インターネット上には、Webサイトのログ（送受信の記録）はもちろんのこと、それに紐づいた顧客アクティビティログ（行動の記録や履歴）、外部のリサーチパネルデータや提携パートナーサイトのログなど、さまざまなデータがあります。

昨今では、IoT（モノのインターネット）の潮流やセンサー技術の発展により、リアル店舗への来訪ログやオフラインでの商品購入データなどまで、収集可能なデータは飛躍的に増大しつつあります。

②データの蓄積、分析機能

次に、収集したデータを活用するために、セグメンテーション（分類）や傾向を分析します。

たとえば、サイト来訪者（ページ単位）を外部ビッグデータと照合することで、通常はわかり得ない属性や、リサーチパネルデータなどから得られたデータを掛けあわせ、サイコグラフィック（心理的属性）などを分析することもできます。それをターゲティング戦術に応じて、データをセグメント化し、施策実行機能に接続します。

③データ配信、施策実行機能

作成したセグメントを「ＤＳＰ（デマンドサイドプラットフォーム）」と呼ばれる広告配信機能に自動的に接続して、広告施策に活用したり、サイト内のコンテンツの出し分け機能や「Google アナリティクス」、「Adobe アナリティクス」のような外部の解析ツールと連携したりすることで、サイト改善などに役立てます。

④レポーティング機能

分析結果や広告配信結果を分かりやすい形でレポートします。

こうしたＤＭＰ型ソリューションは、いまのところ、国内や国外の10以上のベンダーやプラットフォーマーによって提供されています。外部データとの接続による広告施策の実行に強いもの、サイト内の解析や改善施策の実行に強いものなど、いろいろなタイプがあります。しかも、ＵＩ（ユーザーインターフェース）が整っていて簡単に覚えられるものから、ＳＱＬ（データベースから情報を得るために用いる言語）などの高度なデータ加工・集計技術やアドテクノロジー技術を熟知していないと使いこなせないものまで、さまざまです。

したがって、DMPの導入を検討する際には、「データ活用によって解決したい課題は何か？」をまず決定し、「それにはどんなデータやどんな施策が有効か？」といった仮説を持っておく必要があります。加えて、「そのDMPは関わるメンバーで使いこなせそうか？」も重要な視点です。

また、昨今のテクノロジーは本当に目まぐるしく進化しているので、自社開発が可能で、初期投資も軽度なDMPを一つに絞ってしまう必要はありません。いくつか試して、自社の課題を解決しやすいか、組織やチームにとって使いやすいか、といった観点から判断していくことをお勧めします。

導入の目的にもよりますが、半年くらいのスパンでいくつかの施策を実行しながら、DMPの良し悪しを判断してみてはいかがでしょう。

プライベートDMPとパブリックDMP

一般的に、DMPの考え方には2種類あります。「プライベートDMP」と「パブリックDMP」です。パブリックDMPは「オープンDMP」と呼ばれることもあります。それぞれに厳密な区分はありませんが、私たちは次のように考えています。

・プライベートDMP

プライベートDMPは、自社データを集約して蓄積・解析し、自社の顧客向けに用います。

具体的には、自社顧客にどういう性別や年代の人が多いのか、さらに生涯顧客価値（LTV）が高い顧客にはどういう特徴があるのか、などを分析することで、フォーカスすべきターゲット像を浮き彫りにすることができます。また、オウンドメディアの流入元を顧客セグメント別に可視化していくことで、広告・プロモーション施策の効果を判別できるようになります。さらに、さまざまなアクティビティログから、既存顧客や見込み客へ向けたサイト上での施策やEメール施策などを、プライベートDMPを通して実施することもできるようになります。

プライベートDMPを提供する国内の代表的なものは、ブレインパッド社の「アールトースター（Rtoaster）」やサイバーエージェント社の「ライトセグメント（Right Segment）」などを挙げることができます。一方、海外企業ではKrux社やTurn社のプライベートDMPが知られています。昨今では、MA（マーケティングオートメーション）やGoogleアナリティクスなどのログ解析ツールも、個々の機能に着目するとプライベートDMPと近しくなってきています。

・パブリックDMP

パブリックDMPは、さまざまな外部のサイトデータやインターネットと接続済みのリサーチパネルデータを蓄積し、それ自体を広告配信に利用したり、プライベートDMPや自社データと接続して、第三者視点のデータとして活用したり、新規の顧客獲得や広告の効率化に役立てます。

後述する電通および電通デジタルが提供する「dPublic（ディーパブリック）」、デジタル・

アドバタイジング・コンソーシアム（ＤＡＣ）社が提供する「Audience One（オーディエンスワン）」が代表格です。また、ヤフー社が提供する「Yahoo! DMP」も、ヤフー社が保持するビッグデータを活用した一つのパブリックＤＭＰと言ってよいでしょう。

海外企業のものでは、「Bluekai」や「Experian」など広告配信を目的とする「データセラーＤＭＰ」がパブリックＤＭＰに該当します。

DMPの可能性と機能拡張

ＤＭＰという言葉は２０１２年頃から聞かれるようになりました。実際にＤＭＰを導入する企業が急増し始めたのは２０１５年の後半頃からです。企業がいよいよ本格的にデジタルマーケティングやデータの活用に舵を切ったのが直接の原因ですが、背景には、広告テクノロジーの進化、サプライヤーの変化、さらに、ＤＭＰ自体の機能拡張が進んでいることが挙げられます。

まず、広告テクノロジーの進化とサプライヤー側の変化のひとつとして、動画やコンテンツの供給活発化とそれに伴う計測技術の進化があります。海外発、あるいは日本発で「Hulu《フールー》」や「Netflix《ネットフリックス》」、「TVer《ティーバー》」や「AbemaTV《アベマティーヴィー》」などの動画配信サービスが開始され、動画広告の供給が今後増えていくと考えられます。また、広告効果計測技術の進化によって、視認性やコンテンツ閲覧に関わる広告評価が可能になってきました。

最近では、「ビューアビリティ（表示された広告回数のうち実際にユーザーが閲覧できる状態にあった広告比率）」、コンテンツの「読了率（どこまで読まれたか）」や「閲読時間」などの指標も使われ、TV広告などと近い視点で計測できるようになっています。このため、視聴単価（広告1回当たり視聴コスト）を課金対象とした広告商品が開発されたり、参加できる広告主とメディアを限定して入札する「プライベート・マーケットプレイス（PMP）」という優良枠の価値を見直したりする動きも活発化しています。

さらに、DMPの機能拡張として、シングルソースデータや外部データとの連携が進んできています。マクロミル社やインテージ社などに代表されるシングルソースパネルを有するリサーチ各社が、積極的にDMPとの接続を図っています。また、カード利用データを保有するカルチュア・コンビニエンス・クラブ（CCC）社やクレディセゾン社などもDMP事業へ参入しています。リアルな購買での動きやターゲットインサイト（対象顧客の消費活動や意識構造から推し測る購買意欲やそのツボ）も含め、DMPの持つ全量的データがさらに拡充し、オンライン上のデータとオフラインのデータを掛け合わせて、顧客の行動や意識を分析できるようになりつつあります。

電通のDMP「dPublic」

私たちが活用しているDMPについて紹介しましょう。

図7－2　d Public とは

約4億Cookieのデータをベースに大規模リーチと高いターゲティング精度を可能にした電通DMP。TV実視聴者データ/オフライン行動データなど、データパートナーとの独自連携やリサーチデータとの連携による消費者インサイト分析とPDCA計測基盤。

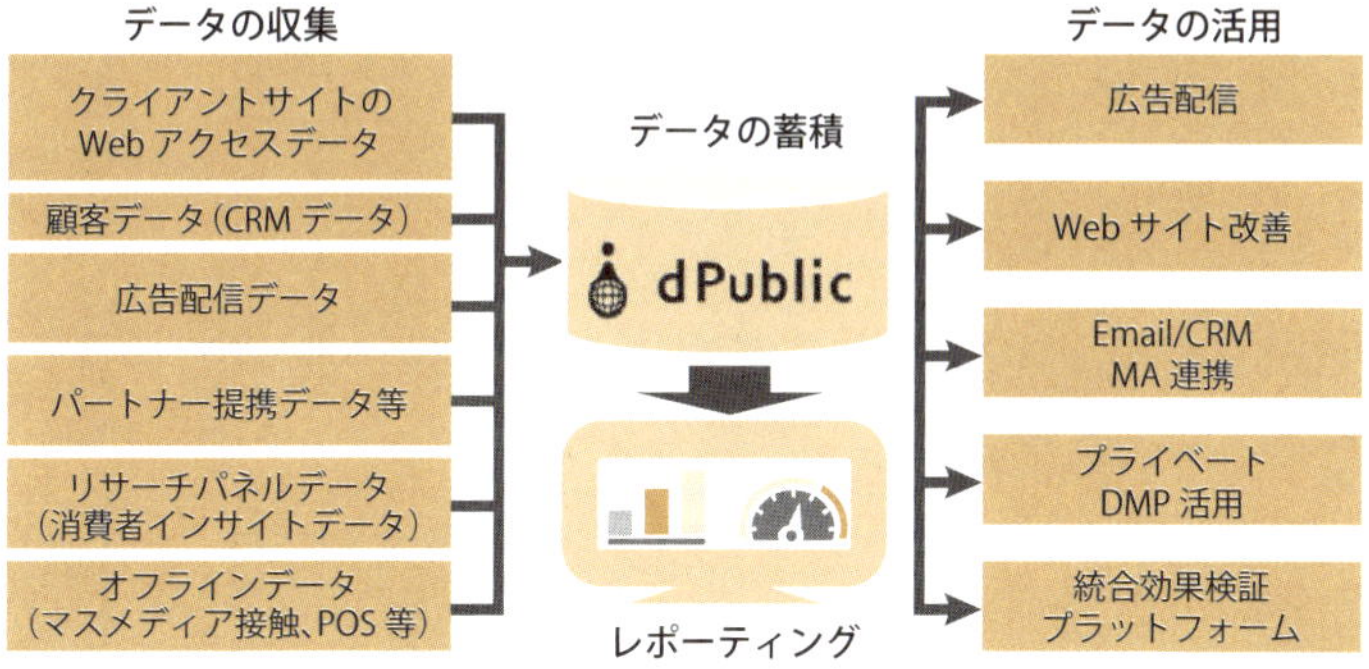

電通および電通デジタルが２０１６年８月に開始した電通ＤＭＰ「dPublic」です。日本最大手のＤＭＰ専業会社のインティメート・マージャー社と資本業務提携し、同社から技術提供を受けてリリースしました。

その名の通り、パブリックＤＭＰとしてのソリューションですが、プライベートＤＭＰとも連携可能です。自社データにパブリックＤＭＰを加えた場合、どのように活用できるかは後述しますが、「dPublic」の主な特長を図に示しました（図７－２）。

具体的に、どう活用すれば、どんなマーケティング課題に対応できるか。以下の３つの事例をもとに、ＤＭＰの導入意義を検討していきます。

コンテンツの多角的な評価とKPIの策定

A社は大手飲料メーカーで、コンテンツサイトの運用を自社で行っています。

具体的には、1週間に1度のペースで、さまざまな方向性のコンテンツを作成して発信していました。たとえば、企業として取り組んでいるスポーツ協賛の話題、商品の製造方法に関するウンチク、社屋の紹介、飲料イベントの紹介などです。こうしたテーマ選びやコンテンツ制作、チェックに費やす時間は膨大で、担当者に相当な負荷が掛かっていました。

課題は、毎回どういうテーマで発信していけば、どんな果実が得られ、それが自社にとってどんなメリットに結実していくのか、見えづらいことでした。

ログ解析ツールで、コンテンツのPV数（サイトのページ閲覧回数）や流入・流出データは見ているものの、アクセス数がさほど多くはなく、最低限の量的な指標でしかなかったので、ログ解析ツールの設計を変更し、DMPの「dPublic」も導入して、ログ解析ツールとDMPを総合的に解析しました。

解析する上で重視した視点は3つです。

①集客力：誘導広告のセグメント別クリック率、自然来訪数など

②コンテンツ興味喚起力：コンテンツ読了率、コンテンツ下部に設置されたSNS（フェイスブック「いいね！」ボタン等）でのアクション率など

③送客力：コンテンツサイトにリンクしている商品ページへの訪問率、コンテンツ閲覧者のサイト内での回遊性など

さらに、アンケートによるコンテンツ閲覧者の態度変容（行動を決定する心的状態の変化）や購入意向の変化、キャンペーン前後でのＴＶＣＭの影響度、売上げ推移分析など、インサイト評価やマスマーケティングと購買との相互作用についても分析しました。

これによって、具体的な示唆をいくつも得ることができましたが、なかでも特徴的な示唆は以下の３つでした。

1、コンテンツ内容そのものへの改善示唆

コンテンツによって「集客力」が高かったり、「送客力」に強かったりさまざまで、すべての指標に強い万能なコンテンツはありませんでした。したがって、コンテンツの目的を事前に設計して、前後のキャンペーンの中でコンテンツの立ち位置を明確にすべきという示唆が得られました。

たとえば、ＴＶＣＭを放映し始めた直後から数週間、コンテンツへの集客力は高まり、同時期に商品の売上げも上がることから、「ＴＶで認知→コンテンツで商品を理解→購買」というストーリーが有効だと分かります。

さらに、セグメントによっても、コンテンツの評価は顕著に変わります。「ターゲット×訴求方法」の組み合わせ戦術を改めて見直しました。

2、短期的KPIとPDCA指針への示唆

さまざまな指標を分析していくなかで、「コンテンツ読了率」と「購入意向」の相関が非常に高い傾向にあることが分かりました。

最終ゴールである「売上げ」と「購入意向」との間には一定以上の相関があることは分かっているので、「読了率」を一つの疑似的なKPI（定量的に業績を評価する指標）としても良いかもしれません。

読了率は翌日には分かる指標なので、その値の良し悪しを判断して、広告への誘導やコンテンツの並べ方などに反映させれば、コンテンツ改善スピードを向上させ、最終的に売上げを最大化させる可能性のあるPDCAを回すことができます。

3、マーケティング活動全体への派生効果

DMPを導入して、多角的評価やPDCAを実践していくと、社内のマーケティング活動をアクティブに変革させる作用があると実感しました。これは定量化しづらい効果ですが、非常に重要だと思います。

A社では、キャンペーン設計時にもさまざまな仮説を出し合って施策を決定しましたが、レポート報告時には宣伝部門や調査部門、システム部門から20人以上が集まって、討議しながらお客様の行動に関する知見を集約したり、新たな仮説を立てたりしました。こういう実直な活動により、お互いの業務や責任範囲を相互に理解しつつ、アクティブなマーケティング活動への変革を促すことができると思います。私たちも広告会社として、またデジタルマーケティン

グ施策担当として、想いを共にして改善に取り組みました。

この後、A社は、オウンドメディア全体の役割を見直すプロジェクトを始動させています。

店舗売上げや顧客データ解析を含む広告解析

家電の製造・販売を手掛けるB社は、TVを中心に広告を展開していました。一方、インターネット上では、EC売上げやWeb会員獲得の最大化を目的として、リスティング（検索連動型）広告や効率の良いDSPを多用しています。

結果として、マーケティング予算全体の施策とデジタル広告施策が共存できず、動画を活用したデジタル広告やコンバージョン効率の悪いスマホ広告はあまり利用していませんでした。しかし、消費者の動向を考えると、動画やスマホの活用は着手すべきテーマです。

改めて、さまざまなデジタル施策に着手しながら、DMP上で統合的に効果を計測することにしました。

すでに、プライベートDMPを構築して、一部の会員についてはリアル店舗での売上げデータも整備しています。これにより、ユーザーのサイト内行動を確認したり、Eメールへの反応を見たり、ECおよび店舗での売上げを過去に遡って把握していました。ここに、新たに導入した電通の「dPublic」を活用して、第三者配信トラッキングデータ（第三者を介して配信した広告の最終的な成果）を集約し、プライベートDMPと接続することで、広告の配信データから店舗の売上げまで、一気通貫で「アトリビューション分析」を実行しました。

アトリビューション分析では、CPA（顧客一人を獲得するのにかかるコスト）やCPC（クリック1回あたりにかかるコスト）など、最後にクリックした広告の直接的な効果だけでなく、広告の視認効果や自然来訪（記憶した広告を頼りに検索して来訪）などの間接的な効果まで、広告配信ログから探ります。これにより、普段は見えない広告の間接効果（貢献度合い）を見ることができます。

B社の場合は、広告の直接効果だけを判定するのに比べて、30％程度の間接効果があることが分かりました。

この間接効果の判定には、少し複雑なロジックを要します。たとえば、広告を見て商品を購入したお客様がいたとしても、そのお客様に向けて配信したすべての広告（履歴データ）が、何らかの間接効果につながったと判定してしまうと、広告を過大評価することになりかねません。特に、大規模なキャンペーンや広告予算になると、大量リーチによって何らかの広告を配信された人が必然的に多くなり、広告の間接効果が高くなりすぎてしまいます。このような過大評価をしないために、広告のビューアビリティを計測するなど、いくつかの処置を施すのです（ここでは、具体的な処置については割愛します）。

広告のアトリビューション効果を分析することによって、以下のように広告戦略と戦術の両面で示唆が得られました。

1、広告戦略への示唆

まず、動画広告や媒体トップ面に露出される純広告は間接ＣＰＡが低く、間接効果が高いことが分かりました。次に、高額商品の購入を促すための広告や新規会員を獲得するためのスマホ広告も、間接効果が高いことが分かりました。高額商品の購入では何回か来訪を繰り返したり、店舗でじっくり検討したりするからだと考えられます。また、新規会員はＰＣの方が登録しやすく、スマホ操作が煩わしいため、スマホ広告の直接効果が低く出るのだと考えられます。

このようにして得られた戦略的な示唆をまとめました。

・認知型広告（予算）と刈り取り型広告（予算）の配分比率を見直し、これまでより認知型への配分を増やす。

・刈り取り型の広告予算の投下タイミングをキャンペーンの中盤以降に配分することで、「認知→商品理解→刈り取り」の流れを明確化する。

・スマホ広告の目的は、認知や商品理解を主に置き、視認性が高い方法でリーチを広げる戦術を取る。

・新規会員の獲得コストとロイヤル会員へのクロスセル（関連商品との組合せ販売）促進コストは違うので、ＣＰＡ基準を変える。

・そもそもロイヤル会員へのクロスセル促進を広告でやるべきかどうか検討を要する。

多くは、広告実務担当者にとって「仮説通り」かもしれません。しかし、頭で分かっていても、普段は直接効果だけで戦略を決めているため、予算シフトに踏み切りにくいのが現実です。

担当者の強い意志で踏み切るために、その準備段階として、私たちから以下の4点を提案しました。

①テストマーケティングの実施

「A／Bテスト（試験的に用意した2パターンのWebページをユーザーに実際に使ってもらって比較する）」などのシンプルな方法もありますが、たとえば、広告実施エリアを区分した地理的なテストマーケティングも有効な手段の一つでしょう。

②間接CVを常に把握するような統合計測環境の構築

グーグル広告などの簡易的な手法でいいので、間接コンバージョン（CV）を把握できるようにしておきましょう。

③TVを含めて認知型広告施策を統合したメディアプランニング

電通では「クロスメディアプランナー」というプランニングツールで、TV広告と主要なデジタル広告を統合的にリーチし、広告認知、購入意向を実際の計測結果を元にシミュレーションすることができます。認知型広告は、TV広告の予算と絡めて考えていくことをお勧めします。

④新しい広告ソリューションをトライし続ける姿勢と予算確保

見た目には投下効率の良い刈り取り型広告だけの世界から脱却するには、新しいコトや技術にチャレンジする気概や予算を確保する仕組みをつくる必要があります。

2、広告戦術レベルでの示唆

広告接触データから深く解析していくことで、広告戦術に応用できます。いろいろな落とし込み方法がありますが、そのうち2つを実行に移しました。

①間接CVも加味した運用型広告のフリクエンシーキャップ

広告接触回数ごとに直接+間接CV数を追っていくと、さまざまな波形が得られます。

ある運用型広告では2つの特徴が見つかりました。ひとつは、全体として週に8回以上接触するとCV数が著しく減少してしまうことです。もうひとつは、既存顧客の購入率のピークが2~3回の接触時で、新規顧客の購入率ピークが4~6回の接触時であったことです。よって、1人当たりの広告接触回数の上限を設定する「フリクエンシーキャップ」を活用し、商品やターゲティング広告特性に応じてフリクエンシーキャップを切り分ける運用に変更しました。

②既存顧客に向けた店舗への直接誘導訴求バナーの展開

間接効果を加味すると、バナー広告の約30%は店舗の売上げに貢献しており、既存顧客や高額商品になるほど、その傾向は顕著でした。既存顧客には習慣的に店舗で購入している人もいるので、既存顧客へのリターゲティングでは「×月×日に、全国のxxで新商品入荷予定」といった来店誘導型の訴求を加えることにしました。ただし、KPIの考え方が変わるので、間接効果の計測を引き続き行う必要があります。

顧客インサイトから導き出したターゲット拡張

化粧品メーカーのC社が行ったリサーチパネルデータとDMPを接続して「オーディエンスターゲティング」を拡張した事例を紹介します。シンプルですが、化粧品に限らず、ラグジュアリーなブランドや嗜好性の高い商品には有効な広告手法です。

C社では、ある商品のターゲットを「上品でエレガントなDINKs《ディンクス》のOLで、肉食系男子が好きで、オンオフの切り替えが上手で……」というような女性像を描いていました。

もちろん、一般的なターゲティング広告にそういう項目はありません。しかし、パネルリサーチでターゲットをあぶり出して、その調査データを「dPublic」に接続すれば、リサーチ上でのターゲットを特定できます。さらに、そのターゲットに近いオーディエンスをDMP上で特定し、広告配信をしました。

当初は、一般的なデモグラフィックターゲティング（年齢、性別、職業など統計的データに基づきターゲットする広告）と比べて、ターゲット含有率を2〜3倍と想定しましたが、CTR（クリック率）などの直接効果は1・4倍にとどまりました。一方、CPCは一般広告に比べ1・2倍のコストがかかりました。

広告認知効果や態度変容効果を含め、継続して検証する必要はありますが、シンプルな広告効率という点では向上したと言えます。

第1章
第2章
定石1
定石2
定石3
定石4
定石5
定石6
定石7
定石8
定石9
定石10
第3章

図7－3　プライベートDMP導入時のコンサルティングプロセス

プロジェクト推進・構造化	データガバナンス	DMP導入	データプランニング	実施・PDCA
目的・導入KPI確認	必要アカウント受理・NDA締結	DMP評価・選択	カスタマージャーニー仮説	計測・配信オペレーション設計
スコープ／トールゲート策定	データ洗い出し	各種ベンダー・媒体交渉／確認	セグメント設計	データ分析設計
KGI・KPI策定	コンプライアンスチェック	計測環境設計	シナリオ策定	PDCAスケジュール策定
各種会議体運営	オプトアウト導線設計	タグマネジメント	クリエーティブ制作	ダッシュボード開発
ステークホルダーヒアリング	データモデル設計	システムアーキテクチャ変更		

※NDA＝秘密保持契約

このような手法は、今後、人工知能（AI）や前述の店舗購買データ、シングルソースパネルデータなど、データやテクノロジーの進化によって、飛躍的に精度が高くなるだろうと見られています。

プライベートDMP導入時の留意点とDMPの今後のチャレンジ

DMPを導入する際のプロセスとして、図7－3に、比較的大規模にデータ統合を図るケースを挙げました。大規模というのは、たとえば、グループ各社や自社内に複数の顧客向けサービスが立ち上がっていて、それぞれの顧客データも含めて統合化を図っていくような場合を指しています。

一つのサービスのみでトライアル的にプライベートDMPを導入するなら、図表中央の「DMP導入」から始め、徐々に複数のDMPを導入して、実際に比較検討してから選択するのもよいと思います。

ただし、無目的にＤＭＰを導入するのは避けるべきでしょう。やはり、①ＤＭＰを導入する目的は何か、②何を達成すればＤＭＰ導入を成功とするか、③最初に着手したいことは何か、の3点はあらかじめ決めておくべきです。

プライベートＤＭＰは、いわば「データを入れるただの箱」ですから、活用可能性が広い反面、狙いどころを定めないと成果も出にくくなります。一つひとつ丁寧に整備し、ＰＤＣＡを積み重ねていくのがよいでしょう。

最後に、これからのＤＭＰが向かう方向性やチャレンジについて、2つの視点から指摘しておきます。

1、デバイスを超えた全量データ計測へ

現状のＤＭＰはブラウザ固有のCookie《クッキー》技術を核としているため、ブラウザではないスマホアプリなどのインターネットデバイスの計測は困難です。つまり、クロスデバイスでの計測が難しいということです。また、ネットサービス会社、あるいは携帯電話会社など、プラットフォーム同士の相互データ計測も、まだまだ困難です。

一方で、ＩoＴデバイスが増えてくることで計測範囲は飛躍的に広がり、データ量も爆発的に増加していくことでしょう。ＰＣやスマホ、ウェアラブルなどのデバイスやＯＳ種別が複数にまたがるデータ計測をどのように収集、解析していくか。そういったデータ発生、収集、加工といった技量がますます重要になります。

2、企業内データガバナンスの本格整備

大企業になればなるほど、複合的な事業やサービスでデータをバラバラに保持することが多く、消費者へのパーミッション（アクセス権）やオプトアウト（登録や履歴などの情報を抹消する）問題も含め、データを一意に統合するためのプライバシーポリシーをどう策定していくかという課題があります。マーケティング部門とＩＴ部門、あるいは最高マーケティング責任者（ＣＭＯ）と最高情報責任者（ＣＩＯ）の推進力の強い連携や統合的なミッションが今後必要になることでしょう。

消費者や顧客体験価値の視点から、自社のサービスや商品をマーケティングやデータの力でより良いものにしていくために、大きなビジョンを共有し、小さな成功を積み重ねる努力をし続けるのがプロフェッショナルです。今後、広告と販促の連携が進むとともに、ＡＩやＩｏＴ、ウェアラブルなどの新しいＩＴ技術の発展によるＤＭＰを根幹としたデータ活用がますます進んでいくでしょう。消費者がワクワクするようなサービスを自らの知恵と努力で生み出していくことが求められているのです。

（参考文献）
・横山隆治、菅原健一、草野隆史『ＤＭＰ入門：顧客を知るためのデータマネジメントプラットフォーム』（インプレスジャパン、２０１４）

・菅原健一、有園雄一、岡田吉弘、杉原剛『ザ・アドテクノロジー：データマーケティングの基礎からアトリビューションの概念まで』（翔泳社、２０１４）
・横山隆治、菅原健一、楳田良輝『ＤＳＰ／ＲＴＢオーディエンスターゲティング入門』（インプレスＲ＆Ｄ、２０１２）
・「ＤＭＰの仕組みと特徴」デジタルマーケティングラボ（http://dmlab.jp/adtech/dmp.html）
・「いまさら聞けない『ＤＭＰとは？』～基礎知識編～」Ｂ to Ｂマーケティングイノベーション（https://www.innovation.co.jp/b2blog/dmp/）
・「プライベートＤＭＰとオープンＤＭＰの違い」Turn-JP（http://turn-jp.com/blog/data-management-platform.html）
・「ＤＭＰって何なの？気になる基礎知識とこれからの活用法を解説」Ferret（https://ferret-plus.com/756）
・「ＤＭＰとオーディエンスデータ一覧」MarkeZine（https://markezine.jp/article/corner/503）

定石 8

営業効率向上のためにマーケティングオートメーション導入から始める

営業の現場での効率を上げるために、マーケティング部門はさまざまなサポートをしていますが、目に見えて営業の成果が上がるという施策は少ないようです。ここでは「マーケティングオートメーション（MA）」を導入して、実際に営業成果を上げる方法を具体的な留意点を含めて、解説します。

マーケティングオートメーション（MA）とは

多くの企業では、マーケティング活動の実行部門として、マーケティング部門と営業部門という組織が存在します。マーケティング部門ではマーケティング活動を行う際の意思決定を行い、営業部門では実際の販売活動を行う、というように一つの製品のマーケティング活動をとっても、それぞれの部門間で活動領域が分断されています。

さらに、自動車会社などでは、ものを作るメーカーと、実際にクルマの販売を行う販売会社、というように会社組織自体がまたがり、その活動領域の分断の溝が深くなっているケースもあります。

マーケティング部門は、直接顧客と向き合うビジネスシーンには介在せず、顧客への営業活動は営業部門や販売会社といった営業の現場の属人的な技能に依存していることが大半でした。それが新規顧客へのアプローチであっても、既存顧客への再購入促進であっても、現場の営業マンの商談創出力に依存しており、現場に大きな負荷がかかっていました。

しかし、デジタルデバイスの進化、デジタル上の情報量の増加といった「デジタル化の発展」によって、マーケティング部門も直接顧客と向き合えるようになりました。自社のＷｅｂサイトというコンタクトポイントを通じて、販売の現場と同様、顧客の閲覧行動から検討度を見極めたり、どのようなニーズがあるのかを捉えることが可能となったのです。

デジタル上の接点を活用し、さらにデジタルマーケティングの手法を取り入れれば、マーケティング部門も見込み客の検討度を高め、機の熟したお客様リストを営業や販売会社などの現場に渡すことで、商談機会創出の一翼を担えるようになります。

このプロセスをシステム化したものが「マーケティングオートメーション」です。文字通り、企業のマーケティング活動としてマンパワーで実施してきた業務を自動化し、効率を高める仕組みです。一般に、英語の「Marketing Automation」を略して「ＭＡ《エムエー》」と呼ぶこともあります。そのプロセスをまとめると図８‐１のようになります。

ＭＡを実現するのが「ＭＡツール」です。ターゲット顧客の属性情報やCookieでの閲覧情

図８−１　マーケティングオートメーションのプロセス

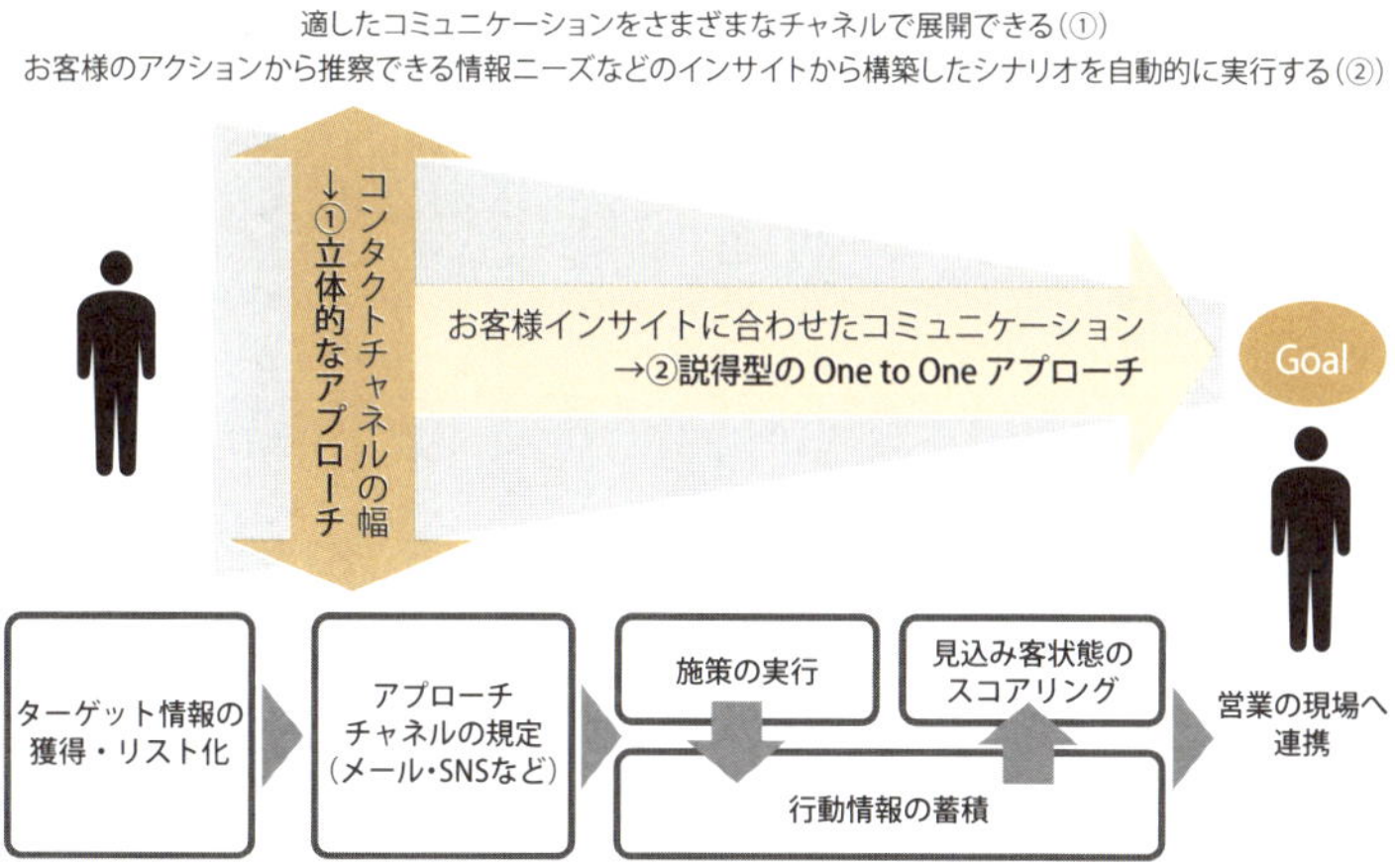

報をもとに、反応やアクションに応じたアプローチシナリオを組み立て、メールやＷｅｂサイト、ＳＮＳなどのさまざまなデジタルチャネルでのコミュニケーションを自動的に実行させます。また、ターゲット顧客の反応の履歴を「コンタクト履歴」としてデータベースに蓄積していきます。

このＭＡツールを活用することによって、マーケティング部門は商談機会を創出する以外にも、お客様ニーズを事前に把握して営業の現場での商談の効率化、さらには売上げアップへの貢献などの機能を担うことができます。

なぜＭＡが必要なのか

いま、企業のＷｅｂサイトをハブとして、ＭＡの取り組みが重要視されています。

その背景には、以下のような課題があります。

①顧客へのコンタクトが難しくなっている

インターネットの普及により、だれでも情報収集が簡単に行えるようになり、消費者の購買プロセスは変化しました。購入前に企業のＷｅｂサイトを見るのはもちろんのこと、比較サイトやＳＮＳなどでも情報収集するのは当たり前の行動となっています。

インターネットの普及以前には、最初に検討が始まった段階で店舗に足を運んだり、営業担当者から商品やサービスの情報収集をする必要がありました。しかし、インターネットで容易に情報を得ることができるようになったことで、担当者にコンタクトを取らずともＷｅｂサイト上である程度購入商品やサービスの選別が行えるため、実際に営業担当との接点が減少してきているのです。

たとえば、電通で行った自動車の購入プロセスの調査では、新規顧客の約6割が来店前にＷｅｂサイトを閲覧しているという結果が出ています。

一方で、インターネットの普及以前は、車のデザインや価格などを確認しに何度も販売店を訪れるのが一般的でしたが、現在では、購入前の平均来店回数は2回未満というデータもあります。

これは、デジタル上での情報収集によって意思決定が促進され、来店する頃には、顧客はもう「実物を確かめるだけ」という状態にあることを意味しています。デジタル上で得た情報が意思決定を左右し、営業活動を開始する前に勝負がついてしまっていることも少なくありません。つまり、営業担当に代わってＷｅｂサイトでお客様を待ち構える必要があるのです。

②意思決定が対面していないところで行われている

しかし、単にＷｅｂサイトを用意しておくだけでは、見込み客の心をつかむことはできません。デジタル上には競合他社や比較サイト、ＳＮＳの発言など、実に多くの情報であふれており、それらの情報によっておおよその意思決定がなされているのです。

お客様が真剣に検討しはじめたとき、この商品とあの商品で悩んでいるとき、などの「タイミング」を察知して、情報を届けることが重要です。自社のＷｅｂサイトで、お客様のニーズを満たすコンテンツを用意するだけではなく、そのタイミングにも気を配り、リアルタイムでコミュニケーションをとり、より接点を強化しなければならなくなっているのです。

ＭＡツールを導入すれば、お客様の興味や検討段階に応じて、本当に必要としている情報を的確なタイミングで届けることができ、お客様の真のニーズに応えていく用意が整うのです。

③営業の現場におけるお客様の情報武装

前述のように、マーケティング部門と営業部門の活動領域が分断されている場合は、お客様リストの管理は、マーケティング部門ではなく、営業部門や販売店が行っています。

しかし、お客様が事前にさまざまな情報をＷｅｂサイトから得て、情報武装した現在では、すでに検討が進んでしまったお客様一人ひとりに対応するためのマーケティング施策が求められます。そうなると、営業の現場だけでなく、マーケティング部門と販売の現場が一丸となってお客様のニーズに応えていくことが必要です。

ＭＡツールがあれば、マーケティング部門は自社のＷｅｂサイトやコンテンツの閲覧行動データを管理し、そこからお客様の検討度や関心事項などを把握しておくことができます。一方で、営業部門や販売店では、このような来店前のお客様の情報を活用して、お客様ニーズにあった的確な接客を行うことが可能となります。お客様がすでにどんな情報を把握していて、次に何を知りたいのか事前に分かっていれば、短い時間でも的を射た提案ができ、商談や営業の効率を上げることができるというわけです。

そのためにも、デジタル化の進化したマーケティングにおいては、Ｗｅｂや店舗などのクロスチャネルを統一的にマネージメントできるスキームを構築することが重要なのです。

ＭＡツール導入の準備

では、ＭＡツールを導入するにあたり、どのような準備が必要となるのか、ここでは、以下の３つのステップを紹介します。

〔ＳＴＥＰ１〕自社のＷｅｂサイトで見込み客の行動を捉える準備をする

会員登録などで個人が特定できない場合でも、Cookieベースで一人のお客様を識別し、見込み客の行動をリアルタイムに把握します。そのために、ＭＡツールのタグを自社のＷｅｂサイトの必要なページに埋め込み、お客様の閲覧ログを蓄積できるようにします。

〈STEP2〉行動からニーズを推察し、自動で一人ひとりにマーケティング施策を実行する

見込み客の行動に応じて、次に必要とするであろう情報を届けるなど、お客様インサイトに基づくシナリオを設計し、ツールでの実行設定を行います。行動をきっかけとして、適切なタイミングで適切な情報にリーチさせる、まるで店頭で営業マンがお客様と商談をしているような接客を実現します。

〈STEP3〉営業への情報連携

一定の基準を設けた「スコアリング判定」などで、見込み度が上がったと考えられるお客様情報を、それまでの行動データなどからどのような商談が有益なのかという示唆も含めて営業の現場に引き渡し、成約へとつなぎます。このとき、必要になるのは一元管理された見込み客データベースと、そこにつながる営業支援システム（SFA：セールスフォースオートメーション）です。

このようにMAツールを導入し活用するのとMAツールを導入していないのでは、その対応に大きな差が生まれます（図8‐2）。

たとえば、お客様が数回にわたってWebサイトを訪問していたとしても、MAツールが導入されていなければ、次のステップに進むかどうかはお客様の自発的な行動に委ねるだけで、完全な「お客様まかせ」です。しかし、MAツールを導入しておけば、それまでの行動履歴やメールなどへの反応から、提供したい情報へのアクセスを促進したり、キャンペーン告知を強

図8－2　MAツール導入の有無による違い

		MAツールの導入あり	MAツールの導入なし
獲得	来訪回数などによる広告の出し分け	○ （DSP連携で可能）	○ 他のタグでもDSP連携で可能
見込み客育成	管理画面での見込み度の判定スコアリング	○	－
見込み客育成	行動をトリガーにしたメールの配信	○	－
	行動をトリガーにしたサイト内レコメンデーション	○	レコメンデーションツールが別途必要
営業連携	見込み度に応じた店頭への顧客情報トス	○ （SFAと連携で可能）	手動連携
	個人情報登録前のWeb行動を保持した顧客情報の管理	○	－

化して店頭へ誘《いざな》ったりするなど、次のステップに誘導することができるのです。

MAツール導入準備時の留意点

　MAツールの導入が営業効率の向上へつながるというポテンシャルは見えてきました。しかしながら、MAツールの導入準備段階において認識しておかなければならないのは、「すべてが自動化されるわけではない」ということです。

　MAツールは自社の見込み客に対するマーケティング施策を自動的に実行してくれるものですが、ただツールを導入すればいいわけではありません。導入前の準備が非常に重要です。

　どのようなケースでどのような施策を実行するか、あらかじめ「マーケティングシナリオ」をプランニングして、ツールに設定する必要があります。そのためには、まず顧客インサイトが非常に重要です。加えて、現状の業務からの課題を洗い出し、どのような作業の効率が悪いのか、それはどのように自動化させられるのかなどの設計も必要となってきます。

さらには、そのシナリオがきちんと機能しているか、策定した実行シナリオの成否をチェックしながら、仮説に対するトライ&エラーなどを通じて絶えずチューニングし続けるPDCA作業を行うことも必要です。

MAツールで自動化されるのは、あくまで「実行」の部分のみなのです。

実行シナリオの策定にあたっては、MAツールを使うマーケティング部門と直接お客様と接する営業部門との間での課題の共有が必要です。業務の課題を共有し、ターゲット顧客などについて共通の認識を持っておくのです。さらに、社内システムも共有化します。見込み客リストをデータベース化し、その上でチャネルを横断して営業の効率化に取り組むために営業システムとも連携します。

加えて、組織設計として、MAツールによって得られた情報（新たに有望客に育った見込み客など）を営業へ連携する役割を担う専任部署や、担当者などの人的リソースの確保や配置を検討することも必要になってきます。

では、具体的に、どんな課題に役立ち、どのように解決できるのか、導入事例を挙げて見ていきましょう。いずれも大企業の事例となりますが、どのような課題からMAの導入に踏み切り、どのように導入を推進したのか、その最初の一歩は、企業規模やB to B、B to Cにかかわらず、どんな企業にも当てはまることと思います。

複数部門を横断する見込み客育成へ（大手システムインテグレーター）

A社はBtoBの大手システムインテグレーション（SI）企業です。

さまざまな業種に対して、20を優に超える多彩なソリューション製品を提供しています。それぞれのソリューション製品別にマーケティング部門とプリセールス（営業サポート）が存在し、また営業部門のライン別にも独自のマーケティング施策を行っており、同じ社内のマーケティング部門であっても、顧客情報の重複管理や知見の散在、マーケティング施策の重複などの課題が顕在化し、大きな機会ロスを招いていました。

A社のマーケティングスキーム上の課題をまとめると、以下のようになります。

〈課題①〉顧客管理が一元化されておらず、顧客管理は営業部門中心。また顧客アプローチも営業部門のマンパワー頼み。

〈課題②〉案件化に有効なプロモーションやコンテンツが見極められない

〈課題③〉製品別にラインがあるものの新規顧客開拓から営業の現場への連携が弱い

これらの課題を解決しながら、MAツールの導入成果の指標をどのように設定すればよいのでしょうか。

私たちは、A社に対して、「マーケティング部門が獲得した見込み客リスト（リード情報）

から有望なお客様を発掘し、営業の売上げに貢献すること」を指標に設定し、マーケティング部門にＭＡツールを導入するサポートを行いました。

まず、これまでの製品別のマーケティング部門を横断する「事務局」として機能する中立的なマーケティング部門を配置して、分断されたリストや成果を束ねて管理することにしました。

ツール導入により期待される効果は以下の３つです。

〈効果①〉営業のマンパワー頼みをＭＡツールで自動実行し効率化を実現

セミナー参加後○日後のアプローチなど、従来営業担当者のマンパワーで行っていた業務をＭＡで実行します。

その際に営業が直接持参していたパンフレットなどをベースに、あらかじめ必要と思われるコンテンツを用意して、お客様の検討確度を上げ、それぞれのお客様の反応に合わせ、契約の意思決定を促すなどのシナリオを実行します。

〈効果②〉案件化に有効な王道を見つけるための顧客の反応の可視化

一つのツールで管理することで、マーケティング部門でも、営業現場での商談内容などを把握できるようにします。シナリオ実行の結果、そのお客様が検討状況にあるのかどうか、メール開封やクリックなどから明らかにし、アプローチやコンテンツが有効だったのか見極めます。

〔効果③〕マーケティング部門による確度の高いリストの見極め

顧客の行動などにあらかじめスコアリングをし、見込み判定を行う基準を設けておくことで、営業やプリセールスに、アタックリスト（アプローチすべき顧客のリスト）として引き渡すタイミングを明確にします。

MAツール試行までのタスク

MAの試行にあたっては、以下の4つのタスクをクリアする必要がありました。今回はいきなり全社で本格導入するのではなく、導入判断を行うための「試行」段階として、社内でも協力的な8つの製品ラインが参加しました。

タスク1・顧客リスト（リード情報）の統合・格納

マーケティング部門内で分断されてきた顧客リスト（リード情報）の統合です。現状は、製品ライン別に取得している顧客の情報項目はバラバラで、顧客管理システムも複数にまたがりますが、MAの中ではメールアドレスを軸に一人のお客様として顧客情報を登録する必要があります。必要な情報項目に整え、さらに重複する顧客の名寄せを行います。名寄せの際に、顧客企業の名刺情報が異なった場合、どちらを正とするか、最小限必要な項目はなにかを討議し、アプローチ対象とする顧客リストを作成して、MAの顧客DBに格納しました（図8－3）。

図8－3　顧客テーブル表（例）

	フィールド表示名	データ型
属性情報	コンタクトID	数値
	メールアドレス	テキスト
	メールオプトアウト	チェックボックス
	氏名	テキスト
	個人住所	テキスト
	年収	数値
	会社	テキスト
	会社住所	テキスト
	会社規模	数値
	営業担当者	数値
	当初源泉・リードソース	テキスト
	最新ソース	テキスト
行動情報	初回アプローチ日	数値
	リードスコアリング	テキスト
	リードスコアリング	テキスト

タスク２・業務プロセスの可視化

ここでは、各製品別にマーケティング部門の業務内容を徹底的にヒアリングして、「リードマネジメントファネル」を完成させました（図８－４）。

ヒアリングから作成されたリードマネジメントファネルによって、リードの獲得から育成、営業部門への見込み客リストの引き渡しまで、どのようなアプローチが存在し、その際の歩留まりがどの程度なのか、可視化することができました。

このヒアリングシートでは、歩留まり率以外に、定性的な情報として各ファネルの段階で感じられている課題も記載してもらい、各製品別のマーケティング部門が解決したい課題を机上に広げました。すると、扱う製品は違っても似た課題を持っており、取り組まねばならないことや、期待事項が

図8－4　現状把握シート（ヒアリングシート）の抜粋

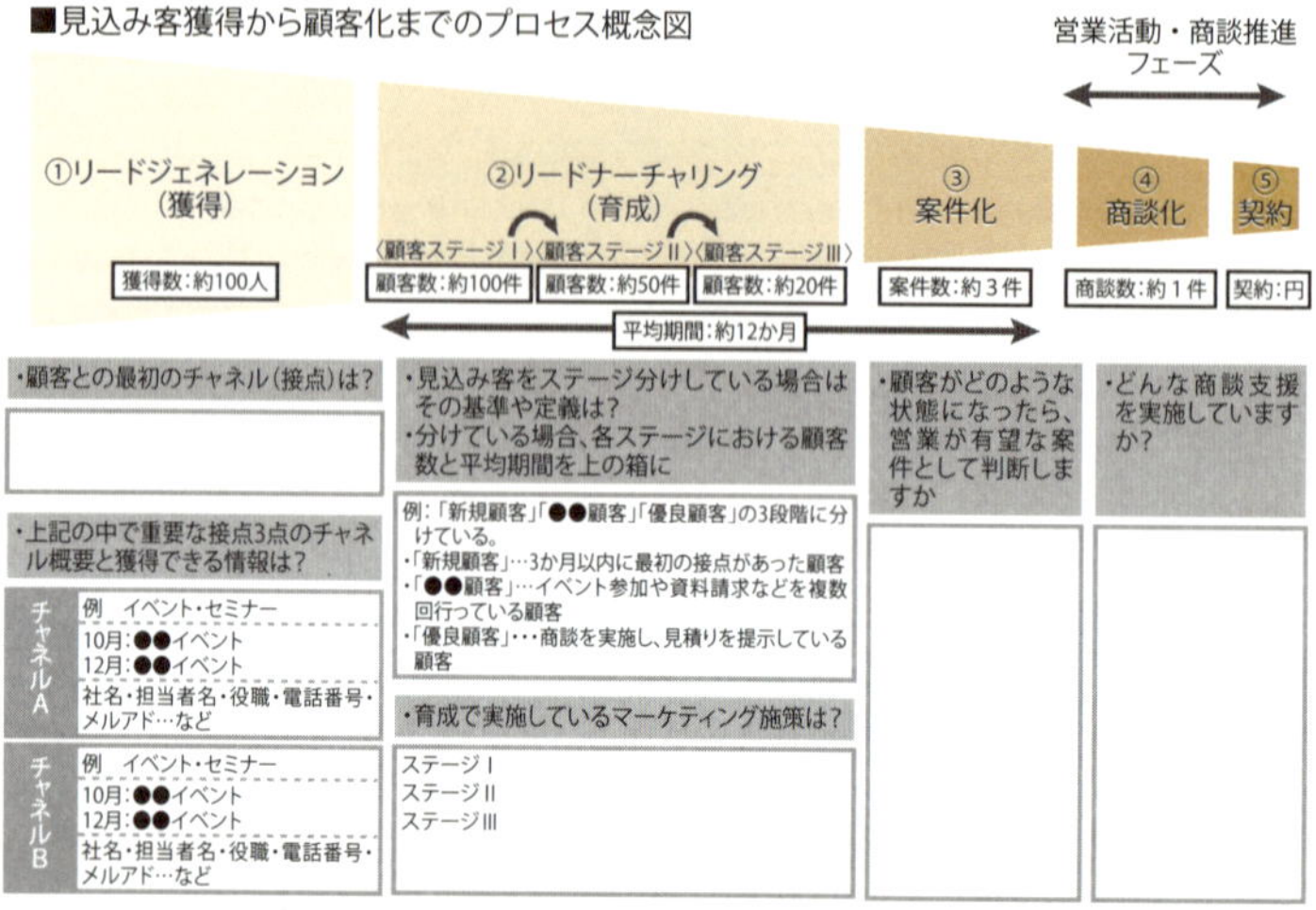

共通していることが見えてきます。

さらにこのファネル分析から「簡易ジャーニーマップ」をつくり、見込み客と既存のコンタクトチャネルのどのポイントで、どんなコミュニケーションがとれているのか、一覧できるようにしました。そのなかで、断絶しているポイントを明らかにし、どんなOne to One施策があれば解決できるかといった視点から、「As Is（現状）」と「To Be（あるべき姿）」の共通認識をすり合わせました（図8－5）。

これによって、お客様が購入に至るまでの一連の意思決定プロセスにおいて、いままで見過ごしてきた機会損失、見込み確度の高まりが察知できるポテンシャルを可視化した後に、はじめてデジタル施策で穴埋めすべきこと、さらにお客様のフェーズを発展させるのに必要なことが議論できます。

図8－5　簡易ジャーニーマップ

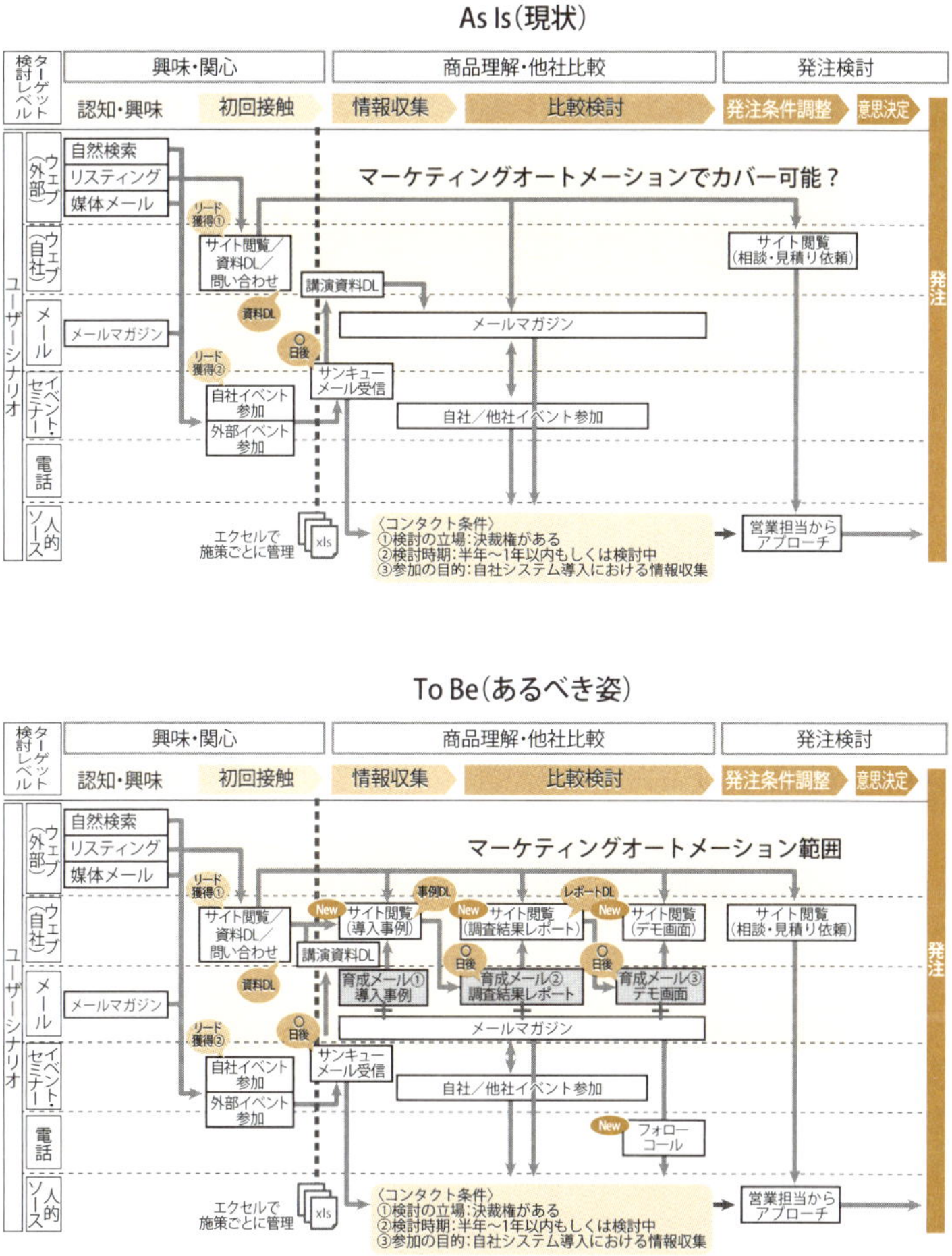

特に、今回の場合は、この育成のフェーズでＷｅｂサイトにコンテンツが不足していることが明らかとなり、当該コンテンツを新たに制作するのと同時に、ターゲット顧客へのメール配信によってコンテンツへのアクセスを喚起しました。さらに、その反応からシナリオを分岐させ、見込み確度が高いと判定できるお客様には、先のアクションに導く情報への接触を促進するシナリオを実行し、商談機会の創出へつなげていく全体シナリオを構築しました。

このプロセスを経ると、いままで見えていなかった営業やプリセールスと連携すべきタイミングなども見えてきます。マーケティング部門と営業部門のあるべき形として、ＭＡと基幹システム、営業支援システムの連携スキームの構築を検討しました。

タスク３・見込み客のスコアリング

マーケティング部門が主催するセミナーで取得した名刺をきっかけに、営業を掛けるということは、これまでよく行われてきたことです。しかし、いざ営業が顧客訪問をしてみると空振りに終わることも多く、マーケティング部門が売上げに貢献することが難しい状況でした。それは、取得した名刺のお客様が、見込み客なのか単なる冷やかしなのか、判別がつかなかったからです。

これが、ＭＡの導入によって、マーケティング部門が接触後すぐに発信するメールへの反応やコンテンツ閲覧状況などからお客様の関心度を見極め、それを数値で可視化することができるようになります。

図8－6　スコアリング

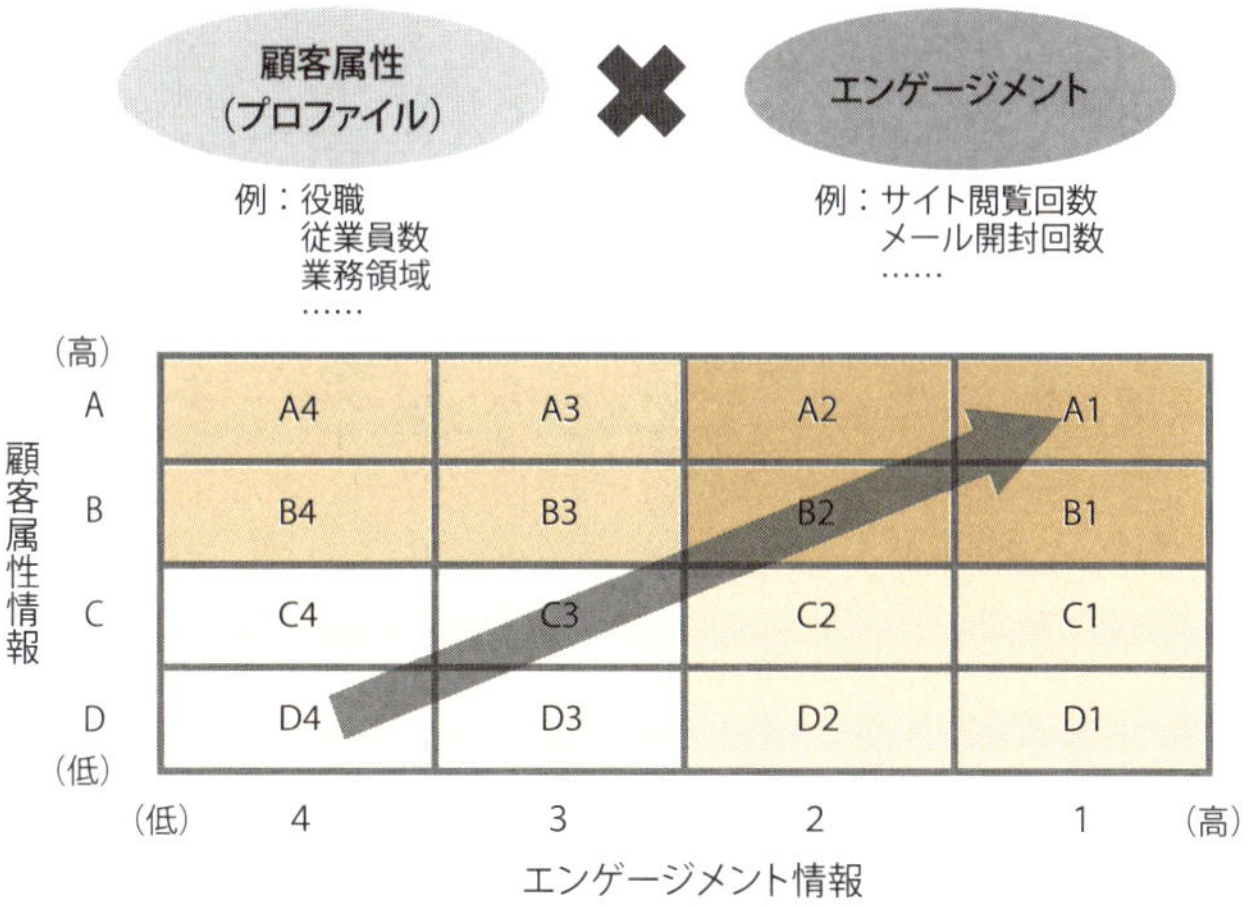

この数値こそが、見込み客の見込み度合いを表すもので「スコアリング」と言います。スコアリングによる判定をベースに、営業へ見込み客リストを渡すタイミングや、必要なアクションを変えることができます（図8－6）。

また、スコアリングには、デジタル上での行動だけでなく、肩書や役職などの「属性データ」、アンケートで取得した「導入予定時期」や「予算」などから読み取れる「本気度」なども加味していきます。こうして、マーケティング部門の営業への貢献精度を上げることができるのです。

スコアリングの設定は、最初に仮で設定しておき、成果を見ながらチューニングしていくことが得策と考えます。また、スコアリングは時系列で管理されているため、突然に行動が活発になって購入確度が急上昇したお客様、役職が上がって決定権限がもてるようになったお客様などを管理することができます。また、こうした変化のタイミングを察知したアプローチも可能になってきます。

タスク4・MAでのシナリオ実行

最後は、MAへのシナリオの設定と実行です。自社のWebサイトにMAのタグを埋め込んで、潜在見込み客を顕在見込み客に育成するコミュニケーションシナリオを実行します。

お客様の行動を把握しながらコンテンツの出し分けやスコアリングを行い、営業の現場と顧客情報を連携して、営業効率を高めます。お客様の行動の違いによって分岐するシナリオを設計したり、離脱したお客様を再び検討モードに誘うためのキャンペーンを仕掛けるなど、当初に狙った通り、既存の顧客リストからの新たな商談機会を発掘するのに貢献できるシナリオを設定・実行しました（図8－7）。

このケースのように、マーケティング部門内に複数の製品別ラインが存在する大手企業にMAを導入する場合には、部門間での閲覧権限などの調整を中立的に行ったり、見込み客リストの名寄せを行う「事務局」となる部門を設けたりすることが必須であることがわかりました。

この中立部門があってはじめて、統一された顧客リストに対する施策の反応や成果が管理できるようになります。そして、施策のベンチマークができることで、次のアクションを示唆するなどの「マーケティングROI（アクションの効果を客観的に把握する指標）」の管理も可

図８－７　MA実行シナリオ

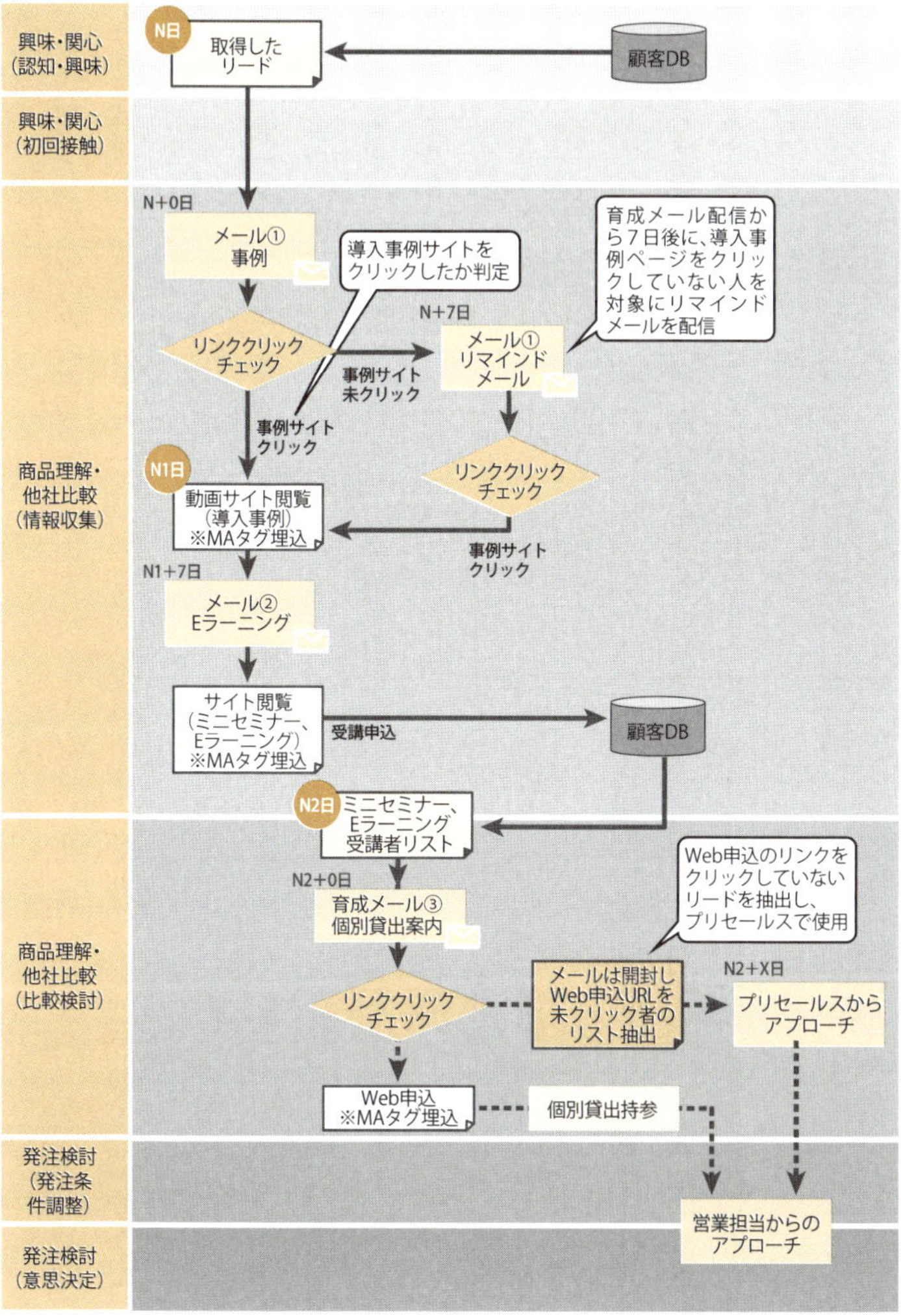

能になります。

ＭＡを活用した業務改善の実施にあたっては、いきなり全社で導入するのではなく、試験的に小さくても成果を実感できる施策を積み重ね、ＭＡツールを利用した業務の定着を着実にすすめていくことを推奨します。

お客様視点でのコンテンツを配信（自動車メーカー）

Ｂ社は自動車メーカーです。メルマガ会員を数多く抱え、お客様へのメール配信やＬＩＮＥでのニュース配信も頻度高く行っています。

しかし、「お客様をつなぎとめているものの、果たして、自動車の販売や店頭送客に貢献できているのだろうか」という悩みも抱えていました。自動車に限らず、耐久消費財メーカーのマーケティング部門に共通して聞かれる悩みです。

メールマーケティングで、お客様に店頭まで足を運んで購入していただき、売上げに貢献するには、単に新車などのニュースを配信するだけでなく、お客様の検討ステータスや嗜好性を把握しながらアプローチすることが課題となるため、ＭＡツールの導入によるお客様育成が期待されます。

私たちは、Ｂ社の本社マーケティング部門の「お客様ナーチャリングサポート」として作業をお手伝いしながら、以下のようなＭＡツール導入による効果を狙うこととしました。

〈効果①〉MA施策の反応から購入検討期にあるお客様を見つける
〈効果②〉お客様の関心に合わせて店頭へ足を運ぶ動機を作っていく

この事例では、マーケティング部門による見込み客を育成するための施策が中心となり、販売店にお客様リストをトスするなどの連携作業がない分、MAツールの導入による営業の現場（販売店）での業務に大きな変化はありません。しかし、育成した見込み客の周辺情報を販売店にトスすることで、商談の効率アップを狙いました。

営業の現場の業務オペレーションが変更されることはなくても、マーケティング部門の取り組みを販売店へ告知することは重要です。販売会社に、マーケティング部門が見込み客を育成して商談の機会を発掘し、販売店での営業活動に役立てようとしていることを理解してもらえれば、その想いに応えて成約を決めようと思うでしょう。このような相互理解が、成果を生む土台となるのです。

B社へのMAツール導入にあたってのタスクは次の通りです。

タスク1・ナーチャリングメールの役割の規定とお客様の仮説の設定

通常、一律配信のメールマガジンでは、メルマガ会員の誰もが関心を示すような新車の発売情報や、多くの人に利益をもたらすキャンペーンやイベント情報などを中心コンテンツとして配信しています。

しかし、B社が導入したMAで配信していくメールは、ナーチャリング（顧客育成）という役割を担い、お客様の購入の意思決定に向けて納得感を与える情報提供ツールと位置づけし直しました。したがって、新車の発売からのお客様の検討プロセスに沿って、あるべきコミュニケーションをプランニングしました。

まず、新車の発売告知メールを配信した後に、車種の詳細ページにまで来訪したかを測定します。次に、この行動をトリガーとして、サイト内の閲覧行動からお客様の関心領域を予め仮説設定し、その仮説に沿って、お客様の関心領域別に納得されるコンテンツを制作していきます。このように、お客様の反応に合わせてコンテンツを出し分けることで、それぞれの関心に合わせ、購入検討に向けたコミュニケーションを展開していくことが可能となります。

また、MAツールは、広告配信ツールにも接続が可能です。当該新車以外のページ閲覧から、お客様が検討している車種をセグメントして推察し、DSP（デマンドサイドプラットフォーム）との連携で、興味車種のバナー広告などを行えば、効率のよいターゲットアプローチで再来訪を促進することもできます。

タスク2・お客様の行動情報を販売店へつなげる

前述のようなシナリオが稼働している裏側で、お客様の行動ログが、MAツールのなかに蓄積されていきます。これを販売会社のお客様管理システムと連携することで、お客様が来店した際に、そのお客様がどのようなことに今まで関心を持ってきたのか、どのような車種を見て、どんなポイントを気に入っていそうなのか、検討度合いはどのくらいか、などが推察できます。

もし、新規のお客様であったとしても、いままで会話のとっかかりの少なかった営業の現場で、営業担当者が、お客様のこうした情報を活用できるようになることで、商談の効率はアップします。また、既存顧客であっても、いままで、車検や法定点検などの「クルマ」軸での接点しかなかったお客様の、水面下で発生しているかもしれないニーズを察知することができるようになります。

実際、Webサイト上の行動ログを営業活動に活用して商談を成約に導いた例もみられます。とはいえ、店頭での接客時のコミュニケーションとして、このような行動ログ情報をどう使い、どのように切り出せばいいかは、非常にセンシティブな問題です。お客様に不信感を抱かせる可能性もあるため、高度なコミュニケーションテクニックと、組織内の活用ルールの制定が必要となります。

したがって、このようなケースにおいては、情報の活用指針を明文化すると同時に、現場での浸透を目指し、マーケティング部門と販売会社が一体となって取り組んでいく必要があります。

MAツールを導入することで、見込み客を選別してアプローチし、その顧客リストや情報を営業の現場に引き渡すまでの実行プロセスを自動化することができます。

事例からは、MA導入によって、企業のマーケティング部門も営業効率の向上や売上げに貢献できることを見てきました。また、MAツールを稼働させることがゴールではなく、導入効果の最大化に向けて、営業現場との連携が重要なこともご理解いただけたと思います。

また、顧客データが分散しないよう、顧客データ管理部署や部門間の連携を促進する組織設計など、人と人とのアナログな関係性の強化も求められます。

導入後においては、先に示した「リードマネジメントファネル」の現状の数値などから、どこでKPIやKGIを評価するかを事前に検討し、導入効果を評価しながら修正点を洗い出していく必要があります。また、効果的な運用を継続するためには、そのノウハウと人的リソースの確保も必要です。

デジタル上で蓄積されたデータを組織間で連携しながら、これらのデータを活用した業務の定着が、これからのデジタルマーケティングで求められています。

〈参考文献〉

・電通イーマーケティングワン『マーケティングオートメーション入門』（日経BP社、2015）

定石 9

顧客との良好な関係を構築するために顧客ＩＤ統合から始める

お客様と信頼関係を構築して継続していくことはマーケティングの重要な目的です。特に現在は、お客様との接点が多様化しているので、どのような接点でも一貫した対応が求められます。オフラインを含めて「顧客ＩＤ」を統合するための手法を紹介します。お客様により良い体験を提供していきましょう。

デジタル時代のＣＲＭ

ＣＲＭとは何でしょうか？

「Customer《カスタマー》 Relationship《リレーションシップ》 Management《マネジメント》（顧客関係維持）」の略語ですが、マーケティング手法のひとつとして捉えてみると、「顧客」は自社の商品を購入するお客様であり、「関係性を維持すること」とは商談やアフターサービス、再購入の促進などを通して、お客様との良好な関係を築き、売上げの向上につなげていくということです。

企業が取り組むＣＲＭの第一歩は、「顧客とは誰か」をきちんと理解することです。まずは、どのような属性のお客様が、どのような行動を経て商品を購入したのかを把握することで、自社のカスタマージャーニー（顧客が商品を認知し購入に至るまでのプロセス）を正しく捉える必要があります。これにより、アプローチの無駄打ちを減らし、届けたい対象にだけ適切なメッセージを伝えることができるのです。

顧客像を正しく捉えられれば、「自社の商品を買いそうな顧客」に絞ったアプローチを設計することができます。また、顧客像を理解すれば、一度購入したお客様を離さず、ファン化することで競合他社への離脱を防ぎ、ＬＴＶ（ライフ・タイム・ヴァリュー：顧客の生涯価値）を上げることも可能です。これらを実現するのが、「顧客との関係性を維持する」ＣＲＭなのです。

つまり、ＣＲＭとは、顧客の属性や行動を分析して最適なアプローチを考え、中長期的なお客様との関係性を重要視すること。この意味で、お客様と中長期的に関係を築く必要があるような、お客様のライフスタイルに密接に関わる商品のマーケティングにおいて、ＣＲＭはとりわけ有効です。

たとえば、自動車、金融・保険、不動産、通信など。これらの分野では、以前からアナログ的な手法（ＤＭや対面セールスなど）でＣＲＭが行われてきました。しかし、前述の通り、昨今はデジタル化によって膨大な量の顧客に対してもＣＲＭが行いやすくなってきています。さらに今後は、顧客単価の高い商材以外でも、デジタル化されたＣＲＭが有効な手段になっていくと考えられます。

このデジタル化されたCRMを実現するための大前提となるのが、ブランドとの最初の接触から比較検討や購買行動、購入後の顧客としての行動までを一貫した「顧客ID統合」です。

マーケティング部署と営業部署との顧客データ統合

企業にとって「売り上げを拡大する」というのは大きな共通のミッションであることは間違いありません。ただし、そのアプローチについては、部署によって異なるのではないでしょうか。「良いモノを作る」のがミッションの場合もあれば、「できる限り低いコストで素材を調達する」のがミッションの場合もあるでしょう。

同じ〝顧客情報〟を扱う部署である「マーケティング部署」と「営業部署」においても、その目的は微妙に異なります。企業によってその棲み分けは異なると思いますが、マーケティング部署においては、「潜在顧客を見つけ出し、販売現場に送客すること」が大きなミッションとなる一方、営業現場においては、店頭（もしくは商談の場）にやってきた見込み客にいかに「買ってもらうか」がミッションになります。両者は、大きく関係していますが、ミッションが異なるが故に、顧客データの扱いも異なります。

一昔前であれば、マーケティング部署では、不特定多数のターゲットに対して、自社の商品の魅力を伝え、そのコミュニケーションに接触した（と想定される）ターゲットが店頭にやってきて、営業担当が営業アプローチをし、個別に「お客様リスト」として管理する、ということが行われていました。しかし、顧客との接点のデジタル化が進み、その行動についても精緻に追跡ができるようになった現在、マーケティング部署が持っている情報と営業部署が持っている情報を統合できれば、双方の効率は飛躍的に上がることが期待できます。

オンラインのアプローチが増えた現在、マーケティング部署は、詳細な顧客データを活用し、より精緻にターゲティングされた対象にアプローチすることに血道をあげているでしょう。一方、営業部署も過去の経験等を踏まえ、顧客の属性情報によって異なる商談を行ったり、独自のアタックリストを作ってタイミングを見計らってアプローチしたり、ということをデジタルで管理するツールを導入し、これまで以上に行っているのではないでしょうか。

もし、この2部署のデータが連携されれば、ユーザーとのコミュニケーションはどのように変化するでしょうか。

ボルボ・カー・ジャパンでは、以前はオンラインで見積り依頼や試乗希望をされたお客様のデータは、ディーラーに随時送客していましたが、キャンペーンへの応募データ等は一括で共有しているだけでした。しかし、昨今のキャンペーンにおいては、キャンペーン応募時にユーザーの詳細なデータを取得し、さらにそのデータをスコアリングした上で、購入意向が高いと想定されるユーザーだけを、詳細な情報とともに販売店と共有しています。

これにより、営業部署はそのユーザーがどのようなメディアでブランドと接触し、どのようなキャンペーンに応募し、現有車はどこのブランドのもので、興味のある車種はどのモデルか、次の車検はいつ頃であり、新車の購入をいつ頃検討しているのか、職業、趣味、家族構成、という情報を商談前に知ることができるのです。これが商談に対して優位に働くことは想像に難くありません。営業担当者は、あらかじめ興味のある車種の試乗車を用意したり、保有している車との違いを説明したり、お子様向けのグッズを用意したりすることができるのです。

また、マーケティング部署にとっても、データを連携することで、実際の商談結果を遅滞なく知ることができ、正しいターゲットにアプローチできていたのか、送客したユーザーの判別が正しかったのか、今後はどのような属性のユーザーに注力すれば良いのか、精緻にPDCAを回すことが可能となります。

そして何よりも、オンライン・オフラインを問わず、自分の嗜好に合わせておもてなしされたユーザーの顧客体験は質の高いものになります。

「販売まで」と「販売後」の統合

新規の顧客獲得に対し、主に見込み客の獲得に注力するマーケティング部署と、販売へのコンバージョンを担う営業部署のデータ連携が有効なことは分かりました。では、ユーザーが商品を購入したら、それでID統合は終わりにして良いでしょうか。答えはNOです。

商品を購入したユーザー（既存顧客）は、次も同ブランドの商品を買い続けてもらいたい重要なターゲットであり、また商品のレビューを書いたり、知人に勧めたりする可能性のある大事な「ブランド・アンバサダー」でもあります。既に商品を購入しているのに、情報連携ができていないために、いつまでも「見込み客」として扱っていたら、ブランドとしてのアプローチはチグハグなものになってしまいます。マーケティング部署からは「見込み客」対象のメールマガジンが送られ、営業部門からは顧客向けのアフターサービスの案内が送られる、などは論外です。

また、主にマーケティング部署が管理していると思われるオウンドメディア上の既存顧客の行動データも、非常に重要な情報となります。たとえば、ある既存顧客が自社Ｗｅｂサイト内のネガティブな内容のＦＡＱをじっくり読んでいたら、何か不満な要素があるのかもしれません。逆に、自社フェイスブックページに「いいね！」をしたり、メールマガジンを毎回開封していたり、オーナーＷｅｂサイトにアクセスしている、などのデータがあれば、この既存顧客は自社商品やサービスに満足しているとも想定できます。

このように「購入後」もデータをひとつのＩＤで管理することは、非常に重要です。この既存顧客が、商品を購入する前の最初の接触からひとつのＩＤで管理されていれば、どのような経緯でブランドと接触し、どのようなプロセスを経て購買に至ったお客様の満足度が高いのか／低いのかを分析することができるので、今後の見込み客獲得のアプローチに生かすことができます。満足度が高く、再購買率が高い既存顧客と同様の属性・傾向のあるユーザーを、逆に見込み客としてターゲッティングし、アプローチすれば、セールスへのコンバージョン率をあげることもできるでしょう。

「オンライン」と「オフライン」の統合

主に集客を扱うマーケティング部署と販売活動を行う営業部門、そして　アフターセールスを行う部門とのＩＤ統合が有効であることは分かったと思います。

では、顧客となりうるユーザーのデータはこれで十分でしょうか。確かに、「見込み客」段階のユーザー、さらに「商談中」のユーザー、そして「既存顧客」となったユーザーの情報が統合されていれば、カスタマージャーニー上のほぼ全範囲を網羅できると言っても過言ではありません。しかし、ユーザーは必ずしもこちらが顧客を特定できることを前提に接触してくる訳ではありません。

特に企業のマーケティング活動において課題となるのが「オンライン行動」と「オフライン行動」の統合です。オンラインであれば比較的容易にユーザーを管理することができます。まだ顧客情報を取得していない段階においても、デバイスやブラウザのＩＰアドレスやCookie《クッキー》情報により、ある程度の〝名寄せ〟は可能です。また、Ｗｅｂサイトへの流入経路や、キャンペーン応募などで取得する顧客情報との連携、その後のサイト内回遊データやリクエスト状況、自社メルマガの開封状況など、多岐にわたるデータを統一管理することもデジタルで容易に実現できます。

しかしながら、このユーザーが、ある日ふらっと店頭に現れた時はどうでしょうか。おそら

図9－1　CRMのデジタライゼーションによる最適化

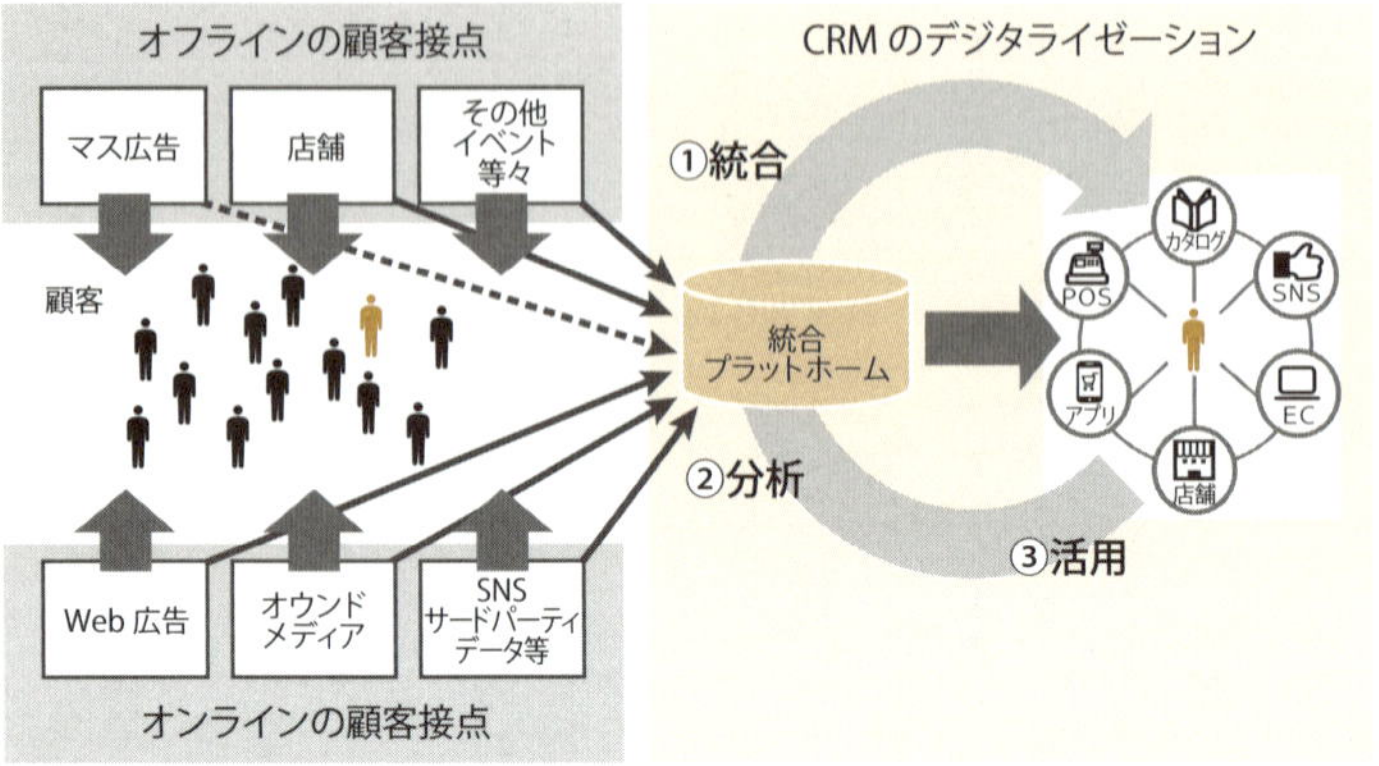

く、店頭では「新規のお客様」として扱うことが多いのではないでしょうか。ユーザーとしては同じ一人の顧客でありながら、オンラインとオフラインで全く別の人物として捉えられてしまうことはままあることです。これは、デジタル管理が容易なオンライン行動に比べて、オフラインの行動がデジタル管理しにくいところに起因します。

しかし、これが統合できれば、オンラインでどのような行動をしたユーザーが、どのようなタイミングで来店し、店頭でのトライアルやイベント参加などのオフライン行動をするのか、といった分析が可能となります。ユーザーにとっても、来店に至るまでのオンライン行動を踏まえたおもてなしを受けることができるわけです。

前述のとおり、オフライン行動は足跡をたどるのがオンライン行動と比べて難しいですが、「来店予約をしてもらう」「店頭でアンケートを実施する」「オンラインクーポンを配布して店頭で使用してもらう」「スマートフォンデバイス等を使用してチェックインしてもらう」等のトリガーを設けてオンラインデータとオフラインデータの「名寄せ」は可能です。これにより、顧客をより立体的に捉えることができるのです。

デバイス間の統合

さらに、現在においては、顧客は必ずしも一つのデジタルデバイスを用いてオンライン行動を行うわけではありません。一人のユーザーがPCを使うこともあれば、タブレット端末やスマートフォンを使用することもあります。また、PCでも、自宅のPCを用いることもあれば、職場のPCを用いることもあります。オンラインデータはCookie情報を用いて管理するケースが多いため、これらの異なるデバイスからのアプローチは、すべて別のユーザーと判断され、一人の顧客であるにもかかわらず、複数のユーザーとしてカウントされることが多くあります。これでは顧客の行動を正しく把握することはできません。

これらのデバイス間のユーザー情報を統合するためには、たとえばメールマガジンの登録ユーザーであれば、同一メールからPCアクセスとモバイルのアクセスがあれば、この2つのIPアドレスを同一人物として管理したり、ログインが必要なサイトを設けて、PCとモバイルの双方でログインした時点で、双方のIPアドレスを紐付けたり、ひとつの顧客IDに複数のIPアドレスを登録して管理することにより統合が可能です。また、第三者のデータベースを用いることで、その統合業務を外部委託することも可能です。

ＩＤ統合による顧客体験の変化

ここまで、ＩＤ統合による企業側のメリットについて述べてきましたが、顧客側にもメリットがなければ、顧客のロイヤリティは向上しません。では、ＩＤ統合による顧客側のメリットとはどんなことでしょうか。

まずは「同じことを何度も伝えなくていい」という点が挙げられます。

たとえば、Ｗｅｂサイト上で来店予約をした際に、名前や住所その他の顧客情報を入力しているにもかかわらず、店頭でも同じようなアンケートに回答させられたら、どうでしょうか。「Ｗｅｂで答えたあれはなんだったんだろう……」と思われるのではないでしょうか。

一方、もしＷｅｂサイトで収集したデータが店頭にも共有されていれば、営業担当はすでにある程度の顧客情報を持っており、試したい商品を用意したり、見積りシミュレーションを用意するなど、顧客の時間を無駄にしない接客ができるでしょう。さらに、店頭で検討した別の商品について、後日メールで案内を送ったり、成約の場合には、その日からお客様のステータスをオーナーに変更して、メールマガジンの内容やＷｅｂサイトでリコメンドするコンテンツを、アフターサービスなどのオーナー向けのものに変えるなど、満足度を高めるサービスの提供が可能です。

図9－2　トラッキングする顧客行動例

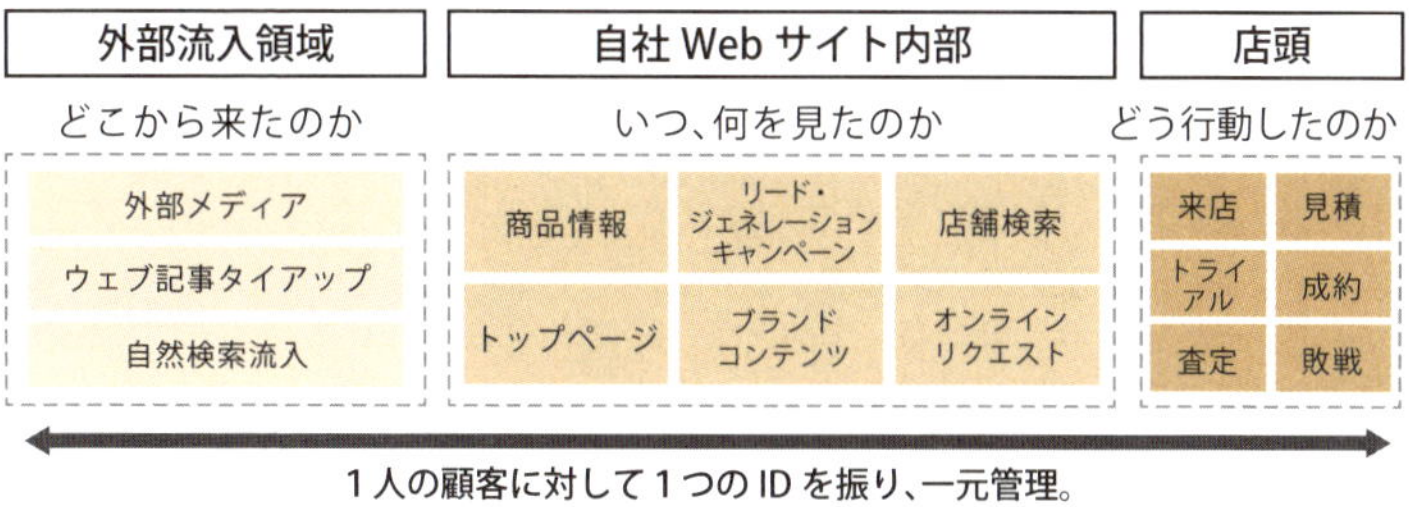
外部流入領域
どこから来たのか
外部メディア
ウェブ記事タイアップ
自然検索流入
自社 Web サイト内部
いつ、何を見たのか
商品情報
リード・ジェネレーションキャンペーン
店舗検索
トップページ
ブランドコンテンツ
オンラインリクエスト
店頭
どう行動したのか
来店
見積
トライアル
成約
査定
敗戦
1人の顧客に対して1つのIDを振り、一元管理。

また、購入情報がマーケティングデータと統合されないと、いつまでも「見込み客」としてターゲティングされ続け、購入済みなのに「買ってください」というアプローチをされるのは、お客様にとって決して心地良いことではないでしょう。何度も購入が期待できる日用品であればまだしも、耐久消費財であれば「買ったばかりの人」は、ある意味「もっとも購入に遠い人」ですから、まったく見当違いなコミュニケーションになってしまうのです。

輸入車業界における顧客ＩＤ活用事例

では、私たちがお手伝いしたボルボ・カー・ジャパン社（以下ボルボ社）では、ＩＤを統合し、そのＩＤをどのように活用しているのでしょうか。

ボルボ社では、ターゲットとなる見込み客のデータを獲得するためのリード・ジェネレーション（見込み客獲得活動）に注力し、多種多様なキャンペーンを実施しながら、将来的にボルボを購入してくれそうなお客様の情報を集めています。もちろ

第1章 第2章 定石1 定石2 定石3 定石4 定石5 定石6 定石7 定石8 定石9 定石10 第3章

ん、情報を集めただけでは購買につながりませんから、集めたデータをナーチャリング（顧客育成）し、実際に購入検討してくださるようなアプローチを行います。そして、実際に購入検討に至ったお客様だけを、全国の販売店（ディーラー）に送客しています。この一連のプロセスにおいて、最初の接点から販売店における商談まで、顧客ＩＤが統合されていることが、非常に重要になっています。

顧客との最初の接点として、リード・ジェネレーションのキャンペーンをフックにお客様が流入し、キャンペーンに応募します。応募の際にはそのお客様がどこから流入したかというデータを取りつつ、応募時のアンケートとして顧客情報を取得します。それは、名前や住所、電話番号、メールアドレスといったコンタクト情報のほか、興味のある車種、次の自動車購入検討時期、現在乗っている車の種類と次回車検時期、職業、趣味、家族構成などの情報もキャンペーンに応じて取得しています。これらの情報には固有の顧客ＩＤが振られ、顧客データベースとして管理し、販売店で使用されている営業管理ツールでも使用されています。

応募時に取得したデータは、スコアリングロジックと呼ばれる手法を用いて整理します。たとえば自動車の購入検討時期が直近であったり、競合車種のオーナーであるといった過去の販売データに基づく条件で分類され、「購入検討度合いが高い」と判断された見込み客だけが、販売店に送られます。販売店側の営業担当は送られたデータがどのキャンペーンにいつ応募し、どのようなスコアリングロジックによって送られてきたのかを確認した上で、商談アプローチを行います。お子様の有無や職業など、ある程度顧客情報がある状態で商談を行えるため、お

図9－3　1-ID化の仕組み例

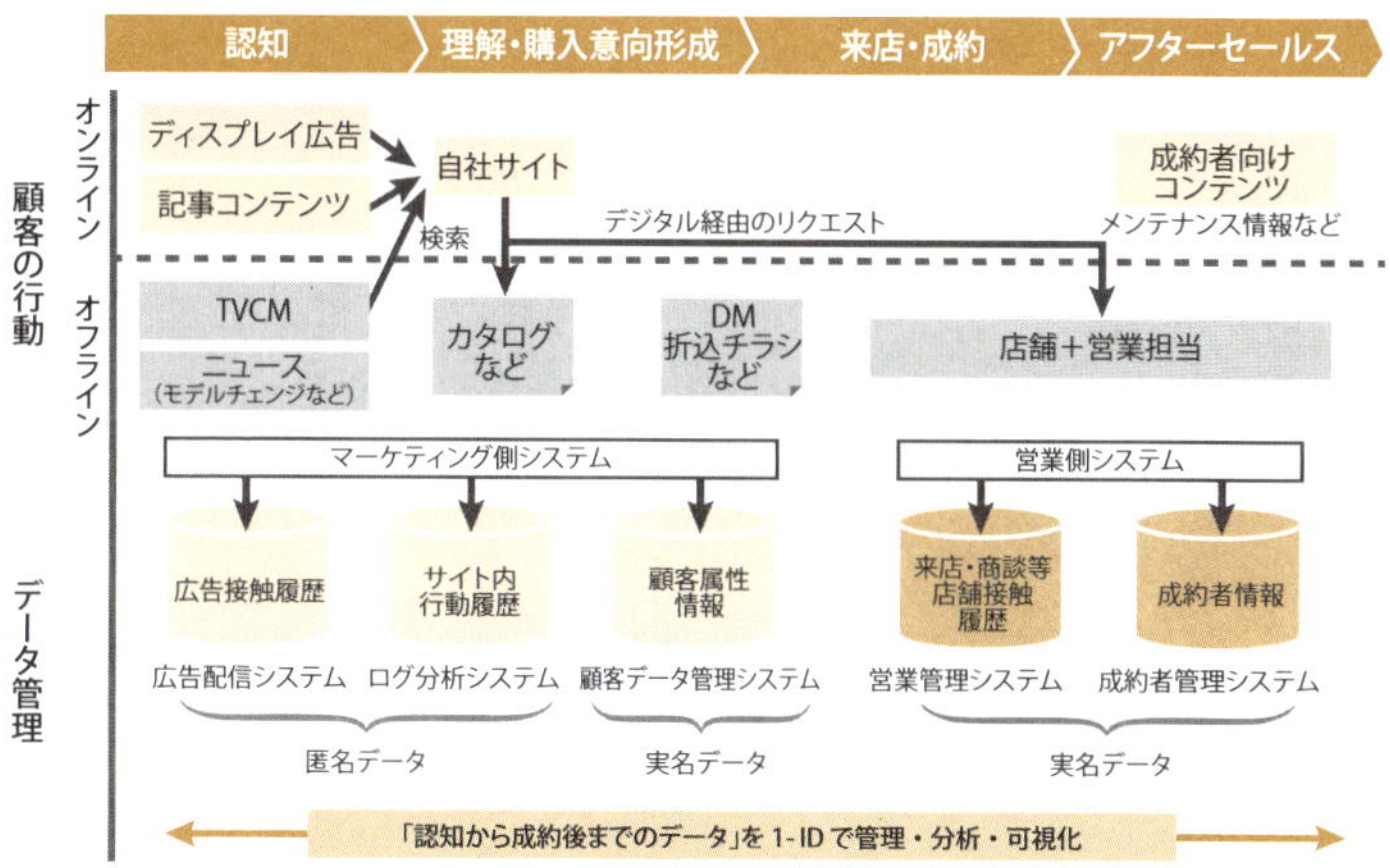

客様それぞれによって異なるアプローチを工夫することができます。そして、結果はどうだったのか、成約したのか、商談はしたが成約には至らなかったのか、そもそも商談にも至らなかったのか、などの情報を営業管理ツールにフィードバックします。さらに、マーケティング部署はスコアリングロジックの精度を判定し、PDCAを行うことができます。

また、スコアリングロジックに合致せず、販売店に送客されなかった見込み客データは、マーケティング部署が管理する顧客データベースに蓄積されます。これらのデータはやはり固有のIDで管理されていますので、このデータベース内の見込み客が別のキャンペーンに応募した場合にも、顧客情報は同一人物として紐付けられ、顧客情報のアップデートを行うことができます。もちろん、過去に応募したキャンペーンデータは蓄積されるので、長期的に顧客の行動を把握することができます。これにより、同様のキャンペーンを訴求したり、特定の車種に興味のあるお客様だけを抽出してアプローチをしたり、顧客ごとに異なるナーチャリングプロセスを実施することができるのです。

匿名データとの統合

リードの獲得から商談までの顧客ＩＤ統合についてご紹介しましたが、現在さらに統合が進んでいるのが、「匿名データ」との統合です。

上記の例では、キャンペーン等を通して顧客情報を取得した見込み客のデータを使用しているため、活用できるデータ量は限られています。これが、個人情報は登録していないが、自社のＷｅｂサイトに来訪したユーザー、もしくは自社のオンライン広告に接触したユーザーにまで範囲を広げられるなら、その数は飛躍的に増大します。これらのデータは個人を特定できませんが、個別のＩＤを振って管理することはできます。個人情報が紐付かないため、メールを送ったり、電話をしたり、というアプローチはできませんが、オンライン広告やＷｅｂサイトのコンテンツを最適化して出し分けることはできます。

そして、いずれこのユーザーが個人情報を登録した時点で、このＩＤは匿名ではなくなり、見込み客の個人情報と統合され、登録以前の行動も合わせてひとつのＩＤで管理できるようになり、よりきめこまやかな対応が可能となるのです。

顧客ID統合のためのテクノロジーツール

扱う顧客情報が少なければ、手作業でも顧客情報を一元管理することは可能ですが、現在は多くのマーケティングツールが開発されています。

相当量の顧客データを瞬時に処理し、あらかじめ設定したルールに則って適切なアプローチを自動的に実行するようなツールも多数あります。顧客情報の量や事業規模に応じてさまざまなツールを用意することができます。これらのツールを実装して、多数のスコアリングロジックとアプローチのシナリオを設定すれば、統合された顧客ＩＤをもとに広範囲で活用していくことができます。

本格的に顧客ＩＤの統合を実現するためには、これらのツールは非常に有効です。ただし、ツールを導入することがゴールではありません。せっかくの顧客ＩＤを「宝の持ち腐れ」としないためには、これまで述べてきたように、顧客情報の取得から活用、スコアリングロジックの策定、最適な営業活動の策定など、統合されたＩＤを用いてどのような顧客体験を実現したいかを考えることが不可欠です。

定石10

マーケティング投資効率を高めるためにＭＲＯＩ分析から始める

顧客の購買行動に影響を与えるマーケティング活動を効率的に行いたいと考えている経営者は多いでしょう。そのために活用したいのが「マーケティングＲＯＩ」です。マーケティングＲＯＩも必ずしも万能ではありませんので、どのように活用すべきかを留意点とともに解説します。

マーケティングＲＯＩが必要とされる環境

２０１５年３月に、米国ニューヨークでＡＲＦ（Advertising Research Foundation）の年次総会「Re:think 2015」が開かれました。

ＡＲＦは、米国の広告主や広告会社、リサーチ会社が参画する広告調査に関する協会です。さまざまな広告主のニーズをもとに、最先端のテクノロジーや取り組みを共有する業界団体でもあります。この年次総会で、最初に２つの問いが提起されました。

・私の使ったマーケティング投資は、売上げ成長に寄与しているのか?
・マーケティング投資の次の1ドルは、どこに使ったらよいか?

このシンプルな問いかけに対して、きちんと答えを出していくことが求められていると年次総会で改めて議論されたのです。

換言すれば、マーケティング投資にどんな効果があって、そのために、どこへお金を使えばよいかが分からずに悩んでいる経営者が多いということです。

昨今、テクノロジーの進化によってメディア環境がガラリと変わりました。これに伴って、生活者の行動様式も変化しています。一体何をすれば売上げが上がっていくのか、見えにくくなっているのです。

こうしたなかで、大きな役割を果たすのが「マーケティングROI」という概念です。世の中が複雑化したからこそ、マーケティングROIの重要性が増しています。

マーケティングROIとは何か?

マーケティングROIは、次の式によって表現されます。

マーケティングROI ＝ マーケティング活動からのリターン／マーケティング投資

この式から分かるように、マーケティング投資を1円行うことにより、どれくらいのマーケティング活動からのリターンが得られるかということになります。

このリターンは何なのかというと、多くの場合、マーケティング活動による売上げや利益の増分と定義しています。これを加味して、式に当てはめてしてみましょう。

マーケティングROI
＝（マーケティング活動による売上げ・利益増分）／マーケティング費用

たとえば、1000万円でテレビ広告を行ったところ、3000万円売上げが上がった場合のマーケティングROIの数式はこうです。

3000万円／1000万円＝3・0

もともと、マーケティングROIという考え方は、投資家への説明責任のために開発されたと言われています。配当として1000万円支払うよりも、マーケティングに1000万円投資したほうが、投資家の儲けになると説明するためです。

前例で言えば、売上げが3000万円上がりました。仮に原価率が30％だとすれば、利益が2100万円増えたことになります。増分の利益2100万円からマーケティング投資額の1000万円を引いても、1100万円の営業利益が残ります。配当で1000万円支払うよりも、投資家にとってメリットが大きいと説明できます。

つまり、マーケティングROIは「共通の分かりやすい評価指標」なのです。数値として算出するので、比較しやすく、共通理解しやすいものになります。

図10－1　TV広告素材別のマーケティングROI（例）

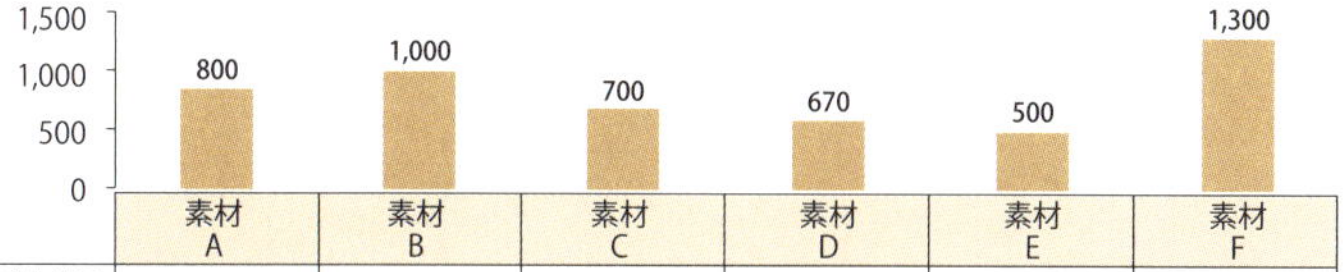

	素材A	素材B	素材C	素材D	素材E	素材F
テレビ広告量（GRP）	65	1,400	1,100	1,000	2	1,250

同じテレビ広告でも、素材ごとにROIを測定できる。

マーケティングＲＯＩでできること

マーケティングＲＯＩは誰からも分かりやすい評価指標ですが、主に3つの場面で利用されています。

①ＲＯＩを高めるためのＰＤＣＡサイクル

たとえば、同じテレビ広告であっても素材ごとにＲＯＩを測定することができます。どの素材のＲＯＩが高いのか明らかにすることにより、どの要素をいれていけばＲＯＩが上がりやすいのか解明することができます（図10－1）。

施策に対するマーケティングＲＯＩの測定を続け、蓄積していくことで、ＲＯＩの高い施策を立案実施できるようになります。

②売上げや利益目標を達成するためのマーケティング予算設定（経営層との折衝）

各マーケティング活動のＲＯＩを把握することで、どれくらい投資を行えば、どれくらいの売上げや利益を増やせるかという関係性を明らかにすることができます。

示達された予算を達成するために必要なマーケティング予算額を算

出できるので、経営層からの要求を科学的な根拠に基づき議論の俎上に上げ、建設的なディスカッションを行っていくことが可能になります。

たとえば、昨年に比べて現場の努力でＲＯＩを10％改善できた場合に、必要となるマーケティング予算額等をシミュレーションすることができます。

図10－2の場合、売上げ目標が２５５億円なら、必要なマーケティング予算は13・５億円ということになります。

③ブランド間・エリア間・施策間の予算配分アロケーション

ブランド別のマーケティングＲＯＩを算出することにより、ブランド間の最適な予算配分を行うことができます。

たとえば、ブランドＡとブランドＢの合計売上げを最大にするためには、それぞれにいくらずつマーケティング予算を配分すべきか、という比率を算出することができます。また、施策間のＲＯＩが算出されていれば、施策ごとに最適な予算配分が可能です（図10－３）。

さらに、エリア別のＲＯＩを算出することもあります。関東と関西でどちらの方がテレビ広告のＲＯＩが高いのかを算出できるので、エリア別に最適な予算配分が可能となります。このような予算配分は、グローバルでのマーケティング管理の際に最大の効力を発揮します。

たとえば、インドネシアで展開しているブランドＡのＲＯＩが低くなっているので、アメリカのブランドＣに予算を変更するなどと、グローバルで予算管理を行うことができます。多くの最先端企業はＲＯＩを利用して、グローバルでマーケティング管理を行っています。

図10－2　マーケティング予算と売上げの関係性イメージ

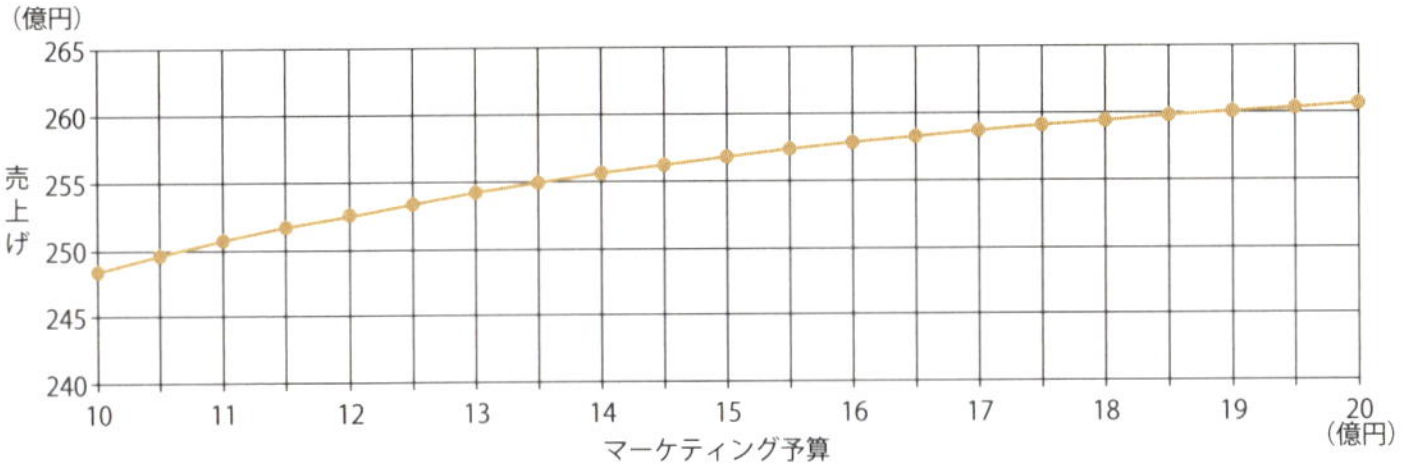

各マーケティング活動のROIを把握すれば、予算と売上げの関係性を明らかにできる。

図10－3　ブランド間の予算配分と施策間の予算配分

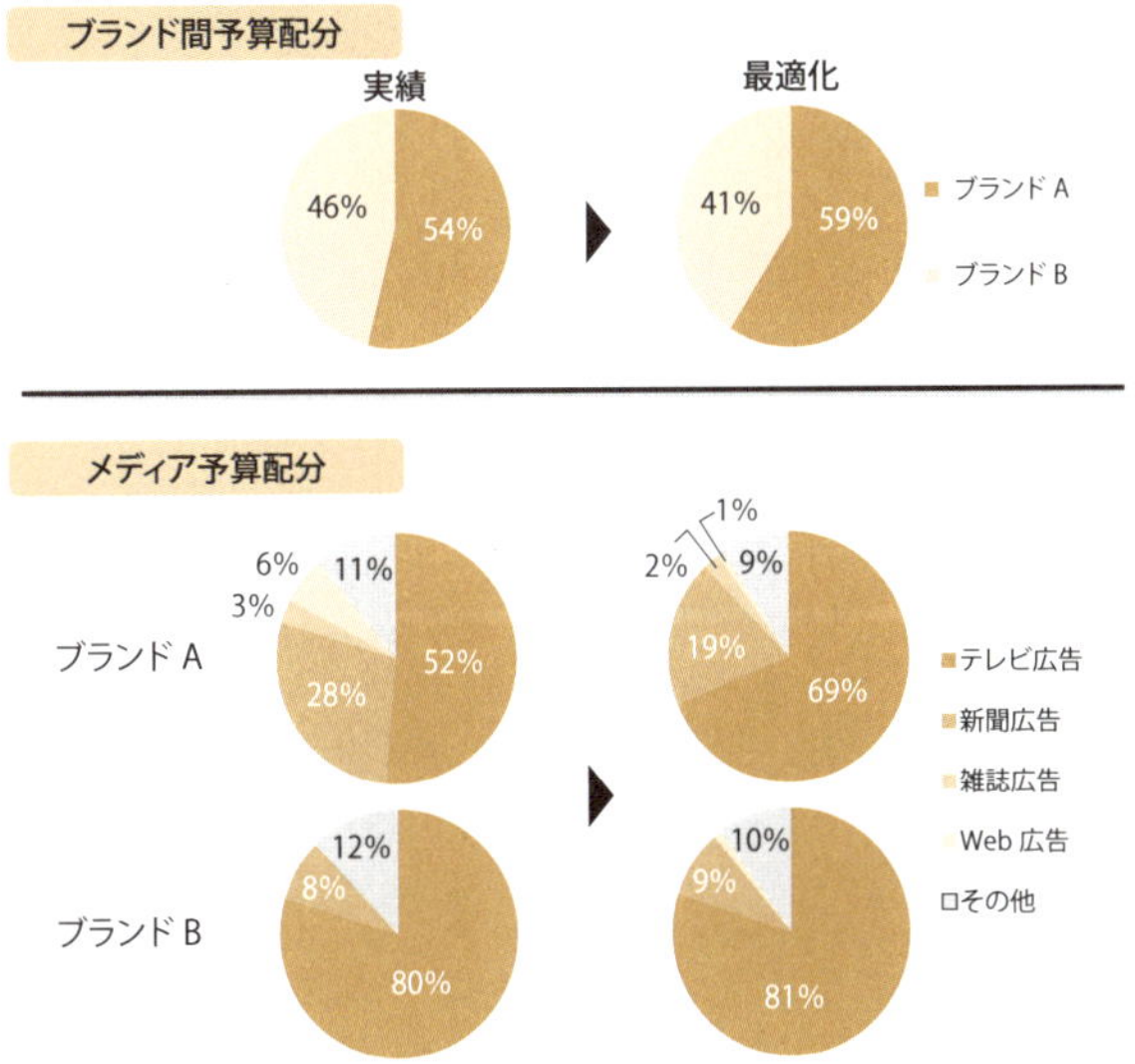

マーケティングROIを算出していれば、最適な予算配分ができる。

マーケティングROIの落とし穴

　このように便利なマーケティングROIですが、よくよく考えてみるといくつかの問題があります。ここでは、代表的な3つの問題について考えてみましょう。

　まず、マーケティング活動からのリターンは、売上げや利益と定義してしまってよいのでしょうか。マーケティングROIを計算する際に、分子となるリターンにはどのようなものがあるかといえば、一般的に図10－4のように3つに分けて考えられ、それぞれ具体的な指標が挙げられています（図10－5）。

　実は、マーケティング活動を実施する上で、何を効果指標として考えておくかということは非常に大切です。これが2つ目の問題です。

　キャンペーンを打てば、多くの消費者に届き、認知され、買いたいと思う人が増えることによって、売上げや利益は上がるでしょうが、キャンペーンの目的は何かを明確にしておかないと、実施後の効果検証で、つまずくこともしばしばです。

図10－4

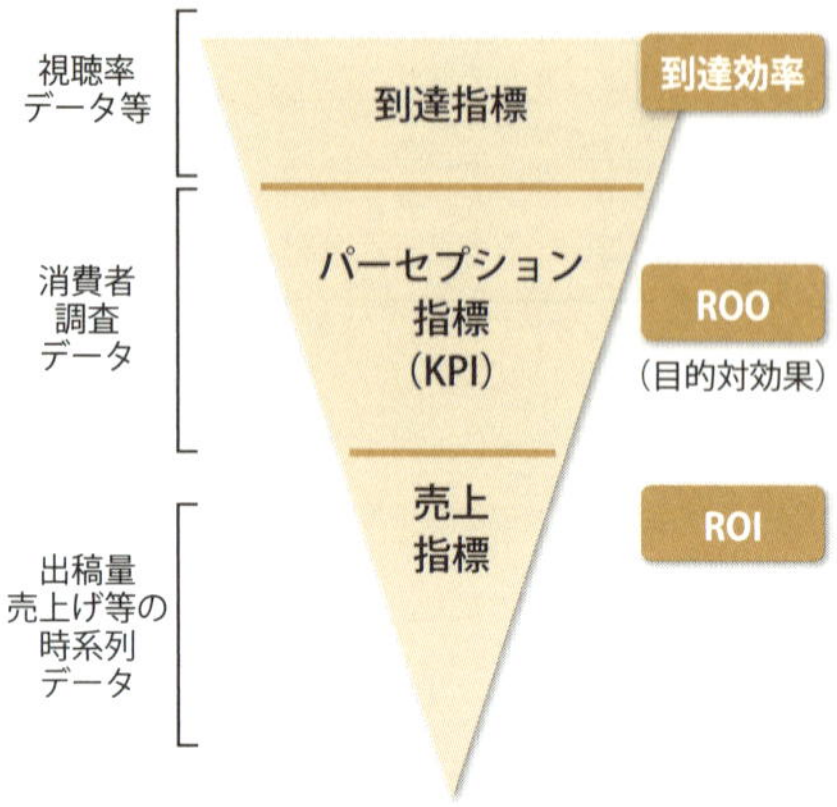
視聴率
データ等
消費者
調査
データ
出稿量
売上げ等の
時系列
データ
到達指標
パーセプション
指標
(KPI)
売上
指標
到達効率
ROO
(目的対効果)
ROI

図10－5

到達指標	何人の人に今回のキャンペーンは届いたのか？ **（リーチ）**
パーセプション指標（KPI）	何人の人がキャンペーンを認知したのか？ **（キャンペーン認知）** 何人の人がブランドを認知したのか？ **（ブランド認知）** 何人の人が「親しみ」を感じたのか？ **（ブランドパーセプション）** 何人の人が「買いたい」と感じたのか？ **（ブランド購入意向）**
売上指標	どれだけの売上げ／利益が上がったのか？ **（ブランド売上げ／利益）**

たとえば、買いたい気持ちを高めることはできたのに、店頭への配荷が進まなかったために、売上げは思ったほど伸びなかったということが起こったりするわけです。

今回のマーケティング活動の効果はどこで測るべきなのかを明確にして、経営層や上司とも事前に合意しておく必要があります。

また、リターンの指標を仮に売上げとした場合、同じ売上げでも、今年度の売上げなのか3年後の売上げなのかによって、当然指標も変わります。つまり、どの時間軸で効果を考えるのかは事前に決めておく必要があります（図10－6）。

3つ目は、マーケティング活動を行ったことによる増加分の測定をどう考えたらいいかという問題です。

たとえば、昨年度に比べてマーケティング投資額を20％増加させ、結果として売上げが50％伸びた場合、これをすべてマーケティング活動による成果だ

図10－6

	短期 ――→	長期
商品種類	季節限定商品	新商品
広告内容	キャンペーン広告	ブランド広告
広告種類	デジタルの アフィリエイト広告	TV広告
価格	(一時的な)値下げ	Every day low price
販売チャネル	駅前での出張販売	新店のオープン

と考えてもよいのでしょうか。営業努力によって得られた売上げ増分もあるでしょうし、よりよい商品を開発した効果かもしれません。

一つひとつのマーケティング施策でも、複合的な結果によって売上げが伸びるものです。たとえば、テレビ広告を行うと同時にデジタル広告も行うことで、コンバージョンが良くなり、売上げに結びつくこともあるでしょう。

このように、最終的な結果である売上げや購入意向の向上などには、複雑な要因が絡み合っています。この複雑な要因を解きほぐし、個々の要因の効果へと分離するために、さまざまなデータ分析が使われています。主な分析手法に関しては後述しますが、その前に、マーケティングリターンの測定に関して注意すべき点をいくつか見ておきましょう。

正しくROIと付き合うために

個々の活動のマーケティングリターンを測定するのも難しいですが、実際の計測値を判断する上でも、気をつけなければならないことがあります。

まず、誰がマーケティングリターンを測定しているかということです。たとえば、広告会社や宣伝部門の人がコミュニケーション効果測定を行っている場合、効果の高さを強調したがる傾向があるはずです。逆に、調達部門の人は費用を下げるために、低めの効果をとらえたがるかもしれません。もちろん、誰が悪くて、誰が信用できないということではありません。立場によって、同じ数値を見ても解釈が異なる可能性があるということです。

マーケティングROIを用いて客観的な判断をしていく上で、数値が嘘をつくことはありませんが、人は立場によって見方を変えるということは頭に入れておく必要があります。

次に、正しくROIを測るためには、マーケティング投資の費用をきちんと算出しなければなりません。マーケティングリターンを得るために使った全費用が、マーケティング投資額として計上される必要があります。ただし、現実的には、正しく費用配分することが難しい場合があります。

たとえば、拡売費や販売奨励金などの営業費用の場合、厳密にどの費用がどのブランドに使われたのか、どの費用が棚を取るための費用で、どの費用がチラシや値引きに使われた費用なのか、といったことを特定するのは困難です。

したがって、マーケティング投資費用に関しては、分かる範囲で分類をすすめ、分けられるような管理体制を構築していくことが重要です。

このように、マーケティングROIの算出は、非常に複雑に絡み合った糸を解きほぐす作業

図10－7

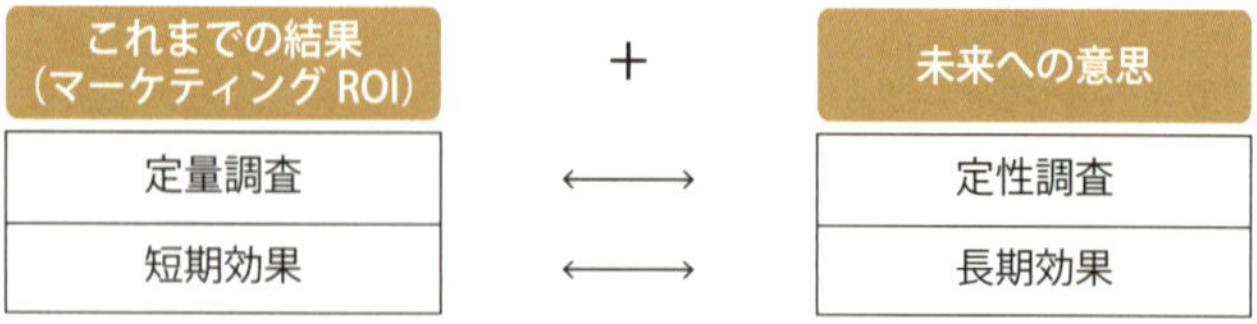
これまでの結果
(マーケティング ROI)
＋
未来への意思
定量調査
定性調査
短期効果
長期効果

です。しかも、完璧にマーケティングＲＯＩを測ることは、ほぼ不可能と言っても過言ではありません。

一方で、マーケティングＲＯＩは客観的でいろいろな面で役立つ素晴らしい指標であるのも事実です。つまり、不完全であることを頭に入れ、他の情報も同時に取り入れながら意思決定をしていくということが大事になります（図10－7）。

マーケティングＲＯＩを測る方法、マーケティングミックスモデリング

マーケティングリターンを売上げとすると、たいていの場合は、直接的にＲＯＩを測ることはできません。もちろん、デジタル広告であれば、コンバージョンなどで測れます。しかし、その際にテレビ広告も流していたらどうでしょう。純粋にデジタル広告だけの効果と捉えてしまってよいのでしょうか。

こうした場合に使われる手法に、「マーケティングミックスモデリング（ＭＭＭ）」があります。売上げに影響を与える要因データを収集して、重回帰分析に代表される統計推定手法によって各要因の効果を分離する計量経済学モデルです。

図10－8　各要因の効果を分離するマーケティングミックスモデリング

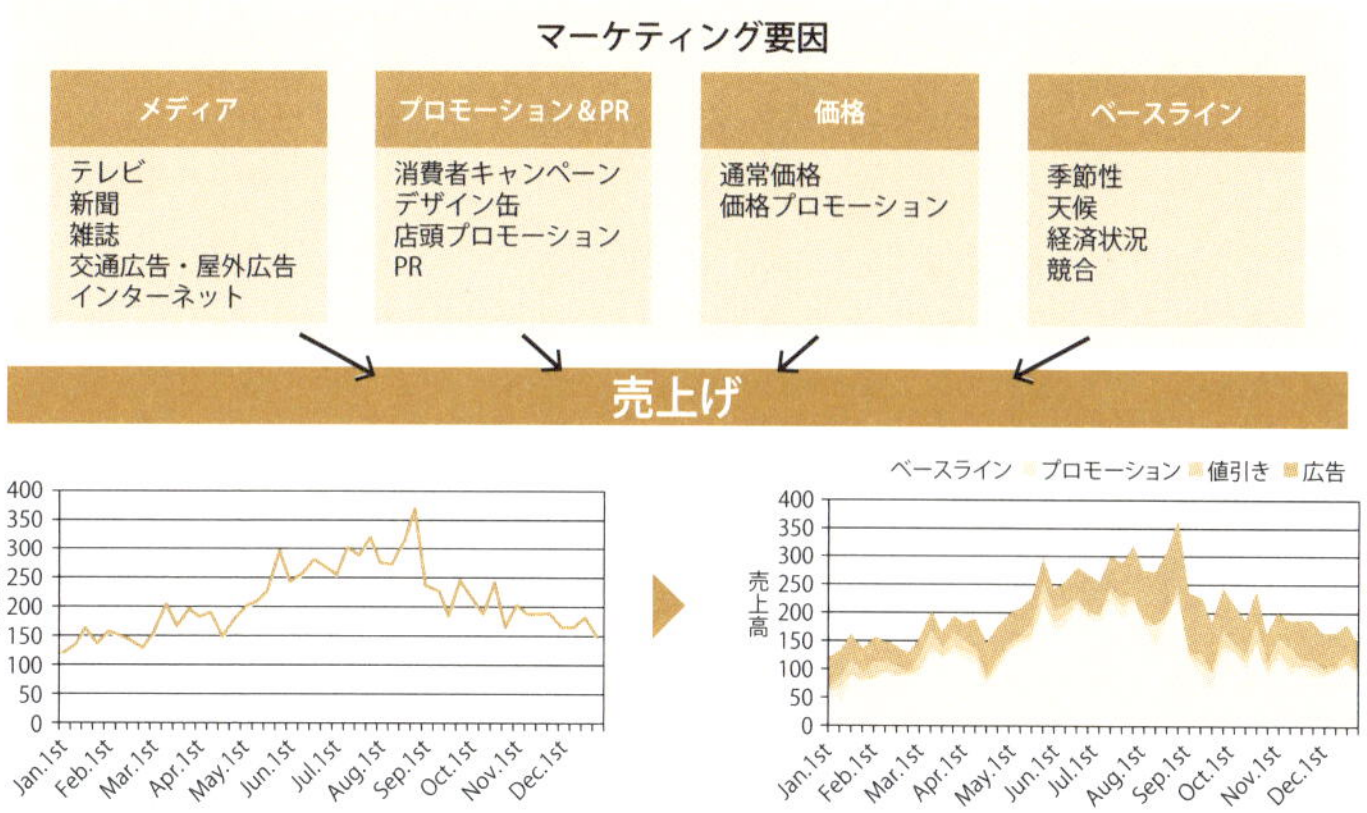

各マーケティング活動によりもたらされる売上げが特定できれば、各マーケティング費用の効率として、マーケティングROIを算出することができます（図10－8）。

MMMにより算出される指標は2つです。

1つは売上げ貢献度です。ある期間の売上げのうち、何%がそれぞれのマーケティング活動でもたらされたかを示すマーケティング効果の指標です（図10－9）。

たとえば、あるブランドの1年間の売上げが100億円だった場合に、広告貢献度が28%であれば、広告によって28億円の売上げが増加したことを意味します。ここでのベースラインは、経済要因や季節要因などのコントロール不可能な要因による売上げ、広告の長期的な効果によるブランド資産など、モデリングでは分析できない要因による売上げ比率です。

もう1つの指標がマーケティングROIです。

先ほど算出された広告による売上げ貢献額を広告費用で割り算することにより算出することができます。

ROI＝広告の貢献額／広告費用＝28億円／20億円＝1・4

この2つの指標を組み合わせることで、マーケティング活動を最適化したり、意思決定をしやすくしたりできます。

たとえば、ROIが低いからといって、貢献度が大きなマーケティング活動への費用を大幅に削減してしまうと、売上げが大きく下がってしまうというリスクがあります。そのために、各マーケティング活動が売上げに与えるインパクト（売上げ貢献度）と投資効率（ROI）の両者を考慮するのです（図10－10）。

また、前年度からの売上げの増減を要因別かつ定量的に説明することもできるようになります。たとえば、図10－11のように、昨年に比べて売上げが増加したのは配荷が上がったからだとか、逆に価格プロモーション（値引き）は回数が減って、売上げを減少させる方向に力が働いていたなどが分かります。

しかし、MMMも万能ではありません。一般的なMMMで分析可能なのは、マーケティング活動が売上げに与える短期的な効果のみです。

その他にも、分析手法上の特徴から制約があります。モデリング結果を使って、戦略策定の最適化やシミュレーションを行う際には、モデルの特徴を理解した上で、必要に応じて、図10－5に挙げた他の指標も同時に考慮する必要があります。

図10－9　売上げ貢献度の算出

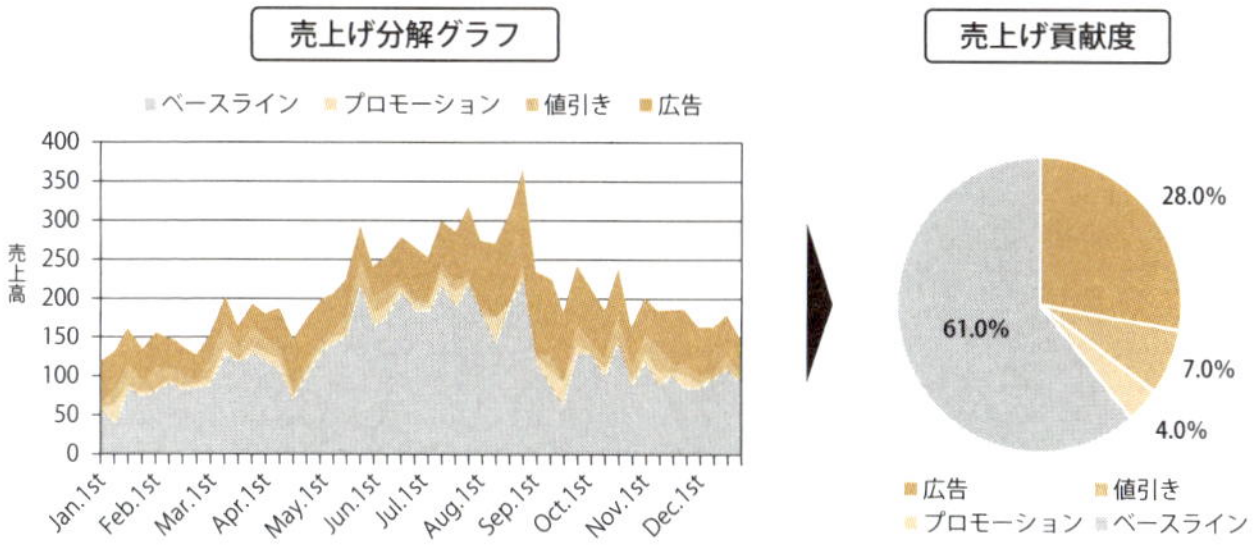

図10－10　売上げ貢献度と投資効率の検討例

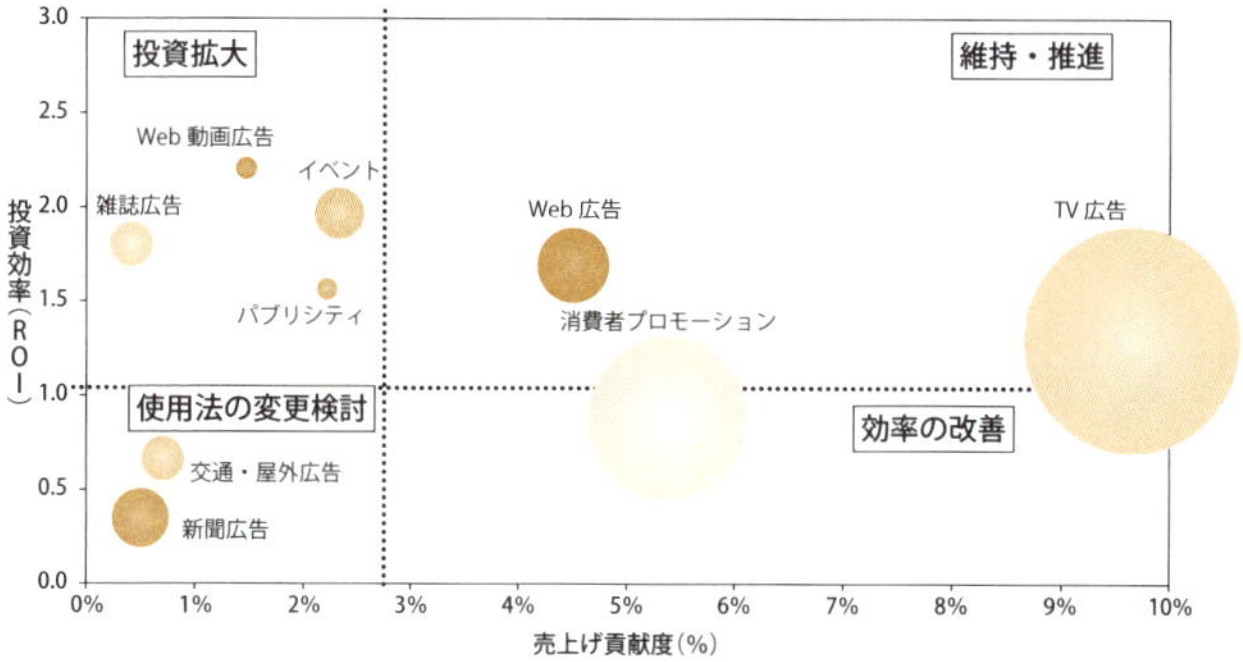

図10－11　要因別の売上げ増減状況の例

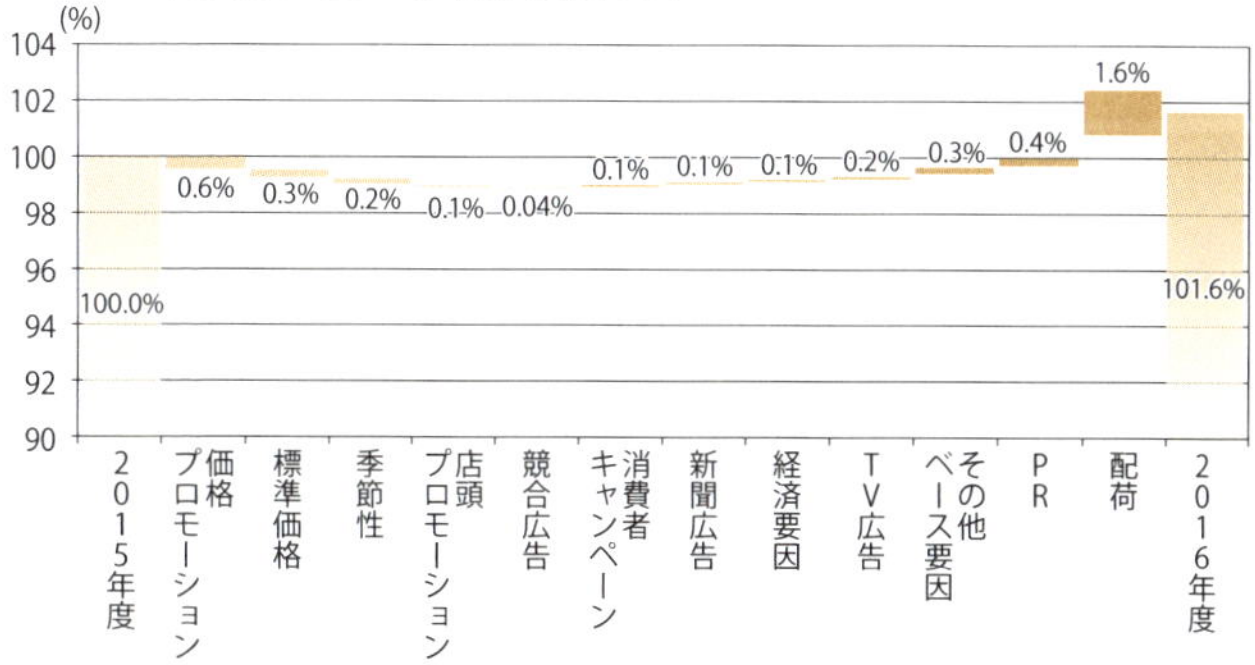

図10－12　公園の売店の売上事例（アイスクリーム）

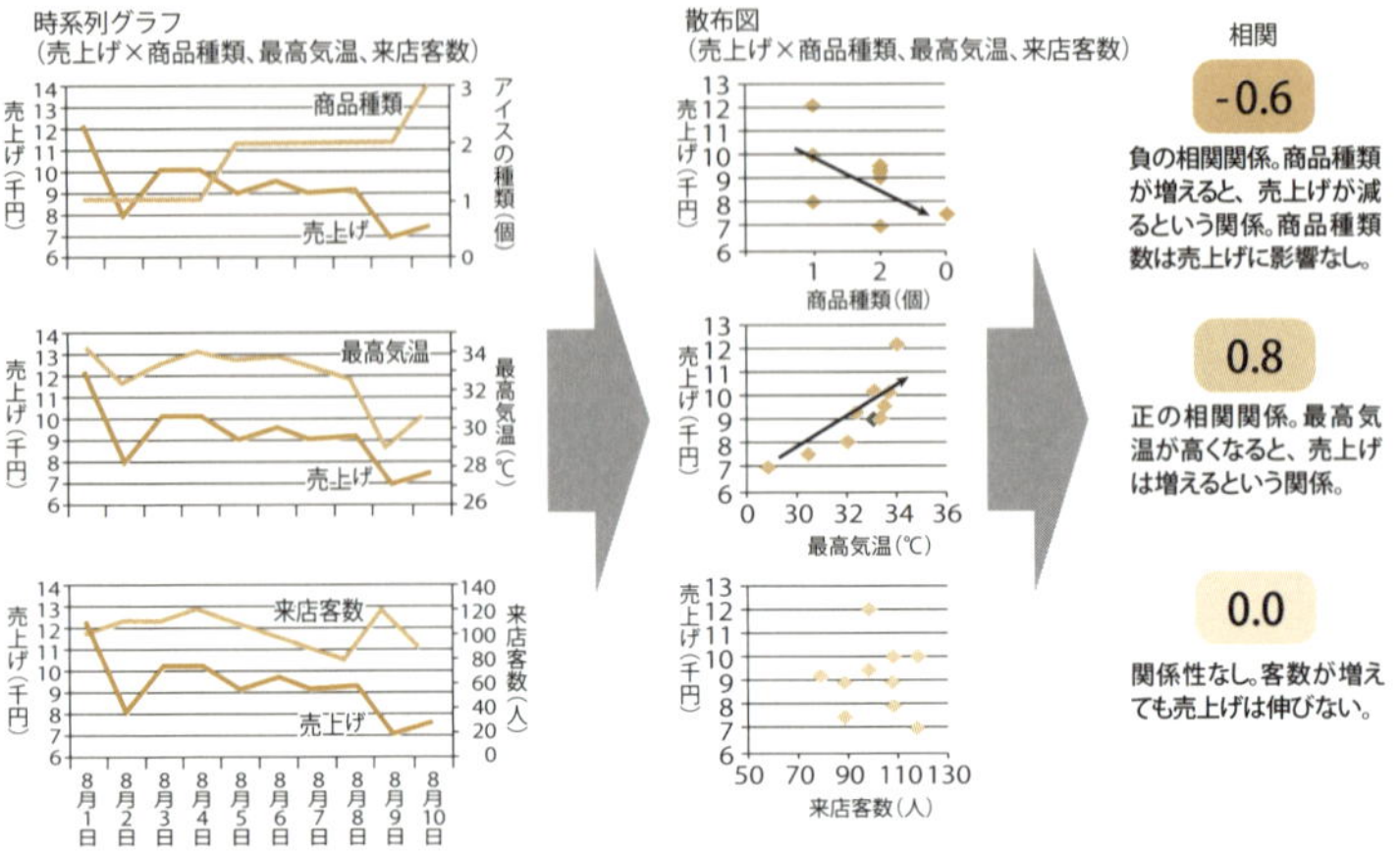

MMMを支える統計的なバックグラウンド

モデリングの基本は、複数の時系列データを比較し、関係性の強いデータ系列を発見することにあります。

時系列データとは、日次や週次といった時間軸単位を基本とし、集計されているデータのことです。時系列データの関係性を表す指標としての「相関」は、1に近いほど2つのデータの挙動が似ていることを示し、0だと全く関係がない状態、-1だと完全に逆方向に動いていることを示します。

たとえば、図10－12は、公園でアイスクリームを販売したときのデータから、最高気温が高くなると売上げが増えるという「正の相関」が働いていることが分かります。このように相関を見ることにより、関係性の強さを測ることができます。

図10－13　単回帰分析と重回帰分析

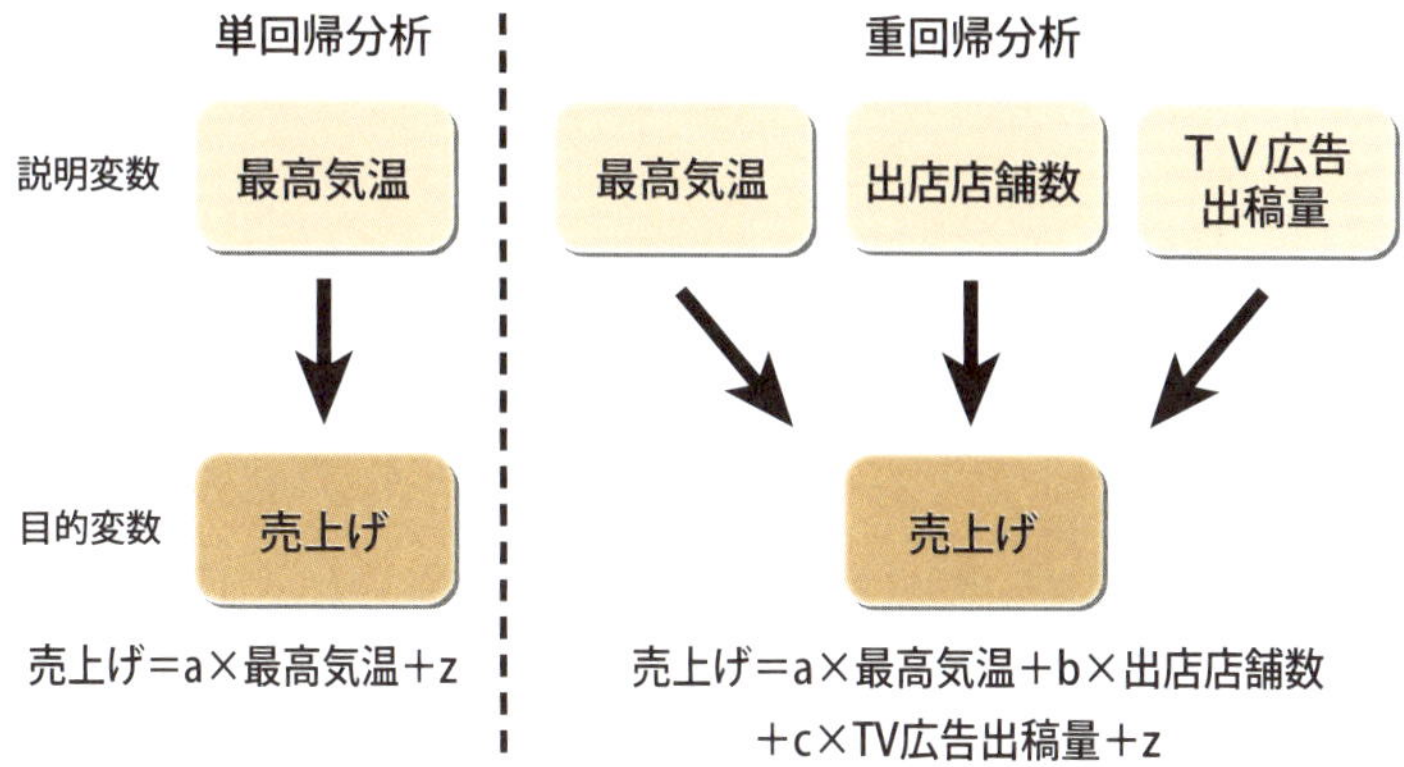

ところが、最高気温が1度上がると売上げは何円上がるのかという関係性は分かりません。つまり、どれくらいの効果を持っているのかは、ここでは算出できません。

このような効果性を分析するときに使われる手法が、「回帰分析」です。

2つの項目の関係性を導き出す回帰分析を「単回帰分析」と呼び、複数の項目間の関係性を用いて回帰分析を行うことを「重回帰分析」と呼びます。

マーケティングミックスモデリングの基礎にある考え方は、重回帰分析です（図10－13）。

マーケティングROIを用いたPDCA

実際にROIを管理していくためには、たとえば、図10－14のように、短期から長期の売上げ成長要因をすべて考慮した上で、統合的な管理をしていく必要があります（図10－14は一例なので、ブランドや業態によって、管理の考え方は異なります）。

また、それぞれのレイヤーごとに管理するものが異なってくるため、ひとつの調査や分析ですべてをカバーすることはできません。

しかも、時間軸に合わせて、対応できる打ち手が異なってきますので、すべてを高速にＰＤＣＡする必要もありません。

たとえば、マーケティング予算額は、通常なら1年に1回、多くても4半期に1回くらいの割合で設定するものなので、日次でＰＤＣＡを回すことはありません。逆に、デジタル広告の配信媒体選定などは、毎日変更することができるので、日次でＰＤＣＡを回すこともできます。

さらに、図10－14のように、いきなりすべてを実施する必要はありません。すべてを〝見える化〟することはできませんし、正確なマーケティングＲＯＩを算出することもできないからです。できるところから始めて、徐々に〝見える化〟していけばいいのです。まずは始めることが大事です。

実際に、ＲＯＩを〝見える化〟してＰＤＣＡを回している企業ほど、マーケティングＲＯＩも高いという結果が出ています。

最後に、厳密な意味でのＲＯＩとはいえないかもしれませんが、まず始めてみるために、いくつかの方法を紹介しましょう。

①２軸グラフで関係性を見る

図10－14　統合されたＰＤＣＡのイメージ

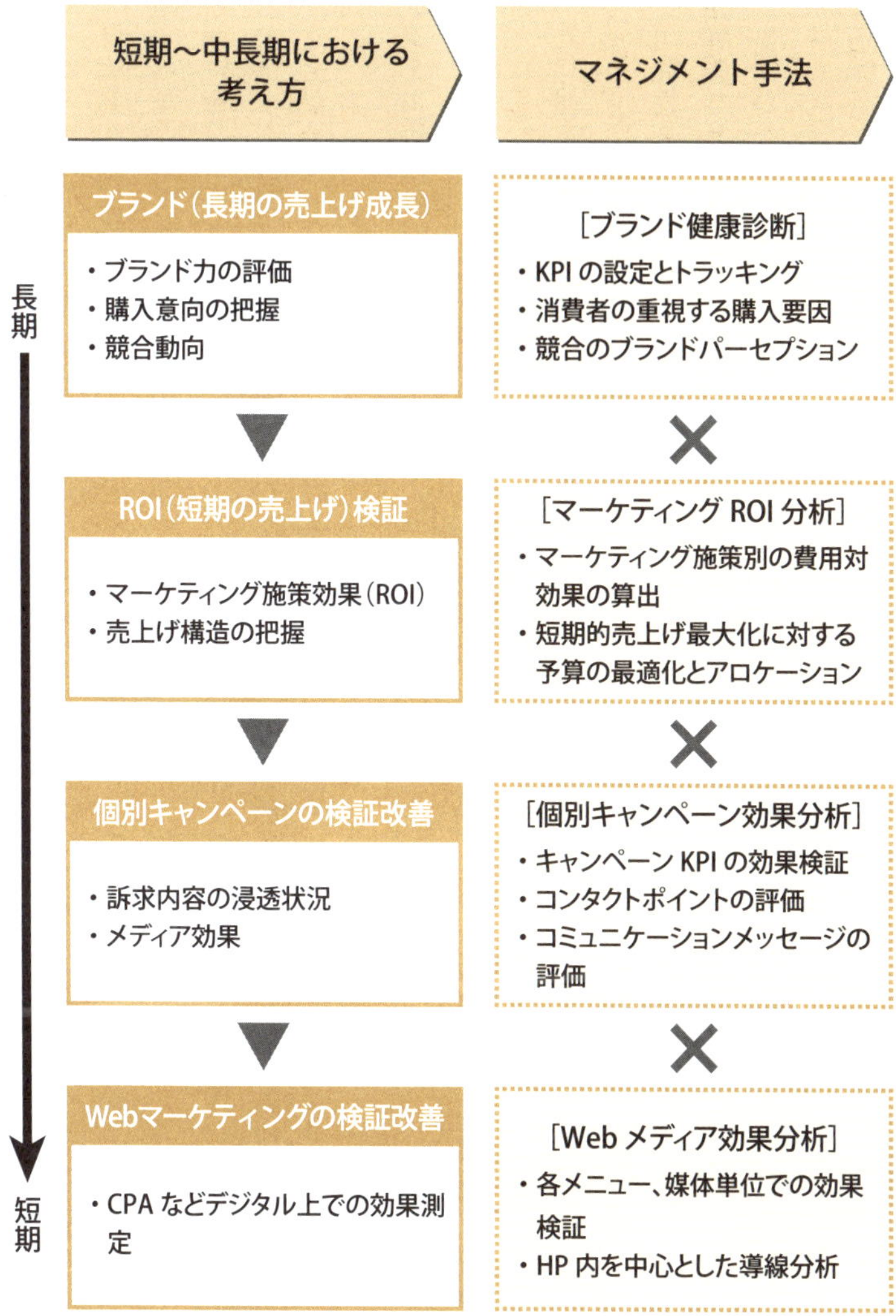
短期～中長期における考え方
マネジメント手法
長期
短期
ブランド（長期の売上げ成長）
・ブランド力の評価
・購入意向の把握
・競合動向
［ブランド健康診断］
・KPIの設定とトラッキング
・消費者の重視する購入要因
・競合のブランドパーセプション
ROI（短期の売上げ）検証
・マーケティング施策効果（ROI）
・売上げ構造の把握
［マーケティングROI分析］
・マーケティング施策別の費用対効果の算出
・短期的売上げ最大化に対する予算の最適化とアロケーション
個別キャンペーンの検証改善
・訴求内容の浸透状況
・メディア効果
［個別キャンペーン効果分析］
・キャンペーンKPIの効果検証
・コンタクトポイントの評価
・コミュニケーションメッセージの評価
Webマーケティングの検証改善
・CPAなどデジタル上での効果測定
［Webメディア効果分析］
・各メニュー、媒体単位での効果検証
・HP内を中心とした導線分析

売上げとマーケティング投資額を単純に2軸に取り、関係性があるかどうかを確かめる手法です。たとえば、図10‐15のようにグラフに並べてみるだけでも関係性がありそうか、なさそうか判断することができます。ここに、「HPフィルター」という手法を用いれば、季節性を分離することができます（図10‐16）。

季節性を除いて、売上げとマーケティング投資の関係性を見てみると、関係性がより見やすくなります。図10‐17のように、春から夏にかけて投資金額を増やしているものの、売上げは大きく上がっていないことが分かり、7月〜8月にマーケティング投資を集中すべきかもしれません。

②デジタル系への出稿

デジタル広告への出稿は、コンバージョンなどの顧客行動データが取りやすいので、CPA（顧客一人を獲得するのにかかるコスト）やCPC（クリック1回あたりにかかるコスト）といった指標をROIと同じように管理していくことができます。

ただし、デジタル広告出稿時に他のマーケティング活動を行っていると、間接効果を受けている可能性もあります。その点はきちんと考慮した上で、評価していく必要があります。

③定性的なヒアリング

データがなかったとしても、担当部署へのヒアリングを通して、売上げとの関係性から必要なデータを定量化していくことはできます。たとえば、以下のようなことです。

・販売奨励金を増額したことにより、取引は増えたか？

図10－15　売上げとマーケティング投資額の２軸グラフ

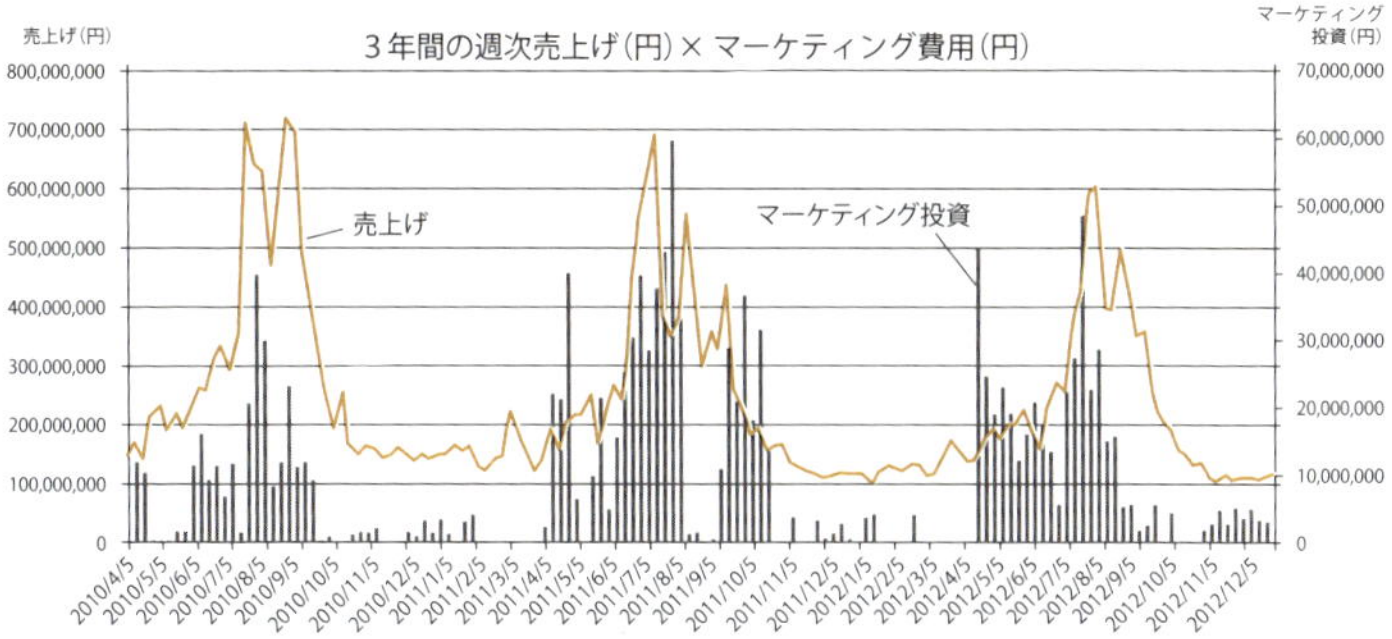

図10－16　上のグラフから季節性を分離

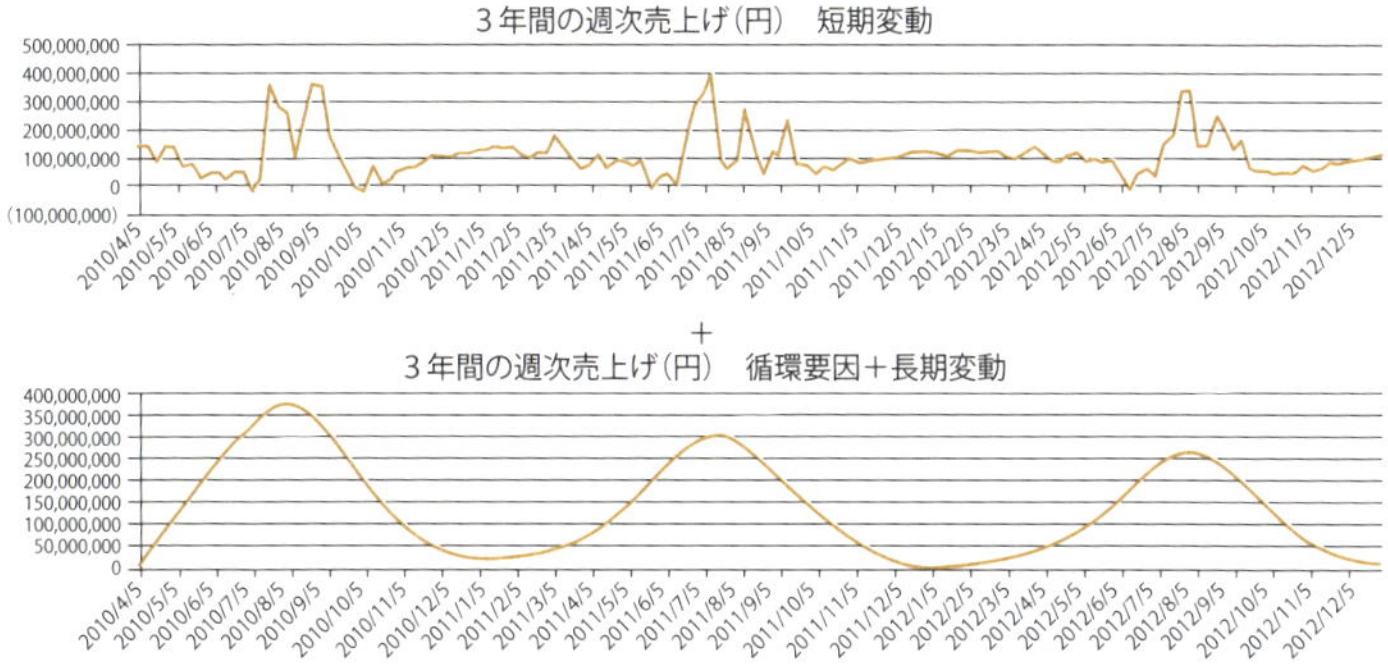

図10－17　季節性を除いた売上げとマーケティング投資額の関係

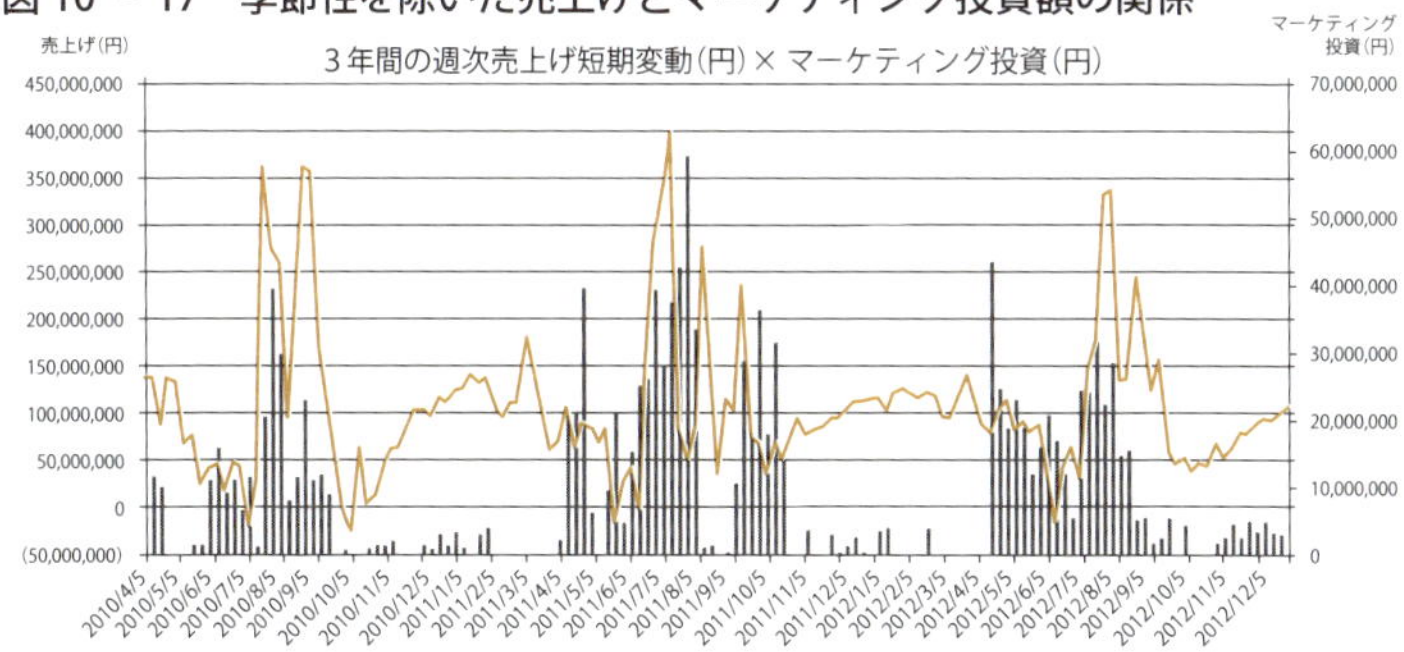

・TV広告を行った時に、デジタル広告のコンバージョンは良くなったか?
・営業担当者が仕事しやすくなったか?
・棚は確保されているか?

マーケティングROIは完璧ではありません。しかし、それを見ている人と見ていない人では大違いです。経営陣や上司への説明の仕方も異なってきます。

長期的な視点や市場動向なども考慮して、マーケティングROIを一要素として捉え、マーケティングを行っていくことで、ROIの高いマーケティングを実施できるようになります。

まずは、第一歩を踏み出し、経験を積んでいくことが大切です。

第3章

「未来ラボ」対談

ウルシステムズ代表取締役社長
漆原　茂

×

電通デジタル執行役員
小林大介

AI社会の中で生活者をサポートし企業がよりハッピーになる仕組みとは……

数々のエンタープライズ・システムの開発に携わり、「戦略的IT」を掲げるウルシステムズ社の漆原茂社長と、2016年9月に立ち上げた「電通デジタルマーケティング未来ラボ」の小林大介が未来のAI社会の中でどんなことができるのか、妄想も含め自由に語りました。

電通デジタルの「マーケティング未来ラボ」が目指すもの

小林：本書第2章まではデジタルマーケティングの「今」の話をしてきたので、ここでは2016年9月に「マーケティング未来ラボ（以下、「未来ラボ」）」を一緒にスタートしたウルシステムズ社の漆原さんと〝未来〟の話をしたいと思います。

漆原：まず、「未来ラボ」のご紹介から始めましょうか。

小林：そうですね。電通デジタルは社名の通りデジタルマーケティングの会社として2016年7月に設立され、既に多くのクライアントに対してさまざまなサービスをご提供しています。

電通デジタルマーケティング未来ラボをスタートしたウルシステムズの漆原茂代表取締役社長（右）と、電通デジタル執行役員の小林大介。

企業にとって「マーケティングのデジタル化」はまさに〝喫緊の課題〟なので、「明日から何をするか？」「その結果を踏まえて、次にどうするか？」という、かなり短期的な時間軸での成果創出に向き合うケースが多いのが実情です。

漆原：いわゆる「高速ＰＤＣＡ」的なアプローチですね。

小林：はい。一方で、電通デジタルという会社の使命としては、「デジタルテクノロジーの活用によるマーケティングの新しいあり方を構想し、世に問い、カタチにしていく」というものもあり、それに取り組む組織として作られたのが「未来ラボ」、ということになります。

漆原：その設立に、ご縁あってウルシステムズも参加させて頂くことなりました。

小林：ウルシステムズさんとは、電通デジタル設立以前から、電通がマーケティング領域のシステム構築を請け負う際のパートナーとして一緒にお仕事をさせていただいていたわけですが、電通デジタルの設立にあたり、漆原さんから「一緒に面白いことをやりましょう」という投げかけをいただき、それが「未来ラボ」設立のひとつのきっかけになりました。

漆原：ウルシステムズはＩＴの専門家集団として、「先進的なテクノロジーを活用して、今までにない情報システムをつくり、世の中にインパクトを与える」という仕事に取り組んで来ました。そんな当社の目には、電通デジタルの設立は「日本におけるマーケティングの大きな変化」を象徴する出来事であり、すなわち「買い手である生活者に対して大きなインパクトのある事を成すチャンス」と映りました。

小林：ありがとうございます。電通デジタルには、電通本社やグループ会社から「デジタルマーケティングの専門家」はたくさん集まって来ていますが、テクノロジーに精通した「エンジニア」はほとんどいないため、単独での取り組みでは限界があると考えていました。実際に「未来ラボ」の運営をスタートしてみて、両社からのメンバーが共同でひとつのテーマに取り組むというスタイルに手応えを感じています。

漆原：そうですね。電通デジタルは多くのクライアントのマーケティングを支援していて、企業目線・生活者目線での課題設定やサービス仮説構想が得意な人が多い。一方でウルシステムズにはテクノロジー領域における最新トピックス、たとえばＡＩにせよブロックチェーンにせよ、実際に自分の手で触れてモノを作れる人がいる。そのミックスでアジャイル的（迅速かつ適応的）にプロトタイピングしながら新しいソリューションを作っていくというアプローチは、とても有効だと感じています。

小林：いま取り組んでいるＡＩを活用したソリューション開発においても、電通グループが保有するビッグデータを使った生活者向けの新サービスのプロトタイプを、ウルシステムズさんのメンバーがさくっと作って見せてくれましたね。

漆原：いまは利用可能なテクノロジーの進化のスピードが速いので、「いま使える技術を使って、何がどこまでできるか？」を試しながらソリューションを考えていく必要があります。その観点からも、２社でスタートしたこの「未来ラボ」を、新しいテクノロジーやサービスアイデアを持つ人たちが集まる「協創の場」にしていく必要があると感じています。

小林：そうですね。まずは電通デジタルとウルシステムズで力を合わせて新しいマーケティングソリューションを世に出して成果を挙げ、将来的には「マーケティングというテーマに特化した、オープンイノベーションの場」へと発展させて行きたいですね。

ＡＩ（人工知能）時代の生活

小林：さて、「未来ラボ」では「新しいマーケティングソリューションづくり」をテーマに日々ディスカッションをしているわけですが、今日は少しテーマを広げて、ＡＩ（人工知能）とかＩｏＴ（モノのインターネット）などのテクノロジーがこれから生活をどう変えて行くの

音声認識をする人口知能を登載したスピーカー「Amazon Echo」（dpa／時事通信フォト）

か、考えてみたいと思います。

漆原：私は根っからの技術屋なので、その手の話は大好きなんです。技術屋としての妄想も含めてお話ししましょう。

まず、間違いなくＡＩに恋する人たちが出てきますね。ちょっと接したくらいではコンピュータだと分からないぐらいに人間に近いＡＩが登場するでしょう。「えっ、この人、本当は機械だったの？」とビックリするような時代が来ると思います。

それから、もっとコンピュータが身近になります。たとえば一家に1台ロボットがあるのも当たり前になる。冷蔵庫や電子レンジ、テレビと同じように、各家庭にロボットがいる暮らしが現実になる。具体的な形はまだ分かりません。Amazon Echo《アマゾンエコー》 のようなものかもしれないし、もっと違った形かもしれません。ただ、誰かが朝になったら「おはよー」って起こしにくるようになるんです（笑）。

小林：そういえば、漆原さん家には「Pepper《ペッパー》くん」がいますね。どんな感じですか？

漆原：もっぱら僕が相手をしています（笑）。通り過ぎるときには、いつも「こんにちは」って言ってくれます。ただ、これから話す未来はもっと技術が進化しているでしょう。ロボットと言ってもPepper のようなものではなくて、家電に近い感じになると思います。普段の生活の一部になっていて、たとえば冷蔵庫が「そろそろ烏龍茶が足りないです」などとしゃべりかけてくる。「そう、じゃ3本よろしく」って言うと、後は勝手に買い揃えてくれたりするような。

いずれにせよ、インタフェースは今と全く違う形になるのではないかと思います。特に声のヒューマンインターフェイスができると、やりとりもだいぶ変わると思います。自然言語処理や画像処理はこれから格段に進化するはず。そうなるとパソコンやスマートフォンのような姿である必要性もなくなります。

それから身体も間違いなく機械化するはずです。

小林：サイボーグ化する？

漆原：そう、サイボーグ化です。今でも、身体の不自由な人を補助するための医療器具がありますけど、そうじゃなくてもサイボーグ化する時代がそのうち来ると思います。

お金の概念も変わります。仮想通貨が当たり前になって、24時間３６５日開いていない銀行はつぶれる時代になるでしょう。そのときはドローンも自動運転の車も当たり前。自由に飛んだり、走ったりしています。

ソフトバンクの感情認識パーソナルロボット「Pepper」（EPA／時事）

小林：どんどん妄想が膨らんできましたが、そうした生活は、どのくらいで実現すると思われますか？

漆原：5年から10年くらいの時間はかかると思いますが、変化は間違いなく起こってきます。

未来の買い物スタイル

小林：私ども電通グループは広告会社として、企業がより多く売るためのお手伝いをしてきました。たとえば、お客様に買ってもらうための広告、もしくは買いたい気持ちを醸成するような広告です。そのような広告のあり方も、これから大きく変わっていきますよね。

漆原：当然、そうですね。

小林：では、新しいモノやサービスがこれからつくられたとき、企業はそれらをどうやって消費者に伝えるようになるのでしょう。そこは時代が変わっても必要なプロセスのはずです。

漆原：皆に向けて一斉に告知するというモデルは少なくなるでしょう。その代わり、個人を深く理解したうえで、タイミングも見計らってポンと知らせる形が主流になるのではないでしょうか。

たとえば、僕のところに女性用化粧品の知らせが届いても見向きもしません。でも、家内の誕生日が近づいているときに「プレゼント用にどうですか」と言われたらクリックするでしょう。シーンをわきまえて、その人の嗜好性を理解したものをスマートにリコメンド（推薦）するようになると思います。

小林：まさにAIがマーケティングをどう変えるのかという話ですね。

ＡＩのビジネス活用ということで言うと、特に実践が進んでいるのは顧客をサポートするコールセンターにおけるＡＩ活用ですが、これは企業側における顧客対応の効率化・自動化です。私どもの業界で言えば、インターネット広告のクリエイティブ、たとえば検索連動広告のコピーのＡＩによる自動生成などに取り組んでいて、すでに実用に耐えうるレベルになっています。これも企業側におけるコミュニケーション業務の効率化です。

漆原：コンピュータによる業務の効率化、自動化ですね。

小林：そう、効率化でしかありません。それはそれでやるべきことですが、重要なのは、いま漆原さんがおっしゃったように、生活者から見たとき、情報の入り方がどう変わるか、という点ですよね。

漆原：生活者側の情報もいろいろな意味で企業が入手しやすくなるはずです。例えば、家族構成とかライフイベント、そこまで行かなくても場所やスケジュールをちょっとでも分析できれば、どんな趣味や嗜好をもった人か分かります。そこで「こんなの好きじゃない？」とリコメンドする。そうした取り組みが今後の企業の販売戦略の差別化につながっていくと思います。購買履歴から商品をリコメンドする技術はすでにあるので、その延長線上にあるものです。もちろん、個人情報の保護が必要なことは言うまでもありませんが。

小林：広告会社は「企業側のエージェント」として広告活動の最適化をお手伝いしていますが、

「購買者側のエージェント」として情報を取捨選択する、そういう存在が生まれてくるかもしれませんね。

漆原：おっしゃる通りですね。購買者の味方です。

小林：そのような購買者側のエージェントが登場するとして、そのようなサービスを提供するプレーヤーは誰で、どんなビジネスモデルになるのか、すごく興味深いですね。

漆原：これから生まれてくる市場ですからね。

小林：たとえば、地球上で一番の品揃えを目指して何から何まで売ろうというアマゾンのようなプレーヤーは、一番近いポジショニングにいると思います。しかし、アマゾンも結局は売る側で、たくさん売ることで儲かるビジネスモデルをとっています。生活者の側からすると、自分の購買活動をサポートしてくれるエージェントしては完全には信用しきれない部分もあるんじゃないか。そうなると、売る側ではない第三者の立ち位置で生活者をサポートするプレイヤーが求められる可能性はありますよね。

漆原：家政婦さんモデルみたいな。

小林：そう、家政婦さんのようなモデルが、日常生活の中に存在している感じ。

漆原：家政婦さんは買い物金額によってインセンティブが働くわけじゃありませんよね。お願いしたものを予算の範囲で選んで買ってきてくれます。購買者側にいると言えます。ただし、自分のほしいものがどこにあるかは自分で探してお願いしなければなりません。家政婦さんはそこまではしてくれないので。

小林：そこに、新しい業態というかビジネスモデルが生まれる余地があります。

漆原：ありますね。面白いと思います。

広告の未来

小林：現在、日本の広告費は年間6兆円くらいです。これを全世帯で割って1世帯当たりの支出としてみると、だいたい月1万円ほどになります。

漆原：そうなのですね。

小林：ある意味、各世帯が毎月1万円くらいずつ、企業を通じて広告費を支払っている、と見ることができます。そのお金は広告会社を通じて、あるいは企業から直接、テレビ局やインターネット事業者に流れ、それが原資となってテレビコンテンツやインターネットサービスが生活者に提供されています。このような「広告×無料サービス」のエコシステムは当面は有効なものとして機能するとは思いますが、先ほどの「購買者側のエージェント」のようなモデルが登場した場合、お金の流れに大きな変化が生まれる可能性はあると思います。

漆原：そうですね。そもそもすべての広告のうち、実際に見られている広告はどのくらいでしょう。スルーされているものも多いはず。もっと効率的にニーズを喚起するやり方もあるはずですね。

小林：未来ラボとしては、従来的な広告の枠組みにとらわれずに、良い買い物をするという行為をもっと生活者寄りの立場でサポートしていく仕組みをつくって、それが企業をよりハッピーにする、というところまでを視野に入れた取り組みをしたいですね。

漆原：一番大事なのは消費者の味方になるところだと思います。その人にとって利便性が高くて、面白いと思ってもらえる新しいエンゲージメントを考えたいですね。

小林：個人的な話になりますが、自分の家を買おうとしたとき、「ちょっと条件的に難がある代わりに割安な物件」を紹介されたことがありました。不動産会社の営業の人は、当然「大丈夫です」って言うのですが、彼らは売る方向にインセンティブが働いていますから、こちらもどうしても不安が残る。そこで、不動産に詳しい法律事務所を自分で探して、たしか3万円くらい支払ってアドバイスをもらって意思決定しました。これは「一生ものの大きな買い物」のケースですが、日常の買い物においてもAIがエージェントとしてサービス提供してくれたらどうなるでしょう？　たとえば大事な食事会のためのお店を本当に自分の立場に立ってリコメンドしてくれたら、100円とか200円とか払ってもいいと思う人も少なくないのではないでしょうか。

漆原：個室がビシッと用意されているとか、お花が届いているとか。

小林：そうです。いまのように企業側がファイナンスするのではなく買う側が料金を支払って、その代わり、自分の好みとかちゃんと理解してリコメンドしてくれる仕組みです。具体的にはどうなるか、月額アプリみたいなのかもしれないけれど、購買エージェントと何らかのサービス契約をするというのは成り立ちそうな気がします。

漆原：確かにそうです。それが特定のカテゴリーだけでなく、何でも答えてくれる「ロボット」がいると本当に便利ですよね。

小林：買い過ぎたりすると「もう買うな！」と言ったり、「もっと別のことにお金を使いなさい」って言ったり。

漆原：いいですね。怒ってくれるなんて、とてもいいです。

小林：本当にそういうエージェントが登場したら、企業が広告を出しても、その商品をエージェントが生活者に勧めてくれなければ売るのが難しくなります。

漆原：もう売りつけるというのは難しい。正しい価値を提供し、それを認めて買ってもらうのが当たり前です。

小林：企業がより優れた商品やサービスを作ったとして、「それを歓迎するであろう生活者にきっちりと情報が届く状態」というのが企業にとっても生活者にとっても一番ハッピーなわけですが、購買者の側にいて、世界中の新しい商品や新しいサービスの情報を集めて、その人にとってベストなものを勧めてくれるエージェント機能が実現されれば、そんな世界に近づくと思います。

漆原：とってもいいですね。

小林：そうなると、広く知らしめる「広告」という企業側の行為の重要性・有効性は相対的に低下することになります。

漆原：そうですね。企業にとっても効率的です。購買者側のエージェントが勝手に情報を集めに来てくれるわけですから。

小林：さらに言えば、その購買者側エージェントには、「どんな人に、どんなモノを提案して、受け入れられたか」というビッグデータが蓄積されますので、それが企業側にフィードバックされる回路が出来れば、企業のモノづくりにも活かされ、結果的に生活者もハッピーになる、というグッドサイクルもイメージできますね。

IoTについて

小林：ＩｏＴについては、まだＡＩほどには、マーケティングコミュニケーションという領域に対してどんなインパクトを与えるのかが見えてきていないと思いますが、企業活動全体としてみれば大きなインパクトがありますね。

漆原：そうですね。工場の生産性向上や部品の故障予知など、いろいろな取り組みが進んでいます。車の自動運転はその先駆けですね。その他の分野でも、ＩｏＴによって自動化が進んでいくかもしれません。

自動化と並んで見逃せないのがライフログです。たとえば、最近はウェアラブルなデバイスで心拍数や血圧、歩行数などを計測しています。それによってこの人はいまどんな状態か、どこを歩いているのかとかまで全部分かってしまう。もちろん個人情報の保護は大前提ですが、それらを上手く活用すればもっと違った体験ができるんじゃないかと思います。

小林：言葉の通りならモノのインターネット化ですが、いまのお話だと、人の情報がインターネットにつながるという意味で、ＩｏＨ（Internet of Human）ですね。

漆原：はい。人が身に付けているモノがインターネット化しているので、結果として人の情報も収集できるわけです。いっそ、生まれたときから一人一台のロボットを背負っているというのはどうだろうとも考えてしまいますね（笑）。見ている景色すべてを共有する分身です。そう、分身の術みたいですね。

小林：喜怒哀楽とかも共有することになると……、先ほどのエージェントにすべてインプットされて、買い物以外のことにも活用できますね。たとえば、人との出会いとか。

漆原：その人のことを全部理解しているから、その人が会いたかった人に会えるようにしたり、苦手な人と顔を合わせないですむようにしてくれたり。お見合いもできるかもしれません。あくまで妄想ですよ。ただ、今まさにさまざまなデータをどう使うか、アイデア勝負の時代が訪れています。どう使えば皆が喜んでくれるか、試行錯誤しながら模索していく。楽しい時代ですね。

小林：そうですね。ＩｏＴというと、現時点では「製品が購買者の手に渡った後の状態を、その製品の提供者である企業側がリアルタイムで把握できることによって、サービス品質やＬＴＶ（顧客生涯価値）を向上できる」という文脈での活用がメインだと思いますが、購買者側のエージェントと掛け合わせると本当にいろいろな妄想が膨らみますね（笑）。

未来は明るい

小林：ライフログを含めて、自分のこと、お金のこと、家族のことなど全部を任せられるエージェントができるとしても、私はちゃんと対価を支払わないと信用できないような気がします。また、それをビジネスモデルとして成り立たせるとして、だれが担い手となるかという問題があります。

漆原：たとえば、スマートフォンの技術ってすごく進化しています。CPUの性能もどんどん上がっている。このペースでいけば、10年ぐらいでメインフレームと同じくらいのパフォーマンスになる。それこそIBMのWatoson《ワトソン》がすっぽり入ってしまうわけです。つまり、今とは比べ物にならないくらいスマホは賢くなる。しかも、使えば使うほど賢くなって利便性も高まっていきます。

いまは自分で必要なアプリを入れて設定しないといけませんが、勝手にカスタマイズされるようになるでしょう。この電話は必要でこの電話は受けちゃいけないとか理解して処理してくれるかもしれませんよ。なにしろ会話をみんな聞いているわけですから。しかも、私たちはスマホにお金をすでに10万円近く支払っています。購買者側のエージェントのプラットフォームになり得ます。

小林：なるほど、そういうカタチかも……。

漆原：あり得ると思うんです。それくらい賢くなるとセキュリティの心配もしなくていい。パスワードもきっちり管理してくれる。文字をいちいち入力する必要もなくなるでしょう。そして、スマホ内でエージェントの役割を担うのは、おそらくキャリアではなくて、ソフトウェア会社のような気がします。いろいろ合従連衡《がっしょうれんこう》が進むでしょうね、まだまだ技術的には課題も多いのですが、実現できたら楽しそうでしょう。たとえば、自分の代わりにチャットしてくれるスマホなんてどうですか？ 面倒なことを引き受けてくれたら、自分は別のことができるようになります。

IBMが開発した自然言語を処理し、意志決定を支援するシステム「Watoson」。2011年に紹介されたときは10台のサーバで運用された（AFP＝時事）

小林：趣味、余暇の時間が増えます。

漆原：ええ、より心豊かなことに費やす時間が増えるでしょう。すべてを機械に任せたら人間が退化するんじゃないかって考える人もいます。ただ、僕はそんなことは多分ないと思う。むしろ、わずらわしいところを皆機械に任せてしまって、他のことに専念できるようになるはずです。たとえば、レストラン選びもそう。行きたいお店を探すのも楽しいですが、信頼できる仕組みがあるのなら任せてしまって、アレンジを楽しむほうに注力する。それも新しい楽しみではないでしょうか。

小林：楽しいですよね。

漆原：ＡＩはアドバイスしてくれますが、決めるのは基本的に僕たちです。コンピュータは「こうすべき」とは言うでしょうけど、その通りにする必要はありません。むしろ、ＡＩの価値は人間の判断の質を高めるところにあると思います。

たとえば、医療の例で考えて見ましょう。最終的な診断をＡＩにゆだねるのは不安ですよね。しかし、医師の見落としを防ぐという用途では役立ちます。患者のデータをくまなく調べて、ありとあらゆる可能性をもれなくリストアップする。そうした作業はコンピュータのほうが人間よりもずっと上手です。ＡＩが提示した情報を参考にしつつ、最終的な診断は医師が下すようにすれば、どうでしょう。今よりもずっと医療の安全性を高められると思いませんか。

小林：やはり、本当にプライベートな情報がエージェントには蓄積されていくわけですから、誰がどう管理していくか、悪用されないことを含めて、社会的なインフラづくりが今後に求められます。

漆原：そこはまだ解決されていない部分が多々あります。だからといって立ち止まれない。もう動いてしまっているので。先ほど小林さんが話されたことなど含め、いろいろな変化が生じる中で未成熟な部分をテクノロジーで解決していく。「あっ、ここまでは情報を出しても平気なんだ」と、徐々に慣れていくんでしょうね。もちろん、すべての情報を出さないという選択権もあります。それは残さなくちゃいけません。ただ、情報を出してもいい範囲を共有できることが重要なんです。

小林：そのとおりですね。エージェントにしても、いろんなプレーヤーがポジションをを競い合うようになって、その先にはエージェント間で個人情報を交換するエクスチェンジのようなものもできてくるんでしょうね。

漆原：完璧はありません。いわゆるトレードオフになるだけです。個人的には情報はガンガン出しちゃってもいいかなと思っています。先の医療分野でいえば、自分のカルテをＤＮＡも含めて世界中の医師に公開して「僕を調べてください」「一番いい薬は何ですか」って聞いてしまう。そうすれば、悪いところも見つかるでしょうし、良い治療法を示してもらえる可能性がありますよね。

小林：きっと30年も経ったら「えっ、昔ってひとりの人間（医師）に任せていたの？」って。

漆原：十分にありえますよね。僕たちが今、未来社会として思い描いていることは、30年後には当たり前になっているでしょう。むしろ、もっと進んでいるかもしれない。そのころになってみれば、「昔の人たちは何を言っていたんだろう」と感じることでしょうね。

ちなみに、ＩＴ業界もなくなると思います。あらゆるものにＩＴが埋め込まれていくからです。そうなったときに重要になるのは、人と人とが接することの価値だと思います。直接顔を合わせること、面白いシーンを共有すること、そんな体験が重視されるようになると思います。

いろいろと勝手なことを言いましたけど、未来は明るいと私は考えています。（了）

あとがき

ここ1年ほど、デジタルマーケティング関係者、つまり、クライアントのご担当者、システム会社やコンサルティング会社の方、データ分析関係の方、デジタルクリエーティブを担当されている方、大学の先生方などなど、さまざまな方とデジタルマーケティングの進め方について話す機会が多くありました。お話ししながらいつも感じていたのは「この話は何かと似ている」ということです。何に似ているかなかなか思い当たりませんでしたが、ある時、あっこれだ！　と気づきました。それはゴルフ談義です。

ゴルフ談義では、いろいろなアドバイスが飛び交います。「なんだかんだ言っても素振りだよ。素振りに始まって素振りに終わる」「アマチュアはアプローチに取り組んだほうがいい」「ゴルフスクールに通ったほうがいいよ。独学では効率が悪いから」「実践だよ実践。コースに出ることですよ」「体幹を鍛えなければ何をやってもうまくならないよ」「パターのコツは……」などなど。ひとつひとつのアドバイスは何ひとつ間違っていないけれども、結局、何をすればよいのかは判然としません。

デジタルマーケティングの議論はこんな感じです。デジタルマーケティングをどう進めるか、という話題になると、「データベースがキモだ」「分析手法の高度化だ」「システムを統合しなければ駄目だ」「エクスペリエンスデザインが駆動力になる」「ソーシャルメディアによる傾聴と発信を忘れてはいけない」「運用型広告やSEMは大丈夫か」「結局売上げに直結するのはECだ」「AIやIoTも無視できない」。論点は実にさまざまです。ひとつひとつの主張はそれぞれ耳を傾けるに値するけれども、やはり自分が何をすればよいのか摑めません。

デジタルマーケティングとゴルフには共通点があります。

デジタルマーケティング強化にもゴルフ上達にも、さまざまな課題といろいろな施策とがあり、それらに対応関係があります。ゴルフでは、何が何でもトラック一杯分のボールを打てばよいというようなワンサイズ・フィッツ・オールの練習法ではうまくなりません。同じように、マーケティングでデジタルの力を使うといっても、課題によってはデータベース構築から始めるべきでしょうし、まずソーシャルメディア施策に着手すべきときもあります。どの課題がどの施策で解決できるのかを理解しなければ、うまく行かないのです。

そして、より重要な共通点は、デジタルマーケティングもゴルフも、さまざまな要素が密に関連して全体成果を生み出すことです。飛距離だけでゴルフのスコアが決まるわけではないように、データだけシステムだけを強化してもデジタルマーケティングは成功しません。体力と戦略性、技術が相互に関連づけられてシングルプレイヤーが生まれるように、デジタルマーケティング力は、コンタクトポイントと各種システム、そして、データが相互に連携するようにマネジメントされてはじめて成果につながります。

だから、個々の課題を各々の施策で解決すると同時に、それらを自社のデジタルマーケティング活動の中で連携させる全体像を想定しておかなければなりません。

企画の背景はこのようなものでしたので、それが本書の構成に直接反映しています。まず、今日の経営環境のもとで発生するマーケティング課題を10件抽出して、事例とともに各課題の解決に適したデジタル施策を示しました。そして、これらをデジタルマーケティングの全体像の中に位置づけました。各施策の標題が「から始める」となっているのは、現下の課題解決のためにこの施策にまず取り組むが、それは、全体像に向かっていく始まりであり、他施策との相互連携が前提になっているという趣旨です。パターの練習から始めるけれども、飛距離も伸ばし戦略性も身に着けてシングルプレイヤーに向かうという感じでしょうか。

最後になりましたが、事例紹介をお許しいただきました皆様をはじめとして、私ども電通デジタルとお取引いただき、一緒にプロジェクトを進めてくださっているクライアント様や協業社様に厚く御礼を申し上げます。皆様とのプロジェクトがなければ、本書は生まれませんでした。

本書が、デジタルマーケティングを推進されている皆様のお役にたち、マーケティングが革新されていくことを切に願っています。

2017年2月

筆者を代表して
株式会社電通デジタル　代表取締役社長
丸岡吉人

［執筆者一覧］
１章　　　　　丸岡吉人
２章・定石１　朝岡崇史［現㈱ディライトデザイン代表取締役］
　　　　　　　大地　崇
　　・定石２　新井祐一、竹下康介
　　・定石３　三橋良平
　　・定石４　松野奏大
　　・定石５　植田みさ、田川絵理
　　・定石６　郡司晶子
　　・定石７　佐伯　諭
　　・定石８　清水彩子
　　・定石９　伊関淑恵
　　・定石10　濱口洋史

電通デジタル

株式会社電通デジタルは、マーケティング領域のデジタルトランスフォーメーションを支援するため、2016年7月1日に設立されました。企業が直面しているマーケティング課題に応じて、電通グループ各社と連携しながら、グローバルに統合的マーケティングソリューションを提供しています。
Web サイト：https://www.dentsudigital.co.jp/

電通デジタルのトップマーケッターが教える
デジタルマーケティング　成功に導く10の定石
簡単に分かる売れ続ける仕組みをつくるツボ

第１刷　2017年２月28日

著　者　電通デジタル
発行者　平野　健一
発行所　株式会社徳間書店
東京都港区芝大門2－2－1　郵便番号105-8055
電話　編集(03)5403-4345　販売(048)451-5960
振替00140-0-44392
印刷製本　株式会社廣済堂

ISBN978-4-19-864356-0